D1869649

Vogel
Vermieter-Handbuch

Heinz-Wilhelm Vogel

Das Vermieter-Handbuch

Finanzen & Rendite
Vermieten & Verwalten
Steuern & Versicherungen

Econ

Die Ratschläge in diesem Buch sind von Autor und Verlag sorgfältig erwogen und geprüft; dennoch kann eine Garantie nicht übernommen werden. Eine Haftung des Autors bzw. des Verlags und seiner Beauftragten für Personen-, Sach- und Vermögensschäden ist ausgeschlossen.

Der Econ Verlag ist ein Unternehmen der
Econ Ullstein List Verlag GmbH & Co. KG, München

1. Auflage 2001

ISBN 3-430-19378-8

© 2001 by Econ Ullstein List Verlag GmbH & Co. KG, München
Alle Rechte vorbehalten. Printed in Germany
Lektorat: Birgit Krapf
Gesetzt aus der Cheltenham und Frutiger bei
Franzis print & media GmbH, München
Druck und Bindearbeiten: Clausen & Bosse, Leck

So sind Sie immer aktuell informiert

Als Vermieter müssen Sie immer aktuell informiert sein. Nur dann können Sie Ihre Interessen erfolgreich durchsetzen. Woche für Woche werden neue Gerichtsurteile veröffentlicht, die für Sie als Vermieter oftmals weit reichende Bedeutung haben. Damit Sie Ihre Vermietungspraxis daran orientieren können und Ihnen keine kostspieligen Versäumnisse unterlaufen, empfehle ich Ihnen meinen Informationsservice im Internet. Unter **www.vogel-news.de** finden Sie alle wichtigen Informationen, die Sie als Vermieter brauchen – ständig aktualisiert, praxisnah und leicht verständlich.

Heinz-Wilhelm Vogel

Vorwort

Fachleute schätzen, dass die deutschen Privatanleger mehr als die Hälfte ihres Vermögens in Immobilien angelegt haben. Das hat seinen guten Grund: Immobilien sind eine langfristig sichere Geldanlage und eignen sich hervorragend als zusätzliche private Altersvorsorge. Als Haus- und Wohnungsbesitzer müssen Sie auch keine plötzlichen Kurseinbrüche fürchten, mit denen der Aktienmarkt immer wieder mal auf politische und wirtschaftliche Ereignisse reagiert.

Keine Frage: Der Immobilienmarkt steht vor einer neuen Aufschwungphase. Wenn Sie von dieser Entwicklung optimal profitieren und damit zu den Gewinnern zählen wollen, kann Ihre Entscheidung nur lauten, jetzt in Wohnimmobilien zu investieren. Die Gelegenheit dazu ist jetzt noch so günstig wie zuletzt Ende der 80er Jahre.

Handeln Sie antizyklisch, und beherzigen Sie die bewährte Kaufmannsregel »Im Einkauf liegt der Gewinn«. Wenn sich in der Presse erst die Berichte über die neuen Chancen mit Wohnimmobilien häufen und die Nachfrage massiv einsetzt, wird es schwierig werden, noch einen günstigen Einstiegspreis zu erzielen.

Ganz klar: Wer sich mit Immobilien ein stabiles und wachsendes Vermögen aufbauen will, darf weder ein Bedenkenträger noch ein Zauderer sein. Wenn Sie jetzt »Nägel mit Köpfen« machen, können Sie die zu erwartenden Miet- und Preissteigerungen bereits als persönliches Renditeplus verbuchen.

Das A und O Ihrer Anlage-Entscheidung ist und bleibt die Rentabilität. Rendite ist zwar nicht alles, aber ohne Rendite ist eben alles nichts. Selbst eine Qualitätsimmobilie in guter Lage wird Ihnen als Anleger nur wenig Freude bereiten, wenn sie sich nicht rechnet. Als Anleger müssen Sie immer drei Zahlen ganz genau kennen: Investitionskosten, Reinertrag und Mietrendite.

Orientieren Sie sich bei der Objektauswahl am besten daran, wie die Marketing-Strategen aus der Immobilienbranche vorgehen, wenn sie ihre Anlage-Objekte anpreisen. Suchen Sie den USP (Unique Selling Proposition). Damit sind die ganz speziellen Vorteile gemeint, die gerade das betreffende Mietobjekt bietet. In erster Linie werden das die Lage, der Preis und die Bauqualität des Objekts sein.

Auch wenn die Rendite im Vordergrund Ihrer Überlegungen steht: Immobilien verhelfen Ihnen nach wie vor dazu, aus Ihrer Steuerpflicht einen persönlichen Steuervorteil zu ziehen. Wer allerdings ausschließlich auf Steuervorteile schielt, riskiert einen Anlageflop. Betrachten Sie die Steuersparmöglichkeiten vielmehr als das, was sie immer waren und weiterhin sein werden: als interessante Chance, eine steuerliche Zusatzrendite zu erzielen.

Ebenso wichtig wie die Objektauswahl ist die Vermietung selbst. Das beginnt mit der Mieterauswahl und setzt sich bei der Mietpreiskalkulation fort. Als Vermieter ein freifinanzierten Wohnung werden Sie versuchen, eine marktgerechte Miete zu erzielen.

Es ist Ihr legitimes Interesse, die Rendite zu sichern und möglichst noch zu steigern. Mein Rat: Reizen Sie die Miete trotzdem nicht bis zur Obergrenze der möglichen Marktmiete aus. Schließlich ist Ihre Renditekalkulation langfristig angelegt. Da ist ein regelmäßig zahlender Dauermieter allemal mehr wert als eine Miete am oberen Limit, die anfangs noch in voller Höhe gezahlt, dann aber unter dem Vorwand angeblicher Wohnungsmängel gekürzt wird.

Überhaupt lohnt es sich für Sie als Vermieter nicht, Ihre jeweilige Rechtsposition über zu betonen. Unternehmerisch denkende Vermieter betrachten die Vermietung als Dienstleistung und sehen in ihren Mietern Geschäftspartner. Und eine gute Geschäftsbeziehung zum Mieter zahlt sich naturgemäß auch für Sie als Vermieter aus.

Egal, ob es um Finanzen und Rendite, Vermieten und Verwalten oder Steuern und Versicherungen geht: In diesem Ratgeber finden Sie eine Fülle an Hinweisen und Praxis-Tipps für ein rationelles, kostensparendes und rechtssicheres Immobilien-Management. Damit Sie als Vermieter immer gut informiert und wirtschaftlich erfolgreich sind.

Hamburg, im Juli 2001 — Heinz-Wilhelm Vogel

Kurz & bündig: Wie sich die Mietreform für Sie als Vermieter praktisch auswirkt

Hier finden Sie – in alphabetischer Reihenfolge – eine praxisorientierte Zusammenstellung sämtlicher Änderungen durch die Mietreform, die für Ihren Vermietungsalltag wichtig sind, damit Sie auch dann informiert sind, wenn Sie keine Zeit haben, diesen Ratgeber sofort zu lesen. Die Mietreform tritt am 1. September 2001 in Kraft.

Abmahnung

Es ist jetzt ausdrücklich geregelt, dass als weitere Voraussetzung für die → fristlose Kündigung grundsätzlich eine Abmahnung oder Fristsetzung zur Abhilfe erforderlich ist. Lediglich in folgenden Fällen ist eine Abmahnung entbehrlich: Eine Frist oder Abmahnung verspricht offensichtlich keinen Erfolg, die sofortige Kündigung ist aus besonderen Gründen unter Abwägung der beiderseitigen Interessen gerechtfertigt oder der Mieter befindet sich in Zahlungsverzug.

Abrechnungsfrist

Die Betriebskostenabrechnung muss spätestens zwölf Monate nach dem Ende der Abrechnungsperiode vorliegen. Dabei ist der Grundsatz der Wirtschaftlichkeit zu beachten. Rechnen Sie nicht fristgerecht ab, kann Ihr Mieter auf Rechnungslegung klagen.

Aufrechnung

Selbst wenn es im Mietvertrag ausgeschlossen wurde, können Wohnungsmieter auch mit Aufwendungsersatzansprüchen gegen Mietforderungen des Vermieters aufrechnen. Außerdem kann auch die Aufrechnung mit Ansprüchen des Mieters aus ungerechtfertigter Bereicherung wegen zu viel gezahlter Miete nicht mehr vertraglich ausgeschlossen werden.

Ausschlussfrist

Neu ist auch eine Ausschlussfrist bei der Betriebskostenabrechnung. Rechnen Sie verspätet ab und ergibt die Betriebskostenabrechnung einen Saldo zulasten des Mieters, muss er die Nachzahlung nur dann leisten, wenn Sie die Verspätung nicht zu vertreten haben. Das ist beispielsweise der Fall, wenn Versorgungsunternehmen ihrerseits ihre Abrechnungen so spät schicken, dass Sie Ihre eigene → Abrechnungsfrist gegenüber dem Mieter nicht mehr einhalten können. Die Ausschlussfrist gilt nicht für Rückzahlungsansprüche des Mieters gegen den Vermieter wegen überzahlter Betriebskosten.

Behindertengerechte Nutzung

Ihr Mieter kann von Ihnen die Zustimmung zu baulichen Veränderungen oder sonstigen Einrichtungen verlangen, die für eine behindertengerechte Nutzung der Wohnung oder den Zugang zu ihr erforderlich sind, wenn er ein berechtigtes Interesse daran hat. Als Vermieter können Sie Ihre Zustimmung verweigern, wenn Ihr Interesse an der unveränderten Erhaltung der Wohnung und des Hauses das Interesse des Mieters an einer behindertengerechten Nutzung der Wohnung überwiegt. Dabei sind auch die berechtigten Interessen anderer Mieter im Haus zu berücksichtigen. Außerdem können Sie Ihre Zustimmung von der Zahlung einer angemessenen zusätzlichen Sicherheit für die Wiederherstellung des ursprünglichen Zustands abhängig machen.

Betriebskosten

Für Sie als Vermieter ist die Regelung ein absolutes Muss, weil Sie sonst Ihre Rendite gefährden. Künftig steht es auch ausdrücklich im Gesetz: Mietvertraglich kann vereinbart werden, dass der Mieter die Betriebskosten im Sinne des § 27 der Zweiten Berechnungsverordnung trägt. Siehe dazu auch → Abrechnungsfrist, → Ausschlussfrist, → Umlagemaßstab und → Vorauszahlung von Betriebskosten.

Eintritt in den Mietvertrag
Nach dem → Tod des Mieters sind der überlebende Ehegatte, Kinder, nichteheliche Lebenspartner sowie Mitglieder einer → Haushaltsgemeinschaft berechtigt, in den Mietvertrag einzutreten und ihn fortzusetzen. Falls der verstorbene Mieter keine → Mietsicherheit geleistet hat, sind Sie als Vermieter berechtigt, von den Personen die in das Mietverhältnis eintreten oder es fortsetzen, eine Mietsicherheit zu verlangen.

Erben des Mieters
Erben, die ihren Lebensmittelpunkt nicht in der Wohnung des verstorbenen Mieters haben, genießen keinen mietrechtlichen Schutz. In diesem Fall können Sie als Vermieter das Mietverhältnis kündigen, ohne dass Sie ein berechtigtes Interesse darlegen müssen.

Fälligkeit der Miete
Praktisch jeder Formular-Mietvertrag sieht es ohnehin schon vor, jetzt wird es auch ausdrücklich gesetzlich geregelt: Die Miete ist zu Beginn, spätestens bis zum dritten Werktag eines Monats, zu entrichten.

Fristlose Kündigung
Eine fristlose Kündigung musste auch bisher schon schriftlich erfolgen. Die Begründung konnte allerdings im Prozess nachgeschoben werden. Jetzt ist der zur Kündigung führende wichtige Grund bereits im Kündigungsschreiben anzugeben.

Härtegründe
Unter bestimmten Voraussetzungen brauchen Mieter die Modernisierungsvorhaben Ihrer Vermieter nicht zu dulden. Die Mietreform erweitert den Kreis der Personen, deren Belange auf Mieterseite zu berücksichtigen sind. Neben dem Mieter und seiner Familie sind dies alle weiteren »Angehörigen seines Haushalts«.

Haushaltsgemeinschaft
Neben den klassischen Lebensformen von Ehe und Familie gibt es heute zahlreiche weitere Formen des dauerhaften Zusammenlebens. Das wird künftig berücksichtigt, wenn es darum geht, ob dem Mieter eine Modernisierung zugemutet werden kann, oder wer nach seinem

Tod berechtigt ist, in den Mietvertrag einzutreten und ihn fortzusetzen. Berücksichtigt werden künftig auch die Interessen von Personen, die mit dem Mieter »einen auf Dauer angelegten gemeinsamen Haushalt führen«. Gemeint ist damit eine Haushaltsgemeinschaft, die über eine bloße Wirtschafts- und Wohngemeinschaft hinausgeht und in der jemand mit dem Mieter dauerhaft besonders eng verbunden ist. Auch nicht als eingetragene Lebenspartnerschaft bestehende gleichgeschlechtliche und andere Lebensgemeinschaften wie beispielweise die zweier alter Menschen, die dauerhaft füreinander einstehen, können diese Anforderungen erfüllen.

Indexmiete

Eine Mindestlaufzeit für die Indexmiete gibt es nicht mehr; sie kann künftig zeitlich unbeschränkt vereinbart werden. Als Index ist nur noch der Preisindex für die Lebenshaltungskosten aller privaten Haushalte in Deutschland zugelassen.

Kappungsgrenze

Die Kappungsgrenze wird von 30 auf 20 Prozent herabgesetzt. Das bedeutet, dass die Miete innerhalb eines Zeitraums von drei Jahren höchstens um 20 Prozent steigen darf. Absolute Obergrenze bleibt die ortsübliche Vergleichsmiete.

Kündigung wegen Modernisierungszuschlag

Verlangen Sie von Ihrem Mieter eine → Mieterhöhung wegen Modernisierung (Modernisierungszuschlag), steht Ihrem Mieter weiterhin ein Sonderkündigungsrecht zu. Er kann bis zum Ablauf des zweiten Monats (bisher: bis zum Ablauf des dritten Monats) nach dem Zugang der Erhöhungserklärung kündigen.

Kündigungsfristen

Bei der Vermietung von Wohnraum gelten für Mieter und Vermieter bislang die gleichen Kündigungsfristen; diese betragen je nach Dauer des Mietverhältnisses bis zu zwölf Monate. Künftig gilt für Mieter – unabhängig von der Dauer des Mietverhältnisses – eine einheitliche Kündigungsfrist von drei Monaten. Die Kündigungsfrist für Sie als Vermieter verlängert sich nach fünf Jahren auf sechs Monate und nach acht Jahren auf neun Monate.

Mietdatenbank

Die Mietdatenbank wird als neues Begründungsmittel für das Mieterhöhungsverlangen eingeführt. Unter einer Mietdatenbank wird eine fortlaufend geführte Sammlung verstanden. Ihre Funktion besteht darin, Angaben zu Mietvereinbarungen und Mietänderungen bereitzustellen, aus denen Erkenntnisse über ortsübliche Vergleichsmieten gewonnen werden können. Die Erkenntnisse sollen fortlaufend gesammelt, strukturiert aufgearbeitet und ausgewertet werden.

Mieterhöhung wegen gestiegener Kapitalkosten

Ab Inkrafttreten der Mietreform zum 1. September 2001 sind Mieterhöhungen wegen gestiegener Kapitalkosten nicht mehr zulässig.

Mieterhöhung wegen Modernisierung

Verlangen Sie von Ihrem Mieter eine Mieterhöhung wegen Modernisierung (Modernisierungszuschlag), wird die Mieterhöhung künftig erst mit Beginn des dritten Monats (bisher: des zweiten Monats) nach dem Zugang der Erhöhungserklärung fällig. Die Frist verlängert sich – wie bisher – um sechs Monate, wenn Sie Ihrem Mieter die zu erwartende Erhöhung der Miete nicht ordnungsgemäß mitgeteilt haben oder wenn die tatsächliche Mieterhöhung mehr als zehn Prozent höher ist als die mitgeteilte.

Mieterhöhung auf die ortsübliche Vergleichsmiete

Wollen Sie die Miete auf die ortsübliche Vergleichsmiete anheben, muss dies auch weiterhin schriftlich geschehen. Neu ist, dass Sie als Vermieter die Wahl zwischen fünf Begründungsmitteln haben. Dazu zählen – wie bisher schon – der → (einfache) Mietspiegel, das Mietwertgutachten und (mindestens drei) Vergleichswohnungen. Nach der Neuregelung können Sie sich zur Begründung Ihres Mieterhöhungsverlangens auch auf einen → qualifizierten Mietspiegel (er genießt Priorität) oder die Auskunft aus einer → Mietdatenbank berufen.

Mietpreisüberhöhung

Trotz Vorliegens einer Mietpreisüberhöhung brauchen Sie den überhöhten Teil der Miete unter anderem dann nicht an Ihren Mieter zurückzuzahlen, wenn Ihre laufenden Aufwendungen die vereinbarte

Miete rechtfertigen. Bisher galt das nur mit einer zeitlichen Einschränkung. Diese wird jetzt ersatzlos gestrichen.

Mietsicherheit

Leistet Ihr Mieter eine Barkaution, so gilt auch weiterhin, dass diese zu dem üblichen Zinssatz anzulegen ist, der für Spareinlagen mit dreimonatiger Kündigungsfrist gilt. Neu ist, dass jetzt auch andere Anlageformen zulässig sind. In jedem Fall muss die Anlage aber vom Vermögen des Vermieters getrennt erfolgen; die Erträge stehen dem Mieter zu.

Mietspiegel

Der Mietspiegel in der bisherigen Form bleibt erhalten, wird aber nur noch als so genannter einfacher Mietspiegel bezeichnet. Er ist dem neuen, so genannten → qualifizierten Mietspiegel nachrangig.

Mietstruktur

Verbrauchsabhängige Betriebskosten müssen künftig auch verbrauchsabhängig abgerechnet werden. Haben Sie mit Ihrem Mieter bislang etwas anderes vereinbart, können Sie von ihm verlangen, dass die betreffenden Verteilungsschlüssel abgeändert und die verbrauchsabhängigen Betriebskosten künftig auch ausschließlich verbrauchsabhängig abgerechnet werden. Dass Sie den → Umlagemaßstab entsprechend abändern wollen, müssen Sie Ihrem Mieter vor Beginn eines Abrechnungszeitraums mitteilen.

Modernisierung

Die Duldungspflicht des Mieters wird erweitert auf Maßnahmen zur Einsparung aller Arten von Energie statt bisher nur Heizenergie. Damit fallen zum Beispiel auch Maßnahmen zur Einsparung von Strom (wie etwa drehzahlgeregelte Umwälzpumpen, Ventilatoren und Aufzugsmotoren sowie Energiesparlampen) darunter.

Modernisierungsmitteilung

Als Vermieter sind Sie verpflichtet, Ihren Mieter über Ihr Modernisierungsvorhaben frühzeitig zu informieren. Künftig müssen Sie Ihre Mieter drei Monate (bisher: zwei Monate) vor dem Beginn der Modernisierungsmaßnahmen benachrichtigen. Die Anforderungen an den Inhalt der Modernisierungsmitteilung wird abgesenkt. Künftig müssen Sie nur noch den voraussichtlichen Umfang, den Beginn und die voraussichtliche Dauer der Maßnahme mitteilen.

Qualifizierter Mietspiegel

An ihn werden höhere Anforderungen gestellt als an den bisher bekannten (einfachen) → Mietspiegel; er muss nach wissenschaftlichen Grundsätzen erstellt und von der Gemeinde und den Interessenvertretern der Mieter und Vermieter anerkannt sein. Der qualifizierte Mietspiegel ist im Abstand von zwei Jahren der Marktentwicklung anzupassen. Dabei kann eine Stichprobe oder die Entwicklung des Preisindexes für die Lebenshaltung aller privaten Haushalte in Deutschland zugrunde gelegt werden. Nach vier Jahren ist der qualifizierte Mietspiegel neu zu erstellen.

Schonfrist

Das gibt es nur bei der Vermietung von Wohnraum: Bei einer außerordentlichen fristlosten Kündigung wegen Zahlungsverzugs kann der Mieter nach Zustellung der Klage innerhalb der so genannten Schonfrist die Folgen der Kündigung abwenden, indem er den gesamten Mietrückstand ausgleicht. Diese Schonfrist wird von einem Monat auf zwei Monate verlängert. Demgegenüber gilt unverändert, dass eine Nachholung der Zahlung nur einmal innerhalb einer Frist von zwei Jahren möglich ist.

Staffelmiete

Die Staffelmiete ist nunmehr zeitlich unbeschränkt zulässig. Ihr Mieter kann sich aber wie bisher nach vier Jahren aus dem Mietverhältnis lösen; sein Sonderkündigungsrecht bleibt also bestehen.

Störung des Hausfriedens

Bei einer nachhaltigen Störung des Hausfriedens konnte dem Störer auch bisher schon fristlos gekündigt werden. Klarstellend fügt das Gesetz jetzt das Erfordernis hinzu, dass dem Kündigenden unter Berücksichtigung aller Umstände des Einzelfalls, insbesondere eines Verschuldens der Vertragsparteien, und unter Abwägung der beiderseitigen Interessen die Fortsetzung des Mietverhältnisses bis zum Ablauf der Kündigungsfrist oder bis zur sonstigen Beendigung des Mietverhältnisses nicht zugemutet werden kann.

Tod des Mieters

Stirbt der Mieter einer Wohnung, sind bisher schon der Ehegatte sowie Familienangehörige berechtigt, in den Mietvertrag einzutreten und ihn fortzusetzen. Schon die Rechtsprechung hat das Eintritts- und teilweise auch das Fortsetzungsrecht auf nichteheliche heterosexuelle Lebensgemeinschaften ausgedehnt. Letzteres ist jetzt ausdrücklich gesetzlich geregelt. Darüber hinaus wird das Eintritts- und Fortsetzungsrecht jetzt zusätzlich erweitert, und zwar auf eingetragene Lebenspartner und Personen, die mit dem Mieter einen auf Dauer angelegten gemeinsamen Haushalt führen. Siehe dazu → Haushaltsgemeinschaft.

Umlagemaßstab

Fehlt im Mietvertrag eine Regelung über den Umlagemaßstab für die → Betriebskosten, so gilt künftig die Wohnfläche als Verteilungsschlüssel. Hinzu kommt: Betriebskosten, die verbrauchsabhängig sind, müssen Sie künftig auch verbrauchsabhängig abrechnen. Dieser Verteilungsschlüssel geht dem Umlagemaßstab nach Wohnfläche vor. Ihr Mieter hat allerdings keinen Anspruch auf Einbau von Geräten zur Verbrauchserfassung, wie beispielsweise (Kalt-)Wasseruhren.

Umwandlung in Eigentumswohnung

Ist eine Mietwohnung in eine Eigentumswohnung umgewandelt worden und will der Erwerber die gekaufte Eigentumswohnung wegen Eigenbedarfs oder Hinderung an einer angemessenen wirtschaftlichen Verwertung kündigen, gilt künftig eine bundeseinheitliche Kündigungssperrfrist von drei Jahren. Diese kann durch Landesverordnung auf bis zu 10 Jahre verlängert werden, wenn die ausreichende Versorgung der Bevölkerung mit Mietswohnungen zu angemessenen Bedingungen in einer Stadt/Gemeinde oder einem Teil der Stadt/Gemeinde besonders gefährdet ist. In diesen Fällen darf der Vermieter gleichwohl nach drei Jahren kündigen, wenn er dem Mieter Wohnraum vergleichbarer Art, Größe, Ausstattung, Beschaffenheit, Lage und Miete nachweist und ihm die Umzugskosten in angemessenem Umfang erstattet.

Verjährung

Anders als bisher unterbricht jetzt auch der Antrag des Vermieters oder Mieters auf Durchführung des selbständigen Beweisverfahrens die Verjährung.

Vorauszahlung von Betriebskosten
Es ist nunmehr ausdrücklich gesetzlich geregelt, dass Betriebskostenvorauszahlungen in angemessener Höhe zu vereinbaren sind. Aus Anlass einer Betriebskostenabrechnung sind sowohl Sie als Vermieter als auch Ihr Mieter berechtigt, die Vorauszahlungen angemessen anzupassen. Außerdem ist bei Veränderungen von → Betriebskosten der Grundsatz der Wirtschaftlichkeit zu beachten.

Vorkaufsrecht des Mieters
Wird die Mietwohnung in eine Eigentumswohnung umgewandelt und an einen Dritten verkauft, so ist der Mieter bisher schon gesetzlich zum Vorkauf berechtigt. Neu ist, dass der Mieter sein Vorkaufsrecht künftig durch schriftliche Erklärung ausüben muss. Bislang war die Erklärung nicht formgebunden, sodass sie auch mündlich erfolgen konnte.

Zeitmietvertrag
Die Differenzierung zwischen befristetem Vertrag und echtem Zeitmietvertrag entfällt. Es gibt nur noch den qualifizierten Mietvertrag. Die Befristung der Laufzeit auf nicht mehr als fünf Jahre entfällt. Zu den Befristungsgründen zählt auch weiterhin die grundlegende Modernisierung. Hierzu bringt die Mietreform die Klarstellung, dass Sie als Vermieter beabsichtigen müssen, in zulässiger Weise die Räume zu beseitigen oder so wesentlich zu verändern oder instand zu setzen, dass die Maßnahmen durch eine Fortsetzung des Mietverhältnisses erheblich erschwert würden. Ihr Mieter kann frühestens vier Monate vor Ablauf der Befristung verlangen, dass Sie ihm innerhalb eines Monats mitteilen, ob der Befristungsgrund noch besteht. Erfolgt die Mitteilung später, so kann Ihr Mieter verlangen, dass sich das Mietverhältnis um diese Verspätung verlängert.

Wie sich der Euro auf den Mietvertrag auswirkt

Der Euro hat natürlich auch Auswirkungen auf den Vermietungsalltag. Grundsätzlich gilt: Verträge sind in der Währungseinheit zu erfüllen, in der sie geschlossen worden sind. Das gilt auch für Mietverträge – unabhängig davon, ob es sich um Wohn- oder Gewerbemietverträge handelt.

Eine Umstellung auf Euro ist in der Übergangszeit bis zum 31. Dezember 2001 ohne weiteres möglich. Dass Sie oder Ihr Mieter dies einseitig verlangen, reicht allerdings nicht aus. Erforderlich ist immer, dass Sie die Umstellung ausdrücklich vereinbaren. Es müssen also immer beide zustimmen. Ab dem 1. Januar 2002 gilt dann automatisch der Euro als die vertraglich vereinbarte Währungseinheit. Im Einzelnen gilt Folgendes:

Miete

Während der Übergangszeit bis zum 31. Dezember 2001 können Sie verlangen, dass Ihr Mieter die Miete in der Währungseinheit zahlt, in der sie mietvertraglich vereinbart worden ist. Das gilt gleichermaßen für Altverträge wie auch für Mietverträge, die Sie während der Übergangszeit abschließen und in denen Sie die Zahlung der Miete in DM vereinbaren.

Mietkaution

Während der Übergangszeit bis zum 31. Dezember 2001 muss der Mieter die Mietkaution in der Währungseinheit leisten, die vertraglich vereinbart ist. Entsprechendes gilt dann auch für die Rückzahlung der

Mietsicherheit nach Beendigung des Mietvertrags. Allerdings können Sie mit Ihrem Mieter jederzeit vereinbaren, dass das Kautionskonto auf Euro umgestellt wird. Ab dem 1. Januar 2002 kann die Mietkaution dann ohne Wenn und Aber nur noch in Euro abgerechnet und zurückgezahlt werden.

Betriebskosten

Für die Zahlung von Betriebskostenvorauszahlungen und die Erstellung der Betriebskostenabrechnungen ist maßgeblich, was über die Miete vereinbart wurde. Wird die Miete in DM gezahlt, gilt dies auch für die Betriebskostenvorauszahlungen. Ebenso muss die Betriebskostenabrechnung dann in DM erfolgen.

Ab dem 1. Januar 2002 müssen die Betriebskostenabrechnungen allerdings in Euro erstellt werden. Das betrifft dann uneingeschränkt auch solche Abrechnungsperioden, die vor dem 1. Januar 2002 begonnen haben und erst nach diesem Stichtag enden. Das ist etwa der Fall, wenn der Abrechnungszeitraum vom 1. Juli 2001 bis zum 30. Juni 2002 dauert. Rechnungen, die auf DM lauten, müssen dann in Euro umgerechnet werden.

Mieterhöhungen

Wird die Miete in DM gezahlt, müssen auch Mieterhöhungen in »Mark und Pfennig« erfolgen. Aber auch dann, wenn Sie den Euro vereinbart haben und eine Mieterhöhung mit einem Mietspiegel begründen, der in DM abgefasst ist, gibt es keine Probleme. Mithilfe des Umrechnungskurses ist es ohne weiteres möglich, die Werte im Mietspiegel in Euro umzurechnen.

Auch wenn Sie eine Staffelmiete vereinbart haben, sind keine Probleme zu erwarten. Während der Übergangszeit können DM-Beträge jederzeit einvernehmlich auf Euro umgestellt werden. Ab dem 1. Januar 2002 erfolgt die Umrechnung dann ohnehin automatisch auf Euro.

Wertsicherungsklauseln

Für Wertsicherungsklauseln gelten seit dem 1. Januar 1999 zusätzliche Änderungen. Diese Änderungen betreffen aber nur Verträge, die künftig neu abgeschlossen werden. Die Klauseln in Altverträgen sind weiterhin uneingeschränkt gültig.

Wird bei Vermietung einer Wohnung die Index-Miete vereinbart, so ist die Bezugsgröße, an die die Mietanpassung anknüpft, jetzt gesetzlich vorgeschrieben. Als Index dient jetzt einheitlich der Kostenindex für die Lebenshaltungskosten aller privaten Haushalte in Deutschland. Eine Genehmigung ist nicht mehr erforderlich.

Schnellübersicht: Umrechnung von DM in Euro und umgekehrt

Der Umrechnungskurs lautet: 1 Euro = 1,95583 DM. Bei der Umrechnung ergeben sich nach der Rundung auf zwei Stellen hinter dem Komma beispielsweise folgende Beträge:

Von DM...	... in Euro	Von Euro...	... in DM
1,00	0,51	1,00	1,96
2,00	1,02	2,00	3,91
5,00	2,56	5,00	9,78
10,00	5,11	10,00	19,56
20,00	10,23	20,00	39,12
50,00	25,56	50,00	97,79
100,00	51,13	100,00	195,58
200,00	102,26	200,00	391,17
500,00	255,65	500,00	977,92
1000,00	511,29	1000,00	1955,83
2000,00	1022,58	2000,00	3911,66
5000,00	2556,46	5000,00	9779,15
10 000,00	5112,92	10 000,00	19 558,30

A.

Finanzen & Rendite

1. Die entscheidenden Kriterien für Ihre persönliche Objektauswahl

Die Immobilienteile der Tageszeitungen sind übersät mit Immobilienangeboten. Egal, ob es sich um gebrauchte, neue oder – auch das gibt es noch – erst entstehende Objekte handelt, das Angebot ist nahezu unüberschaubar. Für Sie als Kapitalanleger ist das *die* Chance. Wenn Sie jetzt investieren, können Sie sich die interessantesten Objekte in aller Ruhe aussuchen.

Bei der Objektauswahl ist für Sie als Investor die Vermietbarkeit der entscheidende Faktor. Nur Objekte mit einer nachhaltig erzielbaren marktgerechten Miete sichern Ihnen dauerhaft eine attraktive Rendite. Ohne Bedarfsanalyse und Marktbeobachtung kommen Sie dabei nicht aus. Für Sie sollten deshalb nur Immobilien interessant sein, die einen Mindeststandard aufweisen und sich in zukunftsträchtigen Lagen befinden.

Mit Eigeninitiative kommen Sie schneller zum Ziel

Anzeigen im Immobilienteil der Samstagsausgabe Ihrer Tageszeitung helfen Ihnen bei der Suche. Dort inserieren Bauträger oder Immobilienmakler und bieten vorzugsweise Eigentumswohnungen an. Zumindest Lage und Kaufpreis können Sie den Annoncen entnehmen. Ihr Vorgehen ist nun einfach: Schneiden Sie sich einige Anzeigen aus und rufen Sie die Bauträger oder Immobilienmakler an. Lassen Sie sich Unterlagen wie Prospekte, Pläne und Exposés schicken. Vergleichen

Sie die Objekte zu Hause von der »Papierform« her. So bekommen Sie einen ersten Marktüberblick.

Zuweilen wird in der Annonce gleich ein Termin zur Besichtigung eines Musterhauses oder zur Information im Bauwagen angegeben. Nutzen Sie diese Besichtigungstermine, um alle notwendigen Informationen über das Objekt einzuholen. In seltenen Fällen bieten auch private Eigentümer ihre Objekte zum »Kauf von Privat« an. Bei Rückruf können Sie hier direkt einen Besichtigungstermin vereinbaren. Um nicht von der Fülle an Immobilienangeboten erschlagen zu werden, empfiehlt es sich, eine Vorauswahl zu treffen.

Beispiel: Sie suchen eine Neubau-Eigentumswohnung zur Vermietung, die nicht mehr als das 20fache der Jahresnettokaltmiete kostet. Wird in den Anzeigen die mögliche Nettokaltmiete oder die vom Bauträger garantierte Nettokaltmiete pro Monat angegeben, können Sie das Preis-Miet-Verhältnis leicht ermitteln:

$$\frac{\text{Kaufpreis}}{\text{Jahres-Nettokaltmiete}} = \text{Vervielfältiger}$$

Beispiel: Der Kaufpreis für das Mietobjekt beträgt 135 000 Euro. Die Jahres-Nettokaltmiete beträgt 6300 Euro.

$$\frac{135\,000 \text{ Euro}}{6\,300 \text{ Euro}} = 21{,}4\,\%$$

Betrachten Sie die Mietobjekte mit den Augen eines Mieters

»Ohne Besichtigung kein Kauf.« Diese Regel gilt grundsätzlich für die Immobilienauswahl. Auch wenn Sie beispielsweise in Aachen wohnen und ein Mietobjekt in Lübeck oder Ingolstadt erwerben wollen, müssen Sie sich einen Tag oder ein Wochenende lang Zeit nehmen, um vor Ort Lage und Qualität von Haus oder Wohnung zu erkunden.

! **Wichtig:** Nehmen Sie bei der Besichtigung des gewünschten Objekts den Standpunkt eines Mieters ein, denn die nachhaltige Vermietbarkeit muss Ihr Ziel sein. Tun Sie so, als ob Sie selbst einziehen würden, und sehen Sie deshalb alles mit den Augen eines Mieters.

Für Kapitalanleger, die bereits ein Eigenheim bewohnen, bietet sich auch noch Folgendes an: Erinnern Sie sich an alles, worauf Sie damals bei der Auswahl Ihres Eigenheims geachtet haben. Spontan werden Ihnen einfallen: Wohnlage, Verkehrsanbindungen, Haus- oder Wohnungsgröße, äußerer Zustand des Objekts, Raumaufteilung und Grundrisslösung, Ausstattung usw. Ihr künftiger Mieter wird ähnliche Überlegungen anstellen, da er sich in Umgebung und Wohnung wohl fühlen möchte. Nur eines unterscheidet ihn vom Eigentümer, der selbst einzieht: Statt auf den Kaufpreis achtet er auf die geforderte Miete.

Der »Als-ob-Eigentümer«-Standpunkt besitzt für Sie noch einen weiteren Vorteil. Falls Sie Ihr Mietobjekt später einmal nach Auszug Ihres Mieters verkaufen wollen, erzielen Sie bei potenziellen Selbstnutzern einen höheren Preis. Vermietete Wohnungen sprechen nur eine Zielgruppe an: die der Kapitalanleger und Vermieter.

Leer stehende oder frei werdende Wohnungen sind jedoch sowohl für Kapitalanleger als auch für Selbstnutzer interessanter. Erfahrungsgemäß sind Selbstnutzer bereit, bis zu 30 Prozent mehr zu bezahlen als reine Kapitalanleger. Machen Sie sich diese Erfahrung zunutze und denken Sie schon beim Kauf an den späteren Wiederverkauf.

Diese Kriterien entscheiden über Ihren Anlageerfolg

1. Die Lage

- Makrolage (Region)
- Mikrolage (Wohn- und Verkehrslage innerhalb des Ortes)
- Umgebung

2. Die Qualität

- Baujahr
- äußerer Zustand
- Wohnungsgröße
- Raumaufteilung
- Ausstattung der Wohnung

3. Die Nutzung

- Anzahl der Wohneinheiten
- Struktur der Bewohner (Mieter/Eigentümer)
- Anteil der Selbstnutzer

Einen guten Anhaltspunkt geben auch die örtlichen Mietspiegel, die meist vier Gruppen von Merkmalen unterscheiden:

- Wohnlage
- Baujahr
- Ausstattung
- Größe

Je nach Lage, Baujahr, Ausstattung und Wohnungsgröße werden dann monatliche Nettokaltmieten in Euro pro Quadratmeter Wohnfläche angegeben, um einen Maßstab für ortsübliche Vergleichsmieten zu gewinnen. Warum diese starke Betonung des Mietspiegels, werden Sie fragen. Erstens werden Sie später immer damit rechnen müssen, dass sich einer Ihrer Mieter auf den Mietspiegel beruft. Zum Zweiten lenkt der Mietspiegel Ihre Besichtigung zwangsläufig auf die Punkte, auf die auch der Mieter achtet: Wohnlage, Größe und Ausstattung.

➡ **Praxis-Tipp:** Da auf Dauer das Beste gerade gut genug ist, empfiehlt es sich sehr, bei der Auswahl Zwei- bis Dreizimmerwohnungen mit einer Wohnfläche von 60 bis 80 Quadratmetern in guter Wohnlage und mit komfortabler Ausstattung zu bevorzugen. Bei Großwohnungen, mittlerer oder schlechter Wohnlage sowie einfacher bis mittlerer Ausstattung müssen Sie oft erhebliche Mietabschläge hinnehmen.

Die Lage, die Lage und nochmals die Lage …

Sie kennen sicher den Maklerspruch, wonach es beim Erwerb einer Wohnung vor allem auf drei Dinge ankommt: Erstens die Lage, zweitens die Lage, drittens die Lage. Nach einem anderen Maklerwort soll man lieber ein schlechtes Objekt in guter Lage kaufen als ein gutes Objekt in schlechter Lage. Der Grund: Raumaufteilung und Ausstattung der Wohnung lassen sich ändern, die Lage jedoch nicht.

Unter Lage verstehen Immobilienexperten sowohl die Makrolage, also beispielsweise die Region wie Rhein-Ruhr-, Rhein-Main- oder Rhein-Neckar-Gebiet, als auch die Mikrolage, also die Wohn- und Verkehrslage innerhalb des Ortes.

Schnellübersicht: Kleine und Große Lage

Kleine Lage (Mikrolage)

Achten Sie darauf, dass Ihr Mietobjekt

- nach Süden, Westen oder besser nach Südwesten ausgerichtet ist,
- keinen Umweltbelastungen wie zum Beispiel Lärmbelästigungen und Luftverschmutzungen ausgesetzt ist,
- in Bezug auf die Nachbarbebauung Ihren Wertvorstellungen vom standesgemäßen, schönen Wohnen entspricht,
- in einer ruhigen Wohnstraße liegt sowie
- landschaftlich schön gelegen ist und über einen unverbaubaren Fernblick verfügt.

Große Lage (Makrolage)

Überzeugen Sie sich davon, dass Ihr Mietobjekt

- gute Verkehrsanbindungen aufweist: Bushaltestellen beziehungsweise S-Bahn-Stationen im Umfeld weniger hundert Meter, Bahnhof und/oder Autobahnauf- und -abfahrten innerhalb weniger Minuten zu erreichen,
- dass Schulen und Kindergärten ohne Gefahr für die Kinder in kurzer Zeit erreichbar sind,
- dass Geschäfte des täglichen Bedarfs (Bäcker, Metzger, Apotheke, Lebensmittelgeschäft) in der Nähe sind,
- dass mögliche Arbeitsstätten nicht weiter als 30 Fahrminuten entfernt sind,
- dass das nächstgelegene Stadtzentrum mit all seinen Einrichtungen gut und schnell zu erreichen ist und
- ein umfangreiches Freizeitangebot besteht: Hallenbad, Sporthalle und Sportplatz, Tennis, Reit- und Wandermöglichkeiten sowie kulturelle Einrichtungen.

Haben Sie sich als regionaler Anleger für ein Objekt in Ihrer Nähe entschieden, können Sie die Mikrolage ohne größeren Zeitaufwand selbst überprüfen. Bei überregionalen Angeboten sollten Sie die Fahrt nicht scheuen und sich an Ort und Stelle von Wohn- und Verkehrslage überzeugen.

Ideal ist eine ruhige Wohnlage mit günstigen Verkehrsverbindungen wie S-Bahn oder Bushaltestellen. Die Autobahn in unmittelbarer Nähe stellt nur dann einen Vorteil dar, wenn keine Lärmbelästigung für die Bewohner davon ausgeht. Einkaufs- und Erholungsmöglichkeiten gilt es ebenfalls zu erkunden. Sind Läden für Waren des täglichen Bedarfs in der Nähe? Sind Sportstätten, Grünanlagen und Wälder schnell erreichbar? Mieter mit Kindern werden auf die Nähe zu Kinderspielplätzen, Kindergärten, Grundschulen und weiterführenden Schulen achten. Zum Wohlfühlen gehören auch Cafés und gemütliche Kneipen in der näheren Umgebung. Schließlich ist auf kulturelle Angebote vor Ort und auf die Nähe von behördlichen Einrichtungen zu achten.

➡ **Praxis-Tipp:** Bevor Sie die Wohnung selbst oder den Bauplatz für die noch zu erstellende Wohnung besichtigen, machen Sie am besten einen kurzen Streifzug durch die nähere Umgebung. Versetzen Sie sich in die Lage von Mietern, die hier eine Weile wohnen möchten. Stellen Sie sich die Frage, ob auch Sie dort wohnen könnten. Das gilt natürlich erst recht dann, wenn sie zu den Kapitalanlegern gehören, die Haus oder Wohnung erst vermieten, um dann später selbst dort einzuziehen.

So bewerten Sie die Lage des Mietobjekts

Für die Wohnlage kommt es in erster Linie auf die Verhältnisse des Wohngebiets an, in dem die Wohnung liegt. Hier spielen vielfältige Beurteilungskriterien eine Rolle, wie beispielsweise Wohnungen in zentraler Lage oder am Stadtrand, in reinem Wohngebiet oder Mischgebiet, in der Nähe von Frei- und Grünflächen, Verkehrsverbindungen zur Innenstadt, Versorgung mit Läden, Schulen und sonstigen Infrastruktureinrichtungen.

Die Wohnlage kann auch innerhalb eines Wohnviertels, einer Straße oder von einer Straßenseite zur anderen wechseln. Es kommt immer auf die konkreten Umstände des Einzelfalls an. Unterschiedliche Lagequalitäten von Wohnungen in Eckgebäuden können durch Zu- oder Abschläge berücksichtigt werden. In den meisten Mietspiegeln wird zwischen »normaler Wohnlage« und »guter Wohnlage« unterschieden.

Checkliste: Standortprüfung des Mietobjekts		
	ja	**nein**
Kleine Lage:		
– Ist der Garten nach Süden, Westen oder Südwesten ausgerichtet?	☐	☐
– Ist der Standort Lärmbelästigung und/oder Luftverschmutzungen ausgesetzt?	☐	☐
– Hat die Nachbarbebauung ein angenehmes Erscheinungsbild?	☐	☐
– Entsprechen die Nachbarn den Vorstellungen der künftigen Mieter?	☐	☐
– Liegt das Grundstück in einer ruhigen Wohnstraße?	☐	☐
– Ist das Gelände landschaftlich schön gelegen?	☐	☐
– Verfügt das Areal über einen schönen (unverbaubaren) Blick?	☐	☐
Große Lage:		
– Sind Bushaltestellen, S-Bahn-Stationen, Bahnhof sowie Autobahnauf- und -abfahrten schnell zu erreichen?	☐	☐
– Können Kinder Schulen und Kindergärten gefahrlos erreichen?	☐	☐
– Liegen mögliche Arbeitsstätten im Einzugsbereich von 30 Minuten?	☐	☐
– Ist das Stadtzentrum gut und schnell zu erreichen?	☐	☐
– Steht dem späteren Mieter ein umfangreiches Freizeitangebot zur Verfügung?	☐	☐

Was eine »normale« Wohnlage ist

Die Mietwohnung liegt in einem Gebiet, in dem sich Vor- und Nachteile ausgleichen. Diese Wohnlage wird als normal bezeichnet. Typisch ist für eine solche Wohnlage:

- in Innenstadtgebieten: weitgehend geschlossene, zum Teil stark verdichtete Bauweise, geringe Freiflächen und durchschnittliche Emissionsbelastung, Durchmischung mit Laden-, Gewerbe- und Industrienutzung, teilweise auch beeinträchtigende Verkehrsanlagen,
- in Wohngebieten am Stadtrand: vorwiegend aufgelockerter Geschossbau, Kleinsiedlungsgebiete oder kleinstrukturierte Einfamilienhausgebiete mit im Vergleich zur »guten« Wohnlage weniger ausgeprägtem Grünbezug und weniger gepflegtem Straßenbild.

Wann eine Wohnlage »gut« ist

Als »gut« wird eine Wohnlage bezeichnet, bei der die Lagevorteile gegenüber der normalen Wohnlage deutlich überwiegen. Hierfür ist insbesondere typisch:

- im Innenstadtbereich: in der Regel bis zu fünfgeschossige Bauweise mit das Straßenbild prägendem Grün, gepflegtem Straßenbild,
- in den Wohngebieten am Stadtrand: überwiegend ein- bis dreigeschossige Einzel- oder Geschossbebauung, starker Grünbezug und ruhige Lage.

Machen Sie bei der Qualität keine Zugeständnisse

Zur Wohnqualität tragen die Außenhaut des Gebäudes und die Ausstattung der Wohnung entscheidend bei. Prüfen Sie bei der Besichtigung von bereits fertig gestellten Objekten, ob der Mieter Haus und Wohnung als schön empfinden kann. Auf folgende Punkte sollten Sie besonders achten:

- Baujahr und Alter des Gebäudes (Neubau, Gebrauchtimmobilie),
- äußerer Zustand des Gebäudes (bei Neubauten Baubeschreibungen genau lesen),
- Wohnungsgröße in Quadratmetern Wohnfläche,
- Grundrisslösung und Raumaufteilung (mit Anzahl der Zimmer, Küche, Diele, Bad, eventuell Gäste-WC, Terrasse/Balkon/Loggia),
- Tiefgarage, Einzelgarage oder Außenstellplatz sowie
- Ausstattung der Wohnung (bei Neubauten Baubeschreibung).

Bei Teppichböden, Küchen- und Badfliesen sowie Tapeten sind die Geschmäcker verschieden. Um den Wohnwert für den Mieter zu steigern, lassen Sie ihn bei der Auswahl ruhig mitbestimmen, sofern die Neubauwohnung noch nicht ganz fertig gestellt ist, Sie Ihren Mieter aber bereits gefunden haben.

Qualität hat ihren Preis. Es ist deshalb klar, dass sich eine höhere Bauqualität und eine höherwertige Ausstattung im Kaufpreis, aber eben auch in der erzielbaren Miete niederschlagen. Sofern das Preis-Miet-Verhältnis sich dadurch nicht verschlechtert, sind Komfortobjekte durchaus den üblichen Standardausführungen vorzuziehen.

Auch scheinbare Kleinigkeiten wie Waschküche, Trockenraum, Fahrradraum und zur Wohnung gehörender Kellerraum müssen Sie sich »mit den Augen eines Mieters« ansehen. Außerdem möchte dieser wissen, ob zur Wohnung eine Garage oder ein Stellplatz gehört.

Alles, was Sie jetzt selbst besichtigen oder bei im Bau befindlichen Gebäuden teilweise nur erahnen können, werden Sie später Ihren Mietinteressenten zeigen. Insofern erleichtert eine richtige Immobilienauswahl auch die spätere Suche und Auswahl von geeigneten Mietern.

So beurteilen Sie die Ausstattung eines Mietobjekts

Die Ausstattung bezieht sich auf die Gegenstände, die zur ständigen Benutzung eingebaut oder installiert sind. Hierunter fallen etwa Sammelheizung, Badezimmereinrichtung oder Küchen- und Sanitärausstattung.

Dabei kommt es auch auf die Art der Gegenstände an. Handelt es sich beispielsweise bei der Heizung um eine Elektro-, Gas- oder Ölheizung? Mit zu berücksichtigen sind außerdem die von Ihnen als Vermieter gestellten Gemeinschaftseinrichtungen, wie zum Beispiel Fahrstuhl und Waschmaschine.

Besonders wichtig: Bad und Sammelheizung

Zwei in der Praxis besonders bedeutsame Ausstattungsmerkmale sind das Bad und die Sammelheizung:

- Unter einem Bad ist ein Wannen- oder Duschbad in einem besonderen Raum (mit oder ohne WC) in der Wohnung zu verstehen. Ein Bad hat in der Regel einen geringeren Mietwert, wenn genügender Raum zum An- und Auskleiden sowie ein Waschbecken fehlen.
- Sammelheizungen sind alle Heizungsarten, bei denen die Wärme- und Energieversorgung von einer zentralen Stelle aus erfolgt. Gleichzusetzen sind alle Etagen- und Wohnungsheizungen, die automatisch, also ohne Brennstoffnachfüllung von Hand, sämtliche Wohnräume sowie Küche und Bad angemessen erwärmen. Dabei werden Nachtspeicherheizungen niedriger bewertet als andere Zentralheizungsarten.

Zu einer normalen Ausstattung einer Wohnung gehört insbesondere auch Folgendes:

- eine funktionsfähige Küche mit einer Mindestausstattung (Spüle, Herd) und zusätzlichen Stellflächen; bei Wohnungen unter 50 Quadratmetern sind auch Kochnischen ausreichend.
- Warmwasserversorgung in Bad und Küche,
- WC in der Wohnung,
- Fußboden aus Dielen, Steinzeug oder Linoleum, Kunststoff oder gleichwertigem Belag; in Küche, Bad und WC auch aus keramischen Platten oder Steinzeug,
- Abstellflächen innerhalb und/oder außerhalb der Wohnung,
- Fahrstuhl in Miethäusern ab dem sechsten Vollgeschoss sowie
- überwiegend Isolierverglasung oder Doppelfenster.

Außerdem sind Belüftung, Lichteinfall, Schall- und Wärmeschutz zu berücksichtigen. Das gilt je nach Baualtersklasse auch für Arbeitsflächen und Schrankraum in der Küche sowie Wandfliesen in Küche, Bad und WC.

Diese Ausstattung ist mehr als »Standard«

Diese Merkmale zählen demgegenüber zu einer besseren Ausstattung:

- Trennung von Bad und WC,
- großzügige Badausstattung, zum Beispiel zusätzliches Duschbad, zweiter Waschplatz, zweites WC, Bidet oder aufwendige Fliesen,
- Einbauküchen in Gebäuden, die vor 1980 errichtet wurden und/oder zusätzliche Ausstattung, wie beispielsweise Geschirrspüler, Kühlschrank oder Tiefkühlschrank,

- hochwertige Fußböden oder Bodenbeläge, wie Parkett,
- Einbauschränke, wenn sie nicht Abstellräume ersetzen,
- Rollläden,
- Fahrstuhl bei Wohnungen in bis zu fünfgeschossigen Häusern,
- Balkon, Loggia oder Terrasse mit einer Nutzfläche von mehr als sieben Quadratmetern und einer Mindestbreite von 1,50 Metern, außer in großen Neubauwohnungen der guten Wohnlage sowie großen Altbauwohnungen,
- Fahrradkeller/überdachter Fahrradstellplatz außer in Neubauwohnungen,
- Kabel-/Satellitenanschluss außer in Neubauwohnungen und
- Wohnungswasserzähler außer in Neubauwohnungen.

Überlassen Sie nichts dem Zufall

Oft neigen Kapitalanleger dazu, nur das Mietobjekt zu sehen, ohne die Nachbarobjekte in die Betrachtung mit einzubeziehen. Gerade bei vermieteten Eigentumswohnungen sollten Sie aber die Nachbarwohnungen und deren Bewohner mit bedenken.

Eine Großwohnanlage mit über 50 Wohneinheiten artet schnell in einen Wohnkomplex oder gar in ein »Wohnsilo« aus. Meist ist es besser, eine Eigentumswohnung in einer Kleinwohnanlage mit drei bis vier Häusern und jeweils sechs bis acht Wohnungen zu kaufen. Je größer die Wohnanlage, desto größer die Anonymität und desto geringer die Wohnqualität.

Die Struktur der Bewohner sollte Ihnen nicht gleichgültig sein. Eine Großwohnanlage mit Nur-Mietern macht auf Dauer mehr Probleme als eine überschaubare Wohnanlage, in der eine gesunde Mischung von Mietern und Eigentümern vorhanden ist. Fragen Sie daher den Bauträger, wie hoch der Anteil der Selbstnutzer unter den Käufern ausfällt.

Hat mehr als die Hälfte gekauft, um selbst als Eigentümer einzuziehen, wird das Gesamtobjekt nach aller Erfahrung besser »in Schuss gehalten«. Viele Wohnungseigentümer, die ihre selbst genutzte Wohnung wie einen Augapfel hüten, kümmern sich als Reserve-Hausmeister auch um die Gesamtanlage und nehmen Funktionen eines Hausinspekteurs wahr.

Das Verhältnis von Selbstnutzern zu Mietern sollte etwa 60:40 oder 70:30 sein. Sie vergrößern bei einem hohen Selbstnutzeranteil die Chance, dass Sie Ihre Wohnung später ebenfalls an einen Selbstnutzer verkaufen und dadurch einen höheren Preis erzielen können. Vielleicht entpuppt sich sogar Ihr eigener Mieter als künftiger Wohnungskäufer.

2. Wie Sie sich die besten Konditionen für Ihre Finanzierung sichern

Zu einer erfolgreichen Investition in Immobilien gehört, dass Sie das richtige Finanzierungskonzept finden. Ihr Ziel muss es sein, die wirklich individuelle und marktgerechte Finanzierung zu optimalen Konditionen durchzusetzen. Keine Frage: Die Hypothekenzinsen sind weiterhin günstig. Sie liegen nach wie vor deutlich unter dem langjährigen Durchschnittszins von 8,5 Prozent.

Zu übereilten Entscheidungen dürfen die günstigen Zinsen trotzdem nicht verleiten. Schließlich haben Sie auch jetzt nichts zu verschenken. Ganz im Gegenteil: Auch attraktive Zinskonditionen können die Nachteile eines falschen Finanzierungskonzepts nicht ausgleichen. Auf den nächsten Seiten finden Sie eine Zusammenstellung der zehn häufigsten Finanzierungsfehler – und dazu die entscheidenden Praxis-Tipps, wie Sie es bei der Finanzierung Ihres eigenen Mietobjekts besser machen können.

1. Vermeiden Sie eine Überfinanzierung

Immobilienpleiten lassen sich fast immer auf Überfinanzierungen zurückführen. Eine Überfinanzierung, bei der das Hypothekendarlehen über dem tatsächlichen Wert des Objekts liegt, ist nun einmal gleichbedeutend mit einer Überschuldung von Anfang an. Nicht nur der Substanz bildende Teil – also die Immobilie selbst – wird fremdfinanziert, sondern auch alle mehr oder minder überflüssigen weichen Kosten.

Beispiel: Ein reiner Kaufpreis von 150 000 Euro für eine 75 Quadratmeter große Neubau-Eigentumswohnung schaukelt sich bei einem Bauträgermodell unter Einschluss aller Nebenkosten und Gebühren auf einen Gesamtaufwand von 200 000 Euro hoch. Wenn Sie nun diesen Gesamtaufwand über eine Hypothek finanzieren und auf den Einsatz von Eigenkapital völlig verzichten, handeln Sie sich eine 133-prozentige Überfinanzierung ein, da das aufgenommene Darlehen um ein Drittel höher liegt als der Kaufpreis.

Da nicht selten im ausgewiesenen Kaufpreis versteckte Kosten für Marketing und Vertrieb enthalten sind, liegt der Anteil der Überfinanzierung in Wirklichkeit sogar noch höher. Bei einer versteckten Innenprovision von beispielsweise zehn Prozent des Gesamtaufwands macht das in Höhe des Gesamtaufwands aufgenommene Darlehen schon mehr als 150 Prozent des Immobilienwerts aus.

➡ **Praxis-Tipp:** Vermeiden Sie grundsätzlich Bauträger- oder Erwerbermodelle, bei denen der deutlich über dem Kaufpreis liegende Gesamtaufwand fremdfinanziert werden soll.

Der klassische Direkterwerb vom Bauträger, von Privat oder über einen Immobilienmakler kommt ohne den schillernden Begriff des Gesamtaufwands aus. Wenn Sie zum Kaufpreis rund fünf Prozent für Kaufnebenkosten (3,5 Prozent Grunderwerbsteuer und 1,5 Prozent Notar- und Grundbuchgebühren für die Eigentumsumschreibung) hinzurechnen, kommen Sie auf Anschaffungskosten in Höhe von 105 Prozent des Kaufpreises.

Bei Einschaltung eines Maklers müssen Sie als Käufer möglicherweise eine zusätzliche Provision zwischen rund 3,5 und sieben Prozent des Kaufpreises bezahlen. Ist die Maklerprovision nicht von Ihnen als Käufer zu leisten, können Sie davon ausgehen, dass diese vom Verkäufer getragen wird und daher bereits in den Kaufpreis eingerechnet ist.

➡ **Praxis-Tipp:** Aus Gründen der Vorsicht sollten Sie nie mehr als 100 Prozent des notariell beurkundeten Kaufpreises finanzieren. Enthält dieser »beurkundete« Kaufpreis eine versteckte Innenprovision oder liegt er über dem ortsüblichen Marktpreis für vergleichbare Objekte, sollten Sie hartnäckig verhandeln. Gelingt es Ihnen nicht, den Kaufpreis herunterzuhandeln, sollten Sie zumindest den »Überpreis« nicht fremdfinanzieren.

Oftmals empfiehlt es sich, das Hypothekendarlehen auf maximal 90 Prozent des Kaufpreises zu begrenzen und den restlichen Kaufpreis sowie die Kaufnebenkosten aus Eigenmitteln aufzubringen. Sie vermeiden dadurch in jedem Fall eine Überfinanzierung.

Besonders vorteilhaft: Sie erwerben ein renditestarkes Mietobjekt aus zweiter Hand, bei dem der Kaufpreis unter den ortsüblichen Marktpreisen liegt. Ihr Eigenkapitalanteil beschränkt sich dann auf die zusätzlich zum Kaufpreis zu tragenden Kaufnebenkosten. Besondere Risiken gehen Sie auch dann nicht ein, wenn die auf zehn Jahre festgezurrten Hypothekenzinsen bei 100-prozentiger Auszahlung des Darlehens durch die nachhaltig erzielbaren Mieteinnahmen gedeckt sind.

! **Vorsicht:** Falls Ihre Bank den gesamten Kaufpreis oder sogar mehr fremdfinanziert, bedeutet dies nicht, dass sie den Wert der Immobilie entsprechend hoch einschätzt. Die Bank wird die Voll- oder Überfinanzierung sowohl auf die Werthaltigkeit des Objekts als auch auf Ihre Bonität stützen. Dies bedeutet in der Sprache der Banker: Das gesamte Hypothekendarlehen besteht aus einem Realkredit- und einem Personalkreditanteil. Der grundbuchlich gesicherte Realkreditanteil richtet sich nach dem Beleihungswert des Objekts, während der ebenfalls grundbuchlich gesicherte Personalkredit von der Bonität des Darlehensnehmers abhängt. Bei überteuerten Steuersparmodellen übersteigt der Personalkreditanteil gelegentlich sogar den Realkreditanteil. Und das ist sicherlich kein Beispiel für eine gesunde Finanzierung.

➡ **Praxis-Tipp:** Versuchen Sie, den Realkreditanteil durch Ihre Bank zu erfahren, und meiden Sie einen hohen Personalkreditanteil. Missverstehen Sie einen hohen Personalkreditanteil nicht als besondere Anerkennung Ihrer Bonität.

2. Verhindern Sie eine Übersicherung

Es ist eine altbekannte Tatsache: Kreditgeber sind ausgesprochene Sicherheitsfanatiker. Die Absicherung der Kredite geht ihnen über alles. Kein Wunder also, dass in den Kreditverhandlungen schnell auch die Sprache darauf kommt, welche Sicherheiten Sie bieten können. Dabei schießen die Banken immer wieder mal über das Ziel einer angemessenen Kreditabsicherung hinaus.

Grundsätzlich müssen Sie eine grundbuchliche Absicherung Ihres Hypothekendarlehens akzeptieren. Daran führt kein Weg vorbei. Zu diesem Zweck lassen Sie beim Notar eine Grundschuld bestellen und in der Abteilung III des Grundbuchs eintragen. In der Grundschuldbestellungsurkunde unterwerfen Sie sich der sofortigen Zwangsvollstreckung. Diese so genannte dingliche Unterwerfungsklausel kommt jedoch nur zum Tragen, wenn Ihr Darlehen wegen Zinsrückständen gekündigt und anschließend eine Zwangsversteigerung des Mietobjekts eingeleitet wird.

! **Achtung:** Auch an einer persönlichen Haftung für Ihre Hypothekenschulden kommen Sie nicht vorbei. Der Grund: Es kann ja sein, dass nach erfolgter Versteigerung noch Restschulden übrig bleiben.

➡ **Praxis-Tipp:** Alles, was über die Unterwerfungsklausel und persönliche Haftung hinaus an Sicherheiten verlangt wird, sollten Sie mit größter Vorsicht prüfen.

Dazu gehören:

- zusätzliche grundbuchliche Absicherung auf einem anderen Objekt (zum Beispiel schuldenfreies Eigenheim),
- Zusatzsicherheiten wie: Verpfändung von Wertpapier- oder Fondsdepots-Abtretung von Versicherungsansprüchen,
- Abtretung von Bausparverträgen,
- Abtretung von Gehaltsansprüchen (mit möglicher Gehaltspfändung),
- Abtretung von Mietansprüchen,
- Abtretung von Steuererstattungsansprüchen,
- Zweckerklärung, wonach Ihr Kreditgeber andere Sicherheiten verwerten kann (zum Beispiel alle bestehenden und künftigen Forderungen Ihrer Hausbank, die gleichzeitig Kreditgeberin ist),
- Mitverbindlichkeitserklärung oder Bürgschaft Ihres Ehegatten, obwohl Sie Alleineigentümer der Immobilie werden und Gütertrennung vereinbart haben und
- Bürgschaften sonstiger Dritter.

Die Abtretung von Versicherungsansprüchen zur Sicherung und Tilgung eines Festdarlehens ist noch am ehesten vertretbar. Auf jeden Fall sollten Sie aber dabei eine steuerschädliche Abtretung vermeiden.

Diese liegt dann vor, wenn die abgetretenen Versicherungsansprüche über die mit dem Darlehen finanzierten Anschaffungskosten hinausgehen. Meiden Sie daher eine solche »Übersicherung« und treten Sie sicherheitshalber nur die Versicherungssumme und nicht die sehr viel höhere Ablaufleistung ab.

Den im obigen Katalog genannten sonstigen Zusatzsicherheiten, Zweckerklärungen, Mitverbindlichkeitserklärungen und Bürgschaften sollten Sie so weit wie möglich aus dem Weg gehen. Warum sollten Sie beispielsweise noch andere Immobilien grundbuchlich belasten oder Verwandte zu Bürgschaften überreden?

! **Achtung:** An der Mithaftung Ihres Ehegatten kommen Sie in aller Regel nicht vorbei, sofern Sie im gesetzlichen Güterstand der Zugewinngemeinschaft leben. Haben Sie jedoch Gütertrennung vereinbart und erwerben Sie das Objekt allein, ist nicht einzusehen, warum Ihr Ehegatte eine Mitverbindlichkeitserklärung unterschreiben soll.

Im Zusammenhang mit Übersicherungen heißt es häufig, eine Übersicherung sei doch völlig ohne Belang, sofern Zins- und Tilgungszahlungen pünktlich erfolgen. Doch wer gibt Ihnen die Sicherheit, dass Ihre Finanzierung über die Gesamtdauer von meist 20 Jahren und mehr störungsfrei verläuft? Niemand ist vor plötzlichen Schicksalsschlägen wie Krankheit, Tod, Arbeitslosigkeit oder auch Scheidung sicher. Deshalb sollten Sie auch an den »schlimmsten Fall« denken. Wenn der persönliche Schicksalsschlag noch von finanziellen Engpässen bis hin zur Vermögenslosigkeit und Überschuldung begleitet wird, entstehen zusätzliche psychische Belastungen.

Lassen Sie es nie so weit kommen, indem Sie Übersicherungen von Anfang an vermeiden. Auch hier gilt: Vorbeugen ist besser als Heilen. Zu einem verantwortungsvollen Vorbeugen zählt auch eine Risiko-Lebensversicherung, die beim Ableben des Darlehensnehmers dessen Hinterbliebene (zum Beispiel den Ehegatten) ausreichend absichert.

3. Wie Vermittlungsgebühren die Finanzierung aufblähen

Besonders bei Bauträger- und Erwerbermodellen wird die Vermittlung der Zwischen- und Endfinanzierung als Zusatzservice angeboten. Wer aus Gründen der Bequemlichkeit die Finanzierung fremden Vermittlern überlässt, zahlt jedoch kräftig drauf. Bis zu vier Prozent der Darlehenssumme werden berechnet, wenn zur Vermittlung der Endfinanzierung noch die Vermittlung der Zwischenfinanzierung bei Bauvorhaben und die Vermittlung einer eventuellen Eigenkapitalvorfinanzierung hinzutreten.

Da das Bruttodarlehen typischerweise so hoch wie der Gesamtaufwand ausfällt und dieser nicht selten 150 Prozent des reinen Kaufpreises ausmacht, sind vier Prozent vom Gesamtaufwand genauso viel wie sechs Prozent vom Kaufpreis. Es bedarf angesichts dieser hochprozentigen Vermittlungsgebühr eigentlich keiner zusätzlichen Begründung mehr dafür, dass Sie Finanzierungsvermittler bei Steuersparmodellen besser meiden sollten.

Reine Finanzierungsvermittler zeichnen sich oftmals auch nicht durch eine besondere Fachkompetenz aus. Da ihre Provision von der Höhe der Darlehenssumme abhängt, neigen sie zu Voll- oder Überfinanzierungen. Zudem handeln sie vielfach auch nur die üblichen Standardkonditionen für Hypothekendarlehen aus und drängen nicht auf individuelle Sonderkonditionen. Zusätzlich ist zu befürchten, dass sie für finanziell schwächere Kunden leichtfertig einen »Angstzuschlag« bei den Zinskonditionen oder eine Reihe von Zusatzsicherheiten akzeptieren, nur um zum Abschluss zu kommen.

➡ **Praxis-Tipp:** Seriöse Finanzierungsvermittler lassen sich nur eine Provision für die Vermittlung der Endfinanzierung geben, und zwar direkt vom Kreditgeber. Üblicherweise liegt der Provisionssatz bei 0,5 Prozent der Darlehenssumme.

4. Vereinbaren Sie die richtige Zinsbindungsdauer

Die wichtigste Zinsbindungsregel lautet: »niedrige Zinsen – lange Bindung« bzw. »hohe Zinsen – kurze Bindung«. Gegen diese Regel verstoßen Darlehensnehmer, die ihre Hypothekenzinsen in einer Niedrigzinsphase nur für maximal fünf Jahre festlegen oder in einer Hochzinsphase über zehn und mehr Jahre binden.

Sicherlich sind die Hypothekenzinsen umso geringer, je kürzer die Zinsbindungsdauer ist. Diese »normale« Zinsstruktur reizt verständlicherweise einige Vermieter, nur fünfjährige Zinsbindungen einzugehen. Sie sparen dabei zwar etwa 0,5 Prozentpunkte an laufenden Nominalzinsen. Die vermeintlich günstige Finanzierung kehrt sich jedoch ins Gegenteil, wenn das Zinsniveau nach Ablauf von fünf Jahren deutlich über dem jetzigen historischen Tief liegt.

Mindestens zehnjährige Hypotheken sind daher zurzeit empfehlenswert, um teure Anschlussfinanzierungen vor Ablauf von zehn Jahren zu vermeiden. Eventuell bietet sich noch ein Zinsbindungssplitting an, wenn Sie beispielsweise nach fünf Jahren einen Teil des Hypothekendarlehens auf einen Schlag ablösen möchten. Beispiel: 80 Prozent des Hypothekendarlehens mit zehnjähriger Zinsbindung und 20 Prozent mit einer Zinsbindung von fünf Jahren.

Selbstverständlich kann niemand das Zinsniveau in fünf Jahren vorhersagen. Es ist jedoch sehr unwahrscheinlich, dass die Effektivzinssätze für Hypotheken im Jahr 2006 unter denen des Niedrigzinsjahrs 2001 liegen.

5. Warum ein Disagio kein Thema für Sie ist

Bei der Suche nach der günstigsten Finanzierung für Ihr Objekt kommen Sie nicht daran vorbei: Praktisch jedes Kreditinstitut unterbreitet sein Finanzierungsangebot in zwei Varianten: mit und ohne Disagio. Beim Disagio, die Banker nennen es auch Damnum, handelt es sich um die Differenz zwischen dem Nennwert und dem tatsächlichen Auszahlungsbetrag eines Darlehens. Die ausgezahlte Darlehenssumme ist geringer als der Darlehensnennbetrag, der zu tilgen ist. Sie müssen also mehr zurückbezahlen, als Sie von der Bank erhalten.

Beispiel: Sie brauchen ein Darlehen in Höhe von 150 000 Euro. Bei einem Disagio von zehn Prozent werden Ihnen nur 135 000 Euro ausgezahlt. Das Damnum beträgt hier also 15 000 Euro, die Ihre Bank einbehält.

Die Banken werben gern damit, dass ein Disagio die monatliche Zinsbelastung senkt. Das ist aber nur die eine Seite der Medaille. Auf der anderen Seite handeln Sie sich höhere Hypothekenschulden und damit höhere Tilgungszahlungen ein. Und wer glaubt, die Finanzierung mit einem Disagio sei grundsätzlich billiger, irrt gewaltig. Auch das Disagio muss voll verzinst und voll zurückgezahlt werden.

Je größer das Disagio ist, desto mehr sinkt der Zinssatz für das Darlehen. Der Grund für die »Großzügigkeit« der Banken: Der Betrag, den die Bank als Disagio einbehält, stellt nichts anderes als eine Zinsvorauszahlung dar. Hinzu kommt, dass Sie den niedrigeren Zins mit einer Zusatzfinanzierung erkaufen. Denn den von der Bank als Disagio einbehaltenen Betrag müssen Sie jetzt anderweitig beschaffen.

Für Sie als Vermieter lohnt sich ein Disagio langfristig nicht. Das Disagio führt lediglich in der Investitions- und Finanzierungsphase zu einem hohen steuerlichen Verlust und damit zu erheblichen Steuerersparnissen. Da in der Vermietungsphase die Zinsen durch das Disagio aber niedriger sind als bei einer 100-Prozent-Auszahlung, sinken die Zinsbeträge und damit die abzugsfähigen Werbungskosten. Dadurch erzielen Sie in den Vermietungsjahren geringere Steuerersparnisse.

6. Warum sich das Tilgungsmodell nicht eignet

Das typische Annuitätendarlehen mit regelmäßiger Tilgung von jährlich einem oder zwei Prozent zuzüglich der durch die Rückzahlung ersparten Zinsen eignet sich für Sie als Vermieter nur bedingt. Die von Jahr zu Jahr wachsenden Tilgungsbeträge führen zu sinkenden Zinsanteilen und damit zu einer Verringerung des steuerlichen Schuldzinsenabzugs.

Oft ist es aus steuerlichen Gründen besser, auf eine laufende Tilgung in den ersten fünf oder zehn Jahren ganz zu verzichten. Im Zweifel müssen Sie mit Ihrer Bank über die Anzahl der tilgungsfreien Jahre hart verhandeln, denn keine Bank ist gern bereit, über längere Zeit auf eine Tilgung zu verzichten. Eine vollständige Tilgungsaussetzung während der Laufzeit erreichen Sie in der Regel nur, wenn Sie Bauspar- oder Versicherungsverträge zur Sicherung und Tilgung des Festdarlehens einsetzen. Die Koppelung Festdarlehen/Bausparvertrag ist jedoch für Sie als Vermieter unattraktiv.

Bis zur Ablösung des Bankdarlehens durch den zugeteilten Bausparvertrag zahlen Sie steuerlich abzugsfähige Hypothekenzinsen und müssen die Guthabenzinsen aus dem abgetretenen Bausparvertrag als Einnahmen bei den Vermietungseinkünften versteuern. Nach Ablösung entstehen nur geringe Schuldzinsen für das Bauspardarlehen, da der Nominalzins relativ niedrig liegt und der Zinsanteil infolge der hohen Tilgungsrate schnell sinkt.

Die Bausparlösung ist daher abzulehnen, auch wenn sie unter so wohlklingenden Namen wie Sicherheits-, Tilgungs- oder Ablösebausparvertrag angeboten wird. Nur in ganz bestimmten Fällen kann sie allenfalls für Selbstnutzer von Eigenheimen geeignet sein, aber nicht für Vermieter und Kapitalanleger.

➡ **Praxis-Tipp:** Insbesondere für hoch besteuerte Vermieter empfiehlt sich nach wie vor die Koppelung eines Festdarlehens mit einer Kapitallebensversicherung. Allerdings sollten Sie streng darauf achten, dass die abgetretenen Versicherungsansprüche die mit den Darlehen finanzierten Anschaffungskosten nicht überschreiten. Auf Nummer sicher gehen Sie, wenn Sie folgende Reihenfolge einhalten: Anschaffungskosten → Darlehenssumme → Abtretungsbetrag.

Über die Höhe des Abtretungsbetrags sollten Sie mit Ihrer Bank verhandeln. Treten Sie zu Ihrer eigenen – auch steuerlichen – Sicherheit nicht die geschätzte Ablaufleistung, sondern nur die vertraglich vereinbarte niedrigere Versicherungssumme ab. Im Bestfall begnügt sich Ihr Kreditgeber mit der Abtretung der Versicherungsleistung für den Todesfall. Die Gefahr einer steuerschädlichen Abtretung wäre damit nach den gegenwärtig geltenden Steuervorschriften gebannt.

! **Achtung:** Oft wird empfohlen, das Festdarlehen bei der gleichen Versicherungsgesellschaft aufzunehmen, bei der auch die Kapitallebensversicherung abgeschlossen wird. Zwar profitieren Sie dann von der zinsgünstigeren Versicherungshypothek im Erstrang.

Zu bedenken ist jedoch, dass die laufende Zinsersparnis in einer Niedrigzinsphase durchweg nicht über 0,25 Prozentpunkte hinausgeht und der zinsgünstige Erstrang schon bei 45 Prozent des Beleihungswertes ausläuft. Für ein zweitrangiges Darlehen müssen Sie dann mit einem Zinsaufschlag rechnen.

➡ **Praxis-Tipp:** Meist lohnt es sich, Kredit- und Versicherungsgeber zu trennen.

Beispiel: Sie schließen das Festdarlehen bei der zinsgünstigsten Bank und den Versicherungsvertrag bei einer besonders leistungsfähigen Versicherungsgesellschaft ab. Darlehens- und Versicherungslaufzeit sollten übereinstimmen, da die Ablaufleistung nach Ablauf der mindestens 12-jährigen Versicherungsdauer das Festdarlehen auf einen Schlag ablösen soll.

Um das Zinssteigerungsrisiko bei der Anschlussfinanzierung von vornherein auszuschließen, können Sie sich sogar für eine mindestens 12-jährige Zinsbindung entscheiden, was vor allem in einer Niedrigzinsphase überlegenswert ist. Sie zahlen beispielsweise bei einer 15-jährigen Zinsbindung einen Nominalzins von sechs Prozent bei 100 Prozent Auszahlung (statt 5,5 Prozent bei zehn Jahren Zinsbindung). Ihr Vorteil: Liegt die Versicherungsdauer ebenfalls bei 15 Jahren, haben Sie das Zinsrisiko für die gesamte Darlehenslaufzeit ausgeschlossen. Was bleibt, ist das Risiko hinsichtlich der Höhe der Ablaufleistung. Kein Versicherer kann Ihnen die Ablaufleistung heute schon garantieren. Auch auf die noch bestehende Steuerfreiheit der Versicherungserträge können Sie sich nicht 100-prozentig verlassen.

➡ **Praxis-Tipp:** Die für Sie geeignete Tilgungsmethode hängt in erster Linie von Ihrem individuellen Steuersatz und Ihrer persönlichen Risikobereitschaft ab. Je höher Ihre Steuerprogression und Ihr Mut hinsichtlich des Ablaufrisikos der Versicherung, desto eher eignet sich das Kombinationsmodell aus Festdarlehen und Kapitallebensversicherung für Sie. Niedrigbesteuerte und sicherheitsbetonte Kapitalanleger sollten sich hingegen für das Annuitätendarlehen entscheiden, eventuell mit der Vereinbarung von tilgungsfreien Anfangsjahren.

! **Vorsicht:** Eine Tilgungsaussetzung über fondsgebundene Lebensversicherungen oder Aktienfonds ist eher abzulehnen. Sie gehen hierbei unnötige Risiken ein. Eine Immobilienfinanzierung eignet sich nun einmal nicht für eine Spekulation. Wer in Aktien oder Aktienfonds investieren will, sollte dies ohne Umwege tun und die Aktienanlage nicht an ein Hypothekendarlehen koppeln.

7. Holen Sie immer mehrere Angebote ein

Wenn Ihre grundsätzlichen Entscheidungen über Höhe des Darlehens, Zinsbindungsdauer und Tilgungsmodell gefallen sind, müssen Sie die Zinskonditionen der Anbieter unter die Lupe nehmen. Es ist ein großer Fehler, das erstbeste Darlehensangebot anzunehmen, nur weil es auf den ersten Blick günstig erscheint.

➡ **Praxis-Tipp:** Aktuelle Überblicke über Zinskonditionen finden Sie regelmäßig in den Immobilienteilen der überregionalen und immer öfter auch der regionalen Tageszeitungen, außerdem im Internet, zum Beispiel unter www.fmh.de und www.baugeldvergleich.de. Ihre Hausbank sollten Sie auf jeden Fall auch konsultieren. Vielleicht ist sie mit Hinweis auf die zinsgünstigere Konkurrenz zu individuellen Sonderkonditionen bereit.

Bei den in den Medien veröffentlichten Effektivzinsen handelt es sich fast immer um Standardkonditionen für den erstrangigen Teil, der je nach Anbieter von 45 bis 60 Prozent des Beleihungswerts reicht. Standardkonditionen gelten für das Massengeschäft. Bonitäts- und verhandlungsstarke Darlehensnehmer schaffen es, die »standardmäßig« geforderten Effektivzinsen noch um 0,1 bis 0,3 Prozentpunkte zu unterbieten. Gelingt dies nicht, sollten Sie zumindest auf dem völligen oder weitgehenden Wegfall der Kreditnebenkosten bestehen.

! **Achtung:** Kreditnebenkosten wie Wertschätzungsgebühren und Bereitstellungszinsen gehen nicht in die Berechnung des anfänglichen effektiven Jahreszinses ein. Es lohnt sich also, diese zusätzlichen Kosten auf null zu drücken.

8. Bauzeitzinsen müssen nicht sein

Wenn Sie eine Neubauimmobilie finanzieren möchten, vergehen in aller Regel mehrere Monate von der Darlehensbewilligung bis zur Fertigstellung des Objekts. In der beispielsweise neunmonatigen Bauzeit werden die einzelnen Raten entsprechend dem Baufortschritt abgerufen, in der Regel mit Hinweis auf die im Kaufvertrag vereinbarten Zahlungsmodalitäten nach der Makler- und Bauträgerverordnung. Als Vermieter zahlen Sie also während der Bauzeit schon Darlehenszinsen, ohne Mieteinnahmen zu erhalten. Es liegt nahe, diese so genannten Bauzeitzinsen so niedrig wie möglich zu halten, auch wenn sie steuerlich abzugsfähig sind. Schließlich ist jeder ersparte Euro der beste Euro.

Immer wieder kommt es vor, dass diese Bauzeitzinsen in der finanziellen Planung vernachlässigt werden. Eine teure Zwischenfinanzierung bis zur Baufertigstellung kann aber auch keine brauchbare Lösung sein. Besonders in einer Niedrigzinsphase sollten Sie sich sofort für eine Endfinanzierung mit einer langen Zinsbindung entscheiden.

Sie nehmen bei einer Endfinanzierung zwar von Anfang an laufende Zinsen für die abgerufenen Darlehensteile sowie Bereitstellungszinsen in Höhe von drei Prozent pro Jahr für die noch nicht in Anspruch genommenen Darlehensteile in Kauf. Sofern Sie aber den Karenzzeitraum, in dem die Bank auf die Berechnung auf Bereitstellungszinsen ganz verzichtet, auf drei bis eventuell sogar sechs oder noch mehr Monate ausdehnen, treffen Sie die »verlorenen« Bereitstellungszinsen erst sehr viel später oder im besten Fall gar nicht.

Die sofortige Eindeckung über die Endfinanzierung ist der vorgelagerten Zwischenfinanzierung mit nachfolgender Endfinanzierung fast immer überlegen. Darüber hinaus muss Sie ein in den nächsten Monaten steigendes Zinsniveau nicht schrecken, wenn Sie die Endfinanzierung unter Dach und Fach gebracht haben.

9. Umgehen Sie Nichtabnahmegebühren

Auch das kommt vor: Ein vertraglich vereinbartes Darlehen wird nicht abgerufen, weil das Bau- oder Kaufvorhaben nicht mehr realisiert wird. Banken berechnen in diesem Fall fast immer hohe Nichtabnahmegebühren in Höhe von zwei oder drei Prozent der Darlehenssumme.

➡ **Praxis-Tipp:** Grundsätzlich sollten Sie einen Darlehensvertrag erst unterschreiben, wenn Ihr Kaufvertrag notariell beurkundet ist. Um die Finanzierung jedoch schon vorher sicherzustellen, lassen Sie sich vor dem Notartermin am besten eine vorläufige Darlehenszusage geben; sie löst noch keine Gebühren aus. Nach Abschluss des notariellen Kaufvertrags sollten Sie den Darlehensvertrag erst von Ihrer Bank unterschreiben lassen. Leisten Sie hingegen zuerst die Unterschrift, könnte die Bank noch weitere Bedingungen an die Darlehensvergabe stellen, die Sie möglicherweise nicht erfüllen können.

Ist der Darlehensvertrag von beiden Seiten unterschrieben, steht einer Darlehensauszahlung bei Erfüllung der vereinbarten Auszahlungsvoraussetzungen im Prinzip nichts entgegen. Ihr Anspruch auf Auszahlung kommt andererseits einer Abnahmeverpflichtung gleich. Kommen Sie dieser Verpflichtung nach, müssen Sie grundsätzlich mit einer Nichtabnahmeentschädigung rechnen.

Um hohe Entschädigungsgebühren zu vermeiden, sollten Sie den bereits von der Bank unterschriebenen Darlehensvertrag nur dann gegenzeichnen, wenn Sie 100-prozentig sicher sind, dass Sie das Darlehen auch in Anspruch nehmen werden. Leichtfertige Unterschriften können sonst sehr teuer werden.

10. Sichern Sie sich eine günstige Anschlussfinanzierung

Läuft die Zinsbindungsfrist für Ihr Darlehen demnächst aus, unterbreitet Ihnen Ihre Bank meist vier bis acht Wochen vor Ablauf ein Verlängerungsangebot. Falsch ist es, dieses Verlängerungsangebot ohne Prüfung anzunehmen oder gar nicht darauf zu reagieren, sodass es zu einer variablen Zinsvereinbarung (Zinsen »b.a.w.« = bis auf weiteres) kommt.

Unter bestimmten Bedingungen fallen die angebotenen Zinskonditionen der Anschlussfinanzierung schlechter aus als für eine vergleichbare Erstfinanzierung. Dies sollten Sie sich nicht gefallen lassen. Erkundigen Sie sich nach den Effektivzinsen für Erstfinanzierungen in Abhängigkeit von der Zinsbindungsdauer und bestehen Sie darauf, dass der anfängliche effektive Jahreszins für das Verlängerungsdarlehen nicht höher ist als bei einer Erstfinanzierung.

Die Kosten eines Bankenwechsels sollten Sie nicht scheuen, wenn die Konkurrenzangebote um mehr als 0,3 Prozentpunkte günstiger ausfallen. Meist werden die einmaligen Kosten des Bankwechsels (Abtretungsgebühr, eventuell neue Wertschätzungsgebühr) überschätzt. Vielleicht gelingt es Ihnen auch, die angebotenen Zinskonditionen mit Hinweis auf die Konkurrenz herunterzuhandeln. Möglicherweise bügeln Sie mit einer zinsgünstigen Anschlussfinanzierung die Fehler aus, die Sie bei der Erstfinanzierung aus Unkenntnis gemacht haben.

3. Wie Sie mit renditestarken Immobilien Gewinne erzielen

Die Zeit für (weitere) Investitionen in Immobilien ist reif. Wenn Sie Ihre Anlageentscheidung jetzt noch länger hinauszögern, riskieren Sie endgültig, den besten Zeitpunkt für den Einstieg zu verpassen. Fest steht: Die Rahmenbedingungen für den Erwerb von Immobilien sind so günstig wie zuletzt Ende der 80er-Jahre.

Die Zukunft gehört ganz eindeutig der Rendite-Immobilie. Ein Mietobjekt muss sich erst einmal von der Mietrendite her rechnen. Vergleichen Sie daher Preise, Mieten und Renditen. Drei Zahlen sind es, die Sie stets ganz genau kennen müssen: Investitionskosten, Reinertrag und Mietrendite.

Ganz klar: Rendite ist zwar nicht alles, aber ohne Rendite ist alles nichts. Steuerersparnisse allein machen jedenfalls den Nachteil einer renditeschwachen Immobilie mit Sicherheit nicht wett. Betrachten Sie die Steuervorteile am besten als Extra-Plus eines Anlageobjekts. Stimmt die Rendite, sind die Steuervorteile sozusagen das Sahnehäubchen.

Als Investor sollten Sie kaufmännisch vorgehen. Vor Ihrer Anlageentscheidung müssen Sie wissen, wie sich Ihre Investition rechnet. Die wichtigsten Kriterien, auf die es für Ihre Kalkulation ankommt, sind:

- Netto-Mietrendite (als Jahresreinertrag in Prozent der Anschaffungskosten) vor und nach Steuern,
- steuerliche Zusatzrendite (als Steuerersparnis infolge Abschreibung in Prozent der Anschaffungskosten) und
- realisierte Wertzuwachsrendite (als Veräußerungsgewinn in Prozent der Anschaffungskosten).

Gesamtrendite: So wird sie berechnet	
	Laufende Netto-Mietrendite
+	steuerliche Zusatzrendite
=	Basisrendite
+	realisierte Wertzuwachsrendite
=	Gesamtrendite

Diese Objektdaten benötigen Sie für Ihre Kalkulation

Objektdaten	Beispielfall	Ihre Zahlen
Neubau-ETW, Kaufjahr	2001	
Ort	Hamburg	
Wohnfläche	75 m^2	
Kaufpreis	140 000 Euro	
Kaufnebenkosten	15 000 Euro	
Anschaffungskosten insgesamt	155 000 Euro	
Anteilige Gebäudekosten	127 500 Euro	
Eigenkapital	15 000 Euro	
Fremdkapital	140 000 Euro	
Nominalzins	5,7 %	
Effektivzins	5,85 %	
Nettokaltmiete pro Monat	570 Euro	
Nettokaltmiete pro Jahr	6840 Euro	
Nicht umlagefähige Nebenkosten pro Jahr (Verwaltungskosten, Instandhaltungskosten)	600 Euro	
Reinertrag pro Jahr	6240 Euro	

Ihre Kalkulation als Investor: Von der Miete zur Rendite

Für Sie als Kapitalanleger leitet sich der Wert einer Immobilie in erster Linie aus den Ertragsmöglichkeiten ab. Sie müssen also einen Zusammenhang zwischen den am Markt erzielbaren Neubaumieten und den Preisen für die Immobilien herstellen.

Betriebswirtschaftlich wird unter Rentabilität das prozentuale Verhältnis zwischen Ertrag und eingesetztem Kapital verstanden. Bei Immobilieninvestitionen entspricht der Kapitaleinsatz den Investitionen des Mietobjekts, das Sie erworben haben.

Wie Sie die Mietrendite brutto ermitteln

Die Mietrendite brutto berechnen Sie nach folgender Formel:

$$\frac{\text{Jahresnettokaltmiete x 100}}{\text{Kaufpreis}} = \text{Mietrendite brutto}$$

Beispielfall: $\frac{\text{6840 Euro x 100}}{\text{140 000 Euro}} = \text{4,88 Prozent}$

Bei der Berechnung der Mietrendite für Mietobjekte gehen die meisten Immobilienmakler vom Preis-Miet-Verhältnis aus. Dieses ermitteln Sie wie folgt:

Kaufpreis:	140 000 Euro
Jahres-Nettokaltmiete:	6840 Euro
Preis-Miet-Verhältnis:	140 000 Euro : 6840 = 20,5fach

Jetzt lässt sich die Bruttomiete auch nach folgender Formel ermitteln:

$$\frac{100}{\text{Preis-Miet-Verhältnis}} = \text{Mietrendite brutto}$$

Beispielfall: $\frac{100}{20{,}5} = 4{,}88$

Schnellübersicht:
Netto-Mietrendite in drei Schritten

1. Jahresreinertrag

	monatliche Nettokaltmiete in Euro/m² x 12 Monate
x	Wohnfläche in m²
=	Jahresnettokaltmiete der Wohnung
–	Verwaltungskosten
–	Instandhaltungskosten
	Jahresreinertrag der Wohnung

2. Anschaffungskosten

	Kaufpreis in Euro/m² x Wohnfläche in m²
=	Kaufpreis der Wohnung
+	Kaufnebenkosten (ca. 4 % für Grunderwerbsteuer, Notar- und Grundbuchgebühren für die Eigentumsumschreibung
+	Maklerprovision
=	Anschaffungskosten der Wohnung

3. Mietrendite

$$\text{Bruttomietrendite} = \frac{\text{Jahresnettokaltmiete x 100}}{\text{Kaufpreis}}$$

$$\text{Nettomietrendite} = \frac{\text{Jahresreinertrag x 100}}{\text{Anschaffungskosten}}$$

Praxis-Tipp: Verwenden Sie die Brutto-Mietrendite nur als groben Anhaltspunkt. Die wahre Rendite ermitteln Sie nur mithilfe der Netto-Mietrendite, bei der nicht umlagefähige Verwaltungs- und Instandhaltungskosten von der Mieteinnahme abgezogen und Kaufnebenkosten auf den Kaufpreis aufgeschlagen werden.

Entscheidend ist immer die Mietrendite netto

Im Prinzip werden also nur Angaben zur Brutto-Mietrendite gemacht, denn diese ist nichts anderes als der Kehrwert des Preis-Miet-Verhältnisses.

Es ist aber sicherer, wenn Sie zum Kaufpreis noch die Kaufnebenkosten hinzuzählen und von der Jahresnettokaltmiete die nicht umlagefähigen Verwaltungs- und Instandhaltungskosten abziehen. Nur dann erhalten Sie die »wahre« Netto-Mietrendite Ihres Mietobjekts.

Die Beträge ergeben sich entweder bereits aus dem Exposé oder Sie können die Beträge beim Verkäufer oder beim Makler erfragen. Für den Fall, dass Sie anhand der Angaben in einer Zeitungsanzeige überschlägig ermitteln wollen, ob es sich lohnt, ein Exposé anzufordern, können Sie in Anlehnung an die Werte der II. Berechnungsverordnung folgende Beträge in Euro zugrunde legen:

Verwaltungskostenpauschale pro Jahr	
je Wohnung	240 Euro
je Garage/Einstellplatz	33 Euro
Instandhaltungsrücklagen	
Bezugsfertigkeit der Wohnungen pro m^2 Wohnfläche	Jährlicher Pauschalbetrag
bis 31. 12. 1952	bis 11 Euro
1. 1. 1953 bis 31. 12. 1969	bis 10 Euro
1. 1. 1970 bis 31. 12. 1979	bis 9 Euro
nach dem 31. 12. 1979	bis 7 Euro

Wenn in der Wohnung weder ein eingerichtetes Bad noch eine eingerichtete Dusche vorhanden ist, verringern sich die Pauschalsätze um 0,50 Euro. Außerdem müssen Sie berücksichtigen, dass Sie die Immobilie mehr gekostet hat als lediglich den Kaufpreis. Gemeint sind hier die Anschaffungsnebenkosten, die Ihren Kapitaleinsatz erhöhen und deshalb unbedingt mit in die Kalkulation einbezogen werden müssen. Hierzu zählen beispielsweise Grunderwerbsteuer, Notarkosten, Grundbuchgebühren und Maklercourtage. Nur so ermitteln Sie die tatsächlichen Anschaffungskosten Ihres Objekts.

Anschaffungskosten: Was Ihr Objekt »unterm Strich« kostet		
Kosten-Position	**Beispielfall**	**Ihre Werte**
Kaufpreis	140 000 Euro	
Grunderwerbsteuer	4900 Euro	
Maklerprovision	8150 Euro	
Notarkosten	1250 Euro	
Grundbuchgebühren	700 Euro	
Sachverständigenkosten für Wertgutachten	… Euro	
…	… Euro	
…	… Euro	
…	… Euro	
Anschaffungskosten für das Objekt insgesamt	155 000 Euro	

Haben Sie den Jahresreinertrag und die Anschaffungskosten ermittelt, können Sie jetzt die Netto-Mietrendite berechnen:

$$\frac{\text{Jahresreinertrag x 100}}{\text{Anschaffungskosten}} = \text{Mietrendite brutto}$$

Beispielfall: $\frac{\text{6240 Euro x 100}}{\text{155 000 Euro}} = \text{4,03 Prozent}$

Sicherlich, diese Rendite fällt recht mager aus. Es handelt sich aber lediglich um die Anfangsrendite im ersten Jahr der Vermietung. Abgesehen von den Steuervorteilen und Wertsteigerungen, zu denen Sie auf den nächsten Seiten noch Einzelheiten lesen können, führen bereits Mietanhebungen zu einem höheren Jahresreinertrag und damit zu einer besseren Mietrendite netto. Sie haben im Wesentlichen folgende Möglichkeiten, eine höhere Nettokaltmiete durchzusetzen:

- Sie verlangen von Ihrem Mieter die Erhöhung der Miete auf die ortsübliche Vergleichsmiete. Dies ist ein förmliches Verfahren, das zahlreiche Fallstricke in sich birgt und in der Praxis immer wieder zu Streitigkeiten führt.

- Sie vereinbaren mit Ihrem Mieter bei Abschluss des Mietvertrags eine Staffelmiete. Auf diese Weise erreichen Sie, dass die Miete automatisch steigt, ohne dass es noch einer Mieterhöhung bedarf. Diese Staffelmietvereinbarung ist die sicherste Form für eine regelmäßige Mieterhöhung.
- Sie setzen darauf, dass die Erhöhung der Miete mit Ihrem Mieter einvernehmlich geregelt werden kann. Das gelingt in der Praxis weitaus häufiger als allgemein angenommen. Gleichwohl ist der Erfolg dieser Alternative zu unsicher, als dass er fest einkalkuliert werden könnte.

Wenn Sie einmal die Entwicklung Ihrer Mietrendite netto durchrechnen möchten, gehen Sie am besten von einem Zeitraum von zehn Jahren aus. Das ist der übliche Zeitraum für Statusberechnungen, egal, ob es sich um die Steuervorteilsrechnung, die Zinsbindungsdauer oder wie hier die Renditekalkulation handelt.

Von welcher Mietpreissteigerung können Sie – realistisch – ausgehen? Nun, augenblickliche Markttendenzen dürfen Sie nicht überbewerten. Die rückläufigen und stagnierenden Mietpreise der letzten Jahre dürfen Sie ebenso wenig zugrunde legen wie die überproportionalen Mietsteigerungen zu Beginn der 90er-Jahre.

Durchschnittliche Mietrendite netto für zehn Jahre					
Beispielfall			**Ihre Werte**		
Jahr	Reinertrag jährlich	Mietrendite netto	Jahr	Reinertrag jährlich	Mietrendite netto
2001	6240 Euro	4,03 %			
2002	6433 Euro	4,15 %			
2003	6632 Euro	4,28 %			
2004	6837 Euro	4,41 %			
2005	7048 Euro	4,55 %			
2006	7266 Euro	4,69 %			
2007	7491 Euro	4,83 %			
2008	7723 Euro	4,98 %			
2009	7962 Euro	5,13 %			
2010	8208 Euro	5,29 %			
2011	8462 Euro	5,45 %			

Wenn Sie auf der sicheren Seite sein wollen, gehen Sie am besten von einer durchschnittlichen Mietpreissteigerung von drei Prozent jährlich aus. Wie sich dann der Reinertrag und die Mietrendite netto im Beispielfall in den ersten zehn Jahren entwickeln, ergibt sich aus der Tabelle auf Seite 57.

Von der Abschreibung zur steuerlichen Zusatzrendite

Nicht jede Steuerersparnis bei der Vermietung von Wohnungen führt zu einer zusätzlichen Rendite. Liegen Zins-, Verwaltungs- und Instandhaltungskosten als laufende Ausgaben beispielsweise über den laufenden Mieteinnahmen, wird zwar das zu versteuernde Jahreseinkommen durch den Ausgabenüberschuss vermindert und zieht dann eine geringere Einkommensteuer nach sich. Diese Steuerersparnis mindert aber nur den wirtschaftlichen Verlust, der durch den Überschuss der Ausgaben über die Einnahmen entstanden ist.

Anders sieht dies bei der Steuerersparnis infolge des Ansatzes von Abschreibungen aus. Steuerliche Abschreibungen werden über einen bestimmten Prozentsatz der Gebäudekosten ermittelt. Sie stellen keine Ausgaben, sondern »fiktive« Kosten dar.

Da sich der Wert eines Mietobjekts nach der Lebenserfahrung aber in der Regel nicht vermindert, sondern meist sogar noch im Lauf der Zeit steigt, führen die gleichsam »künstlichen« Abschreibungen zu echten zusätzlichen Steuerersparnissen und damit zu einer steuerlichen Zusatzrendite.

Zunächst gilt es, die Abschreibung zu ermitteln. Dabei hängt der jährliche Abschreibungsbetrag von der Höhe der anteiligen Gebäudekosten und dem geltenden Abschreibungssatz ab. Um die Gebäudekosten zu berechnen, müssen die Grundstückskosten (bei Eigentumswohnungen in der Regel 20 Prozent der Anschaffungskosten) von den gesamten Anschaffungskosten abgezogen werden.

Die Höhe der Abschreibungen richtet sich danach, ob Sie bauen oder kaufen, und nach dem jeweiligen Baujahr des Mietobjekts. Für Neubauwohnungen sehen die aktuellen Abschreibungssätze beispielsweise wie folgt aus (weitere Einzelheiten dazu lesen Sie ab Seite 235):

- 5,00 Prozent im 1. bis 8. Jahr
- 2,50 Prozent im 9. bis 14. Jahr
- 1,25 Prozent im 15. bis 50. Jahr

Neubau-Mietobjekt: So berechnen Sie Ihre steuerliche Zusatzrendite		
	Beispielfall	**Ihre Werte**
Anschaffungskosten	155 000 Euro	
Grundstückskosten	31 000 Euro	
Gebäudekosten	124 000 Euro	
5,00 % Abschreibung im 1. bis 8. Jahr jährlich	6200 Euro	
2,50 % Abschreibung im 9. bis 10. Jahr jährlich	3100 Euro	
Grenzsteuersatz (inkl. Solidaritätszuschlag)	42 %	
Steuerersparnis im 1. bis 8. Jahr jährlich	2604 Euro	
Steuerersparnis im 9. bis 10. Jahr jährlich	1302 Euro	

Zeitraum	**Beispielfall**	**Ihre Werte**
1. bis 8. Jahr jährlich	$\frac{2604 \text{ Euro} \times 100}{155\,000} = 1{,}68\,\%$	
9. bis 10. Jahr jährlich	$\frac{1302 \text{ Euro} \times 100}{155\,000} = 0{,}84\,\%$	

Von der Wertsteigerung zur realisierten Zuwachsrendite

Der typische Kapitalanleger in Wohnimmobilien lebt nicht von der Basisrendite allein. Er hofft, von den Wertsteigerungen profitieren und bei einem späteren Verkauf diesen Wertzuwachs realisieren zu können.

Setzen Sie den Wertzuwachs nicht zu hoch an. Rechnen Sie betont zurückhaltend und kalkulieren Sie langfristig mit einer Wertsteigerung, die sich nicht an den gegenwärtigen Markttendenzen, sondern an der durchschnittlichen Wertentwicklung der vergangenen 25 Jahre orientiert. Danach sind Sie auf der sicheren Seite, wenn Sie von durchschnittlich zwei Prozent jährlich ausgehen.

Beispielkalkulation bei zwei Prozent Wertsteigerung:

Beispielfall			**Ihre Werte**		
Jahr	Wertsteigerung jährlich	Verkehrswert	Jahr	Wertsteigerung jährlich	Verkehrswert
2001		155 000 Euro			
2002	2 %	158 163 Euro		2 %	
2003	2 %	161 390 Euro		2 %	
2004	2 %	164 683 Euro		2 %	
2005	2 %	168 043 Euro		2 %	
2006	2 %	171 472 Euro		2 %	
2007	2 %	174 971 Euro		2 %	
2008	2 %	178 541 Euro		2 %	
2009	2 %	182 184 Euro		2 %	
2010	2 %	185 902 Euro		2 %	
2011	2 %	189 695 Euro		2 %	

Was Ihr Objekt nach Steuern und vor Tilgung bringt

In der Liquiditätsrechnung werden die Steuerersparnisse zu den Mieteinnahmen hinzugerechnet. Bleibt nach Abzug der Zins- und Bewirtschaftungskosten von den Einnahmen ein positiver Rest, so liegt ein Überschuss vor Tilgung vor. Ergibt sich ein negativer Saldo, erzielen Sie Verluste aus Vermietung und Verpachtung. Wie sich die Rechnung für die ersten zehn Jahre darstellt, zeigt die folgende Übersicht:

Beispielfall: Ihr Steuervorteil aus Vermietung					
Jahr	Reinertrag in Euro	Zins- aufwand* in Euro	Abschreibung** in Euro	Verlust aus Vermietung in Euro	Steuer- vorteil*** in Euro
2001	+6240	−7980	−6200	−7940	3335
2002	+6433	−7980	−6200	−7747	3253
2003	+6632	−7980	−6200	−7548	3170
2004	+6837	−7980	−6200	−7343	3084
2005	+7048	−7980	−6200	−7132	2995
2006	+7266	−7980	−6200	−6914	2903
2007	+7491	−7980	−6200	−6689	2809
2008	+7723	−7980	−6200	−6457	2711
2009	+7962	−7980	−3100	−3118	1310
2010	+8208	−7980	−3100	−2872	1206

* 5,7 % von 140 000 Euro
** 5 % von 124 000 Euro im 1. bis 8. Jahr, 2,5 % von 124 000 Euro im 9. und 10. Jahr
*** bei einem Grenzsteuersatz von 42 % inkl. Soli

Ihre Werte für Ihren Steuervorteil aus Vermietung					
Jahr	Reinertrag in Euro	Zins- aufwand in Euro	Abschreibung in Euro	Verlust aus Vermietung in Euro	Steuer- vorteil in Euro

Beispielfall: So berechnen Sie Ihre Liquidität nach Steuern und vor Tilgung				
Jahr	Reinertrag in Euro	Zins- aufwand in Euro	Steuer- vorteil* in Euro	Liquidität vor Tilgung in Euro
2001	+6240	−7980	+3335	1595
2002	+6433	−7980	+3253	1706
2003	+6632	−7980	+3170	1822
2004	+6837	−7980	+3084	1941
2005	+7048	−7980	+2995	2063
2006	+7266	−7980	+2903	2189
2007	+7491	−7980	+2809	2320
2008	+7723	−7980	+2711	2454
2009	+7962	−7980	+1310	1292
2010	+8208	−7980	+1206	1434

* bei einem Grenzsteuersatz von 42 % inkl. Soli

Ihre Werte für Ihre Liquidität nach Steuern und vor Tilgung				
Jahr	Reinertrag in Euro	Zins- aufwand in Euro	Steuer- vorteil in Euro	Liquidität vor Tilgung in Euro

Ihre Gewinnrechnung mit Mietobjekten kurz & bündig

- Bei einem Vergleich der Rendite, die Sie mit Ihren Immobilien erzielen, mit der Rendite anderer Anlageformen, kommt es allein auf den jeweiligen Wert nach Steuern an. Nur so ist ein echter Renditevergleich möglich.
- Ermitteln Sie zunächst die Mietrendite netto. Das ist der Jahresreinertrag in Prozent der Anschaffungskosten. Den Jahresreinertrag erhalten Sie, wenn Sie die nicht umlagefähigen Instandhaltungs- und Verwaltungskosten von der Jahres-Nettokaltmiete abziehen.
- Finanzierungskosten und Abschreibungsmöglichkeiten bieten Ihnen zusätzlich die Chance, durch Investitionen in Immobilien optimal Steuern zu sparen.
- Mietrendite und steuerliche Zusatzrendite ergeben eine Basisrendite, mit der Sie als Investor sicher kalkulieren können.
- Nutzen Sie Ihre Möglichkeiten zu Mietsteigerungen: Erhöhung der Miete auf die ortsübliche Vergleichsmiete, Vereinbarung einer Staffelmiete oder einvernehmliche Mietanpassung.
- Regelmäßige Mieterhöhungen führen zu einem höheren Jahresreinertrag. Dadurch steigt zugleich auch die Mietrendite netto.
- Der Wertzuwachs ist ein weiteres dickes Plus der Immobilien gegenüber anderen Anlageformen. Wenn Sie jetzt in Immobilien investieren, nutzen Sie die Preissteigerungen zu Ihrem eigenen Vermögensaufbau.

4. Wie Sie Ihr wirtschaftliches Risiko als Vermieter wirksam begrenzen

Im Zusammenhang mit der Beendigung eines Mietverhältnisses kommt es immer wieder zu Meinungsverschiedenheiten zwischen Mietern und Vermietern. Mietverhältnisse, die jahrelang unproblematisch verliefen, gestalten sich plötzlich schwierig. Ein »Knackpunkt« bei der Abwicklung eines Mietverhältnisses ist insbesondere die Rückzahlung der Mietkaution. Hier gibt es vielfach Streit – und immer häufiger müssen sich auch die Gerichte damit befassen.

Wie hoch die Mietsicherheit sein darf

Die Mietsicherheit darf die dreifache Monatsmiete nicht übersteigen. Maßgeblich ist dabei jeweils die Netto-Kaltmiete. Die meisten Vermieter betrachteten diese Obergrenze bislang als den Regelfall. Das hat auch seinen guten Grund. Die Vermietung von Wohnungen ist immer auch mit einem erheblichen wirtschaftlichen Risiko verbunden. Egal, ob später einmal Mietzahlungen ausbleiben oder aber die Wohnung nach Beendigung des Mietverhältnisses in einem renovierungsbedürftigen Zustand hinterlassen wird: Als Vermieter zahlen Sie drauf, wenn Sie nicht rechtzeitig Vorsorge treffen. Eben dazu dient die Vereinbarung einer Mietsicherheit.

Aufgrund der gegenwärtigen Marktsituation ist es allerdings nicht selbstverständlich, dass Sie eine Mietsicherheit in Höhe von drei Monatsmieten durchsetzen können. Eine Mietkaution in Höhe von zwei

Monatsmieten wird dagegen erfahrungsgemäß »ohne Murren« von den Mietern akzeptiert.

➡ **Praxis-Tipp:** Machen Sie aus der Marktsituation einen Wettbewerbsvorteil: Streichen Sie im Zeitungsinserat von vornherein deutlich heraus, dass Sie lediglich zwei Monatsmieten als Mietsicherheit verlangen. So vermitteln Sie den Mietinteressenten das Gefühl eines besonders preiswerten Mietangebots.
Der Grund: In Aussicht gestellte Geldersparnisse gelten als besonders attraktiv. Wenn Sie den Mietinteressenten die Chance geben, bei der Anmietung ein Schnäppchen zu machen, werden Sie Ihre Wohnung schneller vermieten können. Bedenken Sie, dass der Mieter üblicherweise bis zu sechs Monatsmieten auf einen Schlag bezahlen muss: Drei Monatsmieten Kaution, zwei Monatsmieten Maklercourtage und eine Monatsmiete bei Mietbeginn. Hinzu kommen noch Umzugskosten und eventuelle Kosten für die Ablösezahlungen. Wenn Sie durch Ihre Vermietung zur kostenmäßigen Entlastung Ihres künftigen Mieters beitragen können, verschaffen Sie sich einen entscheidenden Vorteil gegenüber anderen Mietangeboten.

So setzen Sie eine Mietsicherheit durch

➡ **Praxis-Tipp:** Verzichten Sie niemals darauf, eine Mietsicherheit zu verlangen. Ein Verzicht ist für Sie als Investor wirtschaftlich völlig indiskutabel. Und bevor Sie sich von zwei Monatsmieten auf eine Monatsmiete Kaution »herunterhandeln lassen«, sollten Sie alle sonstigen in Betracht kommenden finanziellen Anreize ausschöpfen, um genau dies zu verhindern. In Betracht kommen folgende »Angebote«:

- Weisen Sie darauf hin, dass Sie die Wohnung von privat an privat vermieten, der Mietinteressent also allein dadurch schon (bis zu) zwei Monatsmieten Maklercourtage spart.
- Betonen Sie ruhig immer wieder, dass es auch bereits ein erhebliches Entgegenkommen darstellt, wenn Sie lediglich zwei Monatsmieten Mietcourtage verlangen.
- Verzichten Sie auf die Vereinbarung einer Staffelmiete.

- Falls sich in der Wohnung eine Einbauküche befindet: Weisen Sie den Mietinteressenten ausdrücklich darauf hin, dass Sie diese Einbauküche ohne Aufpreis mitvermieten.
- Falls der Vormieter attraktive Einbauten vorgenommen hat, kaufen Sie ihm diese ab, bevor er sie dem Nachmieter anbieten kann. Der Grund: Wenn Ihnen die Einbauten gehören, können Sie diese wiederum in einen finanziellen Anreiz ummünzen. Weisen Sie darauf hin, dass Sie dem Mieter die Einbauten überlassen, ohne einen Euro Miete mehr zu verlangen. Natürlich müssen Sie für diese Großzügigkeit im Sinne des Wortes »bezahlen«, nämlich den Kaufpreis an den Vormieter. Diese Investition rechnet sich aber gleich zweifach. Erstens finden Sie schneller einen neuen Mieter, und zweitens können Sie den Kaufpreis bei den Werbungskosten aus Vermietung und Verpachtung steuersparend berücksichtigen.

Worauf es bei Mietbeginn für Sie ankommt

Eine Mietsicherheit können Sie von Ihren Mietern immer nur dann verlangen, wenn Sie dies mit ihnen vereinbart haben. Mit anderen Worten: Eine eindeutige Regelung gehört in jeden Mietvertrag.

! **Achtung:** Bei der Begrenzung der Mietsicherheit auf das Dreifache der Monatsmiete handelt es sich um eine unabdingbare Schutzvorschrift zugunsten des Mieters. Wird die zulässige Höchstgrenze überschritten, führt dies allerdings nicht zur Unwirksamkeit der Vereinbarung über die Mietkaution. Vielmehr reduziert sich die Mietsicherheit auf die zulässige Höhe. Die überschüssigen Beträge kann der Mieter dann jederzeit zurückverlangen.

➡ **Praxis-Tipp:** Beachten Sie aber folgenden Ausnahmefall, der allerdings nur bei Mietern in Betracht kommen dürfte, die in schwierigen wirtschaftlichen Verhältnissen leben: Wenn sich ein Dritter von sich aus freiwillig für Ihren Mieter verbürgt, ohne dass der Mieter dadurch finanziell belastet wird, können Sie diese zusätzliche Sicherheit annehmen und bei Bedarf auch verwerten.

Das bedeutet nun aber nicht, dass Sie mit dem Mieter überhaupt keine Bürgschaft vereinbaren dürfen. Ganz im Gegenteil: Das ist jederzeit zulässig, aber eben nicht zusätzlich zu einer Barkaution, sondern immer anstelle einer solchen.

Praxis-Tipp: Wenn Sie die Bürgschaft eines Dritten als Ersatz für eine Barkaution akzeptieren, befinden Sie sich »in guter Gesellschaft«. Immer mehr Vermieter akzeptieren diese Form der Sicherheitsleistung. Unverzichtbare Voraussetzung ist in diesem Fall allerdings, dass es sich um eine so genannte Bürgschaft auf erste Anforderung handelt.

Nur eine Bürgschaft auf erste Anforderung kann eine Barkaution wirklich ersetzen. Das liegt daran, dass der Bürge nur dann ohne Wenn und Aber in Anspruch genommen werden kann. Handelt es sich lediglich um eine gewöhnliche Bürgschaft, stehen dem Bürgen die Einwände zu, die auch der Mieter selbst erheben könnte. Mit anderen Worten: Die Meinungsverschiedenheiten mit dem Mieter würden sich dann nur auf den Bürgen verlagern, ohne dass Sie selbst zunächst einmal »Geld sehen«.

Wird eine Barkaution vereinbart, ist der Mieter berechtigt, diese in drei gleichen Monatsraten zu leisten. Anderslautende Vereinbarungen im Mietvertrag sind unwirksam. Das gilt insbesondere für die Regelung, wonach die gesamte Mietsicherheit bereits vor Beginn des Mietverhältnisses zu zahlen ist. Die erste Rate wird im Zweifel mit der ersten Miete fällig, die weiteren Raten dann mit der Miete für den zweiten und dritten Mietmonat.

Achtung: Die gesetzliche Regelung ist das eine und die Vermietungspraxis das andere. In den wohl meisten Fällen, in denen eine Wohnung neu vermietet wird, verlangt der Vermieter eine vereinbarte Barkaution in voller Höhe bei Mietbeginn. Und fast immer wird sie auch gezahlt.

Wenn aber der Mieter nach Abschluss des Mietvertrags auf die gesetzliche Regelung hinweist und nur noch bereit ist, die Mietkaution in drei monatlichen Raten zu leisten, macht es keinen Sinn, ihm deshalb böse Briefe zu schreiben. Abgesehen davon, dass der Mieter nur von seinem gesetzlich eingeräumten Recht Gebrauch macht, ist eine solche Reaktion allzu oft die Keimzelle für ständigen, oftmals provozierten Mietärger in der Folgezeit.

Wie Sie die Mietsicherheit anlegen können

Bei Vermietung einer Wohnung sind Sie als Vermieter verpflichtet, eine Barkaution von Ihrem übrigen Vermögen getrennt anzulegen. »Getrennte Anlage« bedeutet Einrichtung eines besonderen Kontos. Die Barkaution muss bei einer Bank oder Sparkasse zu dem Zinssatz angelegt werden, der für Spareinlagen mit dreimonatiger Kündigungsfrist üblich ist.

! **Achtung:** Die Zinsen stehen dem Mieter zu; sie erhöhen die Mietsicherheit. Das gilt auch für höhere Zinsen, die Sie deshalb erwirtschaften, weil Sie die Barkaution besonders vorteilhaft angelegt haben.

X **Das ist neu ab 1. September 2001:** Jetzt ist ausdrücklich gesetzlich geregelt, dass auch andere Anlageformen zulässig sind. In jedem Fall muss die Anlage aber auch dann vom Vermögen des Vermieters getrennt erfolgen; die Erträge stehen dem Mieter zu.

Wenn Ihr Mieter die Mietsicherheit »abwohnen« will

Das kommt in der Praxis immer wieder und immer häufiger vor: Die letzten zwei, drei Monate vor Beendigung des Mietverhältnisses stellen die Mieter die Mietzahlung einfach ein. Zur Begründung verweisen Sie auf die Mietsicherheit in Höhe von meist drei Monatsmieten. Sie sind der Meinung, die Mietkaution in den letzten Monaten des Mietverhältnisses »abwohnen« zu dürfen. Das Gegenteil ist richtig. Der Mieter ist zur Beendigung und Abwicklung des Mietverhältnisses nicht berechtigt, Sie als Vermieter wegen Ihrer Ansprüche gegen ihn auf die Mietkaution zu verweisen.

Für den Fall, dass die Miete gegen Ende des Mietverhältnisses ausbleibt, ist dies zunächst einmal für Sie als Vermieter ein untrügliches Zeichen dafür, dass vermutlich noch weitaus mehr Ärger ins Haus steht. Das sind reine Erfahrungswerte, die die Vermietungspraxis lehrt.

In einem funktionierenden Mietverhältnis kommt ein Mieter nicht auf die Idee, in den letzten Monaten des Mietverhältnisses einfach keine Miete mehr zu zahlen. Er verhält sich bis zum Schluss so, wie er sich bis dahin immer verhalten hat: im Zweifel vertragsgemäß.

Wenn die Miete plötzlich ausbleibt, ist dies – aus Sicht der Mieter – entweder die »Quittung« dafür, dass ihr Vermieter sie in der Vergangenheit »nicht fair« behandelt hat. Meist gab (und gibt) es Streit um verspätete und/oder (angeblich) nicht ordnungsgemäß erstellte Betriebskostenabrechnungen.

Ganz klar: Das befreit den Mieter selbstverständlich nicht von seiner Pflicht, bis zum Ende des Mietverhältnisses die Miete zu zahlen. Das weiß natürlich auch der Mieter. Er will auch keine Miete schuldig bleiben. Er will »nur« vermeiden, nach Beendigung des Mietverhältnisses hinter seiner Mietkaution »hinterherlaufen zu müssen«. Das ändert selbstverständlich nichts daran, dass sein Verhalten vertragswidrig ist.

In der Mehrzahl der Fälle verhält es sich jedoch so, dass die ausbleibende Miete den Auftakt zu tief greifenden Streitigkeiten bildet, die dann allzu oft auch gerichtlich ausgetragen werden. Typisch ist in diesen Fällen, dass der Mieter konkret befürchtet, seine Mietsicherheit nicht mehr wiederzubekommen – und dies zu Recht: Die Wohnung wird in einem renovierungsbedürftigen Zustand hinterlassen. Die Kosten für die erforderlichen Schönheitsreparaturen übersteigen die Sicherheitsleistung meist sogar noch deutlich.

➡ **Praxis-Tipp:** Für den Fall, dass die Miete gegen Ende des Mietverhältnisses ausbleibt, müssen Sie umgehend reagieren. Andernfalls riskieren Sie unter Umständen erhebliche finanzielle Nachteile. Ist die Mietsicherheit erst einmal für die Mietzahlungen der letzten zwei, drei Monate »verbraucht«, tragen Sie als Vermieter das wirtschaftliche Risiko, etwaige Schadensersatzansprüche gegen Ihren Mieter erfolgreich durchsetzen zu können. Das gilt eben ganz speziell für Schadensersatzansprüche wegen unterlassener Schönheitsreparaturen.

Wenn Sie also drei oder zwei Monate vor Beendigung des Mietverhältnisses feststellen, dass die Miete ausbleibt, sollten Sie unverzüglich darauf bestehen, die Wohnung zu besichtigen. Führen Sie eine Vorabnahme durch, um festzustellen, ob in der Wohnung größere Renovierungsarbeiten erforderlich sind und der Mieter auch bereit ist, diese durchzuführen.

Ist abzusehen, dass Schönheitsreparaturen im größeren Umfang notwendig sind, empfiehlt es sich, zügig einen Mahnbescheid über die rückständige Miete zu erwirken. Alternativ können Sie auch Zahlungsklage erheben.

! **Achtung:** Ein Mahnbescheid löst zunächst einmal weniger Gerichtskosten aus als eine Klage. Andererseits ist eine Klage wesentlich schneller zugestellt, als dies beim Mahnbescheid der Fall ist. Lediglich dann, wenn zu erwarten ist, dass Ihr Mieter die Wohnung in einem ordnungsgemäßen Zustand räumen wird, dürfte es besser sein, auf gerichtliche Schritte zu verzichten. Es handelte sich sonst um reinen Aktionismus, der wirtschaftlich völlig sinnlos ist. Auch wenn Sie im Recht sind: Bedenken Sie, dass Sie die Gerichts- und auch noch Anwaltskosten zunächst einmal verauslagen müssen.

Wann Ihr Mieter die Rückzahlung der Mietsicherheit verlangen kann

Grundsätzlich gilt: Solange das Mietverhältnis nicht beendet ist, müssen Sie die Mietkaution nicht zurückzahlen. Das gilt auch für etwaige aufgelaufene Zinsen. Beendet ist das Mietverhältnis, wenn der Mieter Ihnen die Mieträume wieder übergeben hat – einschließlich aller ihm überlassenen Schlüssel.

! **Achtung:** Für den Zeitpunkt der Beendigung des Mietverhältnisses spielt es keine Rolle, in welchem Zustand der Mieter die Wohnung zurückgegeben hat. Entscheidend ist allein, ob Sie als Vermieter wieder die ausschließliche Verfügungsbefugnis besitzen.

Sie sind auch nicht verpflichtet, die Mietsicherheit bereits am Tag der Beendigung des Mietverhältnisses zurückzuzahlen. Nach Beendigung des Mietverhältnisses steht Ihnen eine angemessene Überlegungs- und Prüfungsfrist zu. Solange diese Frist läuft, ist der Mieter nicht berechtigt, mit seinem Anspruch auf Rückzahlung der Mietsicherheit gegen etwaige Forderungen Ihrerseits aufzurechnen.

Beispiel: Sie haben das Mietverhältnis fristlos gekündigt, weil der Mieter mit zwei Monatsmieten in Verzug geraten ist. Die Kündigung wird nicht dadurch »geheilt«, dass der Mieter den Mietrückstand mit der Mietsicherheit verrechnet. Das hat für Sie als Vermieter große praktische Bedeutung. Sie sind und bleiben berechtigt, vom Mieter Ersatz des Schadens zu verlangen, der Ihnen durch die fristlose Kündigung entstanden ist (zum Beispiel Mietausfall).

Sie können in Ruhe prüfen und abrechnen

Die alles entscheidende Frage lautet: Wie lange haben Sie als Vermieter Zeit, etwaige Ansprüche aus dem Mietverhältnis beziehungsweise der Abwicklung des Mietverhältnisses zu prüfen und alsdann über die Mietsicherheit abzurechnen?

In erster Linie kommt es immer darauf an, was vertraglich vereinbart ist. Exakte Fristenregelungen finden sich in kaum einem Mietvertragsformular. Wenn zu diesem Punkt überhaupt eine Vereinbarung getroffen wurde, dann lautet sie beispielsweise wie folgt:

»Die Rückzahlung der Mietsicherheit erfolgt, sobald der Mieter die Mietsache geräumt hat und feststeht, dass dem Vermieter keinerlei Ansprüche gegen den Mieter mehr zustehen.«

In der Vermietungspraxis ist es üblich, dem Mieter eine Prüfungs- und Abrechnungsfrist von drei Monaten zuzubilligen. Dies ist der Zeitraum, den die Gerichte dem Vermieter in der Regel einräumen.

Lediglich in Ausnahmefällen kann sich diese Frist auf zweieinhalb Monate verkürzen. Das hat das Oberlandesgericht Köln kürzlich in einem Fall angenommen, in dem wenige Wochen nach Beendigung des Mietverhältnisses auch die Abrechnungsperiode für die Heiz- und Warmwasserkosten endete, sodass über die Mietkaution sehr kurzfristig abgerechnet werden konnte.

Wann Sie mehr als drei Monate Zeit haben

In vielen Fällen ist aber auch nach Ablauf von drei Monaten seit Beendigung des Mietverhältnisses immer noch offen, was zu tun ist. Das betrifft weniger die Frage, ob dem Vermieter noch Gegenansprüche zustehen, sondern vielmehr die Frage, in welchem Umfang dies der Fall ist.

Der typische Fall in einer solchen Situation: Der Mieter hat die Wohnung zurückgegeben, ohne die erforderlichen Schönheitsreparaturen durchzuführen. Als Vermieter müssen Sie ein stark formalisiertes Verfahren einhalten, um sich Ihre Schadensersatzansprüche gegen den Mieter zu erhalten. Das kostet Zeit.

Weitere Zeit verstreicht dadurch, dass die Mieträume dann überhaupt erst einmal renoviert werden müssen. Bis Sie schließlich die Rechnungen der beauftragten Handwerker in Händen halten, vergeht weitere Zeit. Ganz klar also, dass in diesen Fällen eine Prüfungs- und Abrechnungsfrist von drei Monaten zu kurz bemessen ist. Das ist auch ständige Rechtsprechung der Gerichte. In diesen Fällen werden Ihnen als Vermieter sechs Monate eingeräumt.

Selbst diese Frist kann noch zu kurz bemessen sein. Denken Sie nur an die zahlreichen Fälle, in denen über die Heiz- oder Betriebskosten noch abgerechnet werden muss. Schließlich finden die meisten Mieterwechsel während der Abrechnungsperiode statt. Ist dies der Grund dafür, dass nicht zugleich über die Mietsicherheit abgerechnet werden kann, beträgt die Prüfungs- und Abrechnungsfrist noch wesentlich länger als sechs Monate. Spätestens zwölf Monate nach Ablauf des Abrechnungszeitraums muss aber abgerechnet werden.

! **Wichtig:** Die noch ausstehende Heiz- und Betriebskostenabrechnung berechtigt nur dann dazu, die gesamte Mietkaution zurückzuhalten, wenn anhand der Abrechnungsergebnisse der Vorjahre konkret damit zu rechnen ist, dass mit einem Nachzahlungsbetrag in Höhe der Mietkaution zu rechnen ist. Andernfalls hat der Mieter einen Anspruch darauf, dass Sie als Vermieter lediglich einen angemessenen Teil der Mietkaution zur Sicherheit für eine etwaige Nachforderung aus der Betriebskostenabrechnung einbehalten und den Rest auskehren.

Wie Sie Ihre Ansprüche trotz Verjährung durchsetzen

Ein weiterer typischer Fall aus der Vermietungspraxis: Das Mietverhältnis ist beendet. Die erforderlichen Schönheitsreparaturen hat der Mieter unterlassen. Schließlich geben Sie als Vermieter die Renovierungsarbeiten in Auftrag und verrechnen die dadurch entstehenden Kosten mit der Mietkaution. Ein neuer Mieter zieht ein. Für Sie als Vermieter ist der Fall »abgehakt«.

Mehr als ein halbes Jahr später und völlig unerwartet flattert Ihnen eine Klageschrift ins Haus. Darin fordert Ihr früherer Mieter die Rückzahlung der Mietkaution. Manch ein Vermieter fühlt sich in einem solchen Fall »ausgetrickst«. Dieses Gefühl beschleicht ihn deshalb, weil er weiß, dass die Verjährungsfrist für Schadensersatzansprüche exakt sechs Monate beträgt und inzwischen abgelaufen ist.

Was die wenigsten Vermieter wissen: Auch in einem solchen Fall kann ein begründeter Schadensersatzanspruch noch durchgesetzt werden. Der Grund: Die Verjährung Ihrer eigenen Ansprüche gegen den Mieter schließt nicht aus, dass Sie Ihre Schadensersatzforderung mit der Rückzahlungsforderung des Mieters verrechnen. Verjährung bedeutet lediglich, dass Sie selbst nicht mehr Klage erheben können. Sie sind aber nicht gehindert, Ihre verjährten Schadensersatzansprüche wegen unterlassener Renovierungsarbeiten einer Klage des Mieters auf Rückzahlung der Mietkaution entgegenzuhalten.

Das Problem liegt in derartigen Fällen ganz woanders. Im Vertrauen darauf, dass der Mieter die Verrechnung der Mietkaution mit der Schadensersatzforderung hinnehmen wird, verzichten viele Vermieter darauf, den Zustand der Wohnung nach dem Auszug des Mieters zu dokumentieren. Die Folge ist, dass sie die Renovierungsbedürftigkeit der Wohnung oftmals nicht beweisen können und den Rechtsstreit daher verlieren.

➡ **Praxis-Tipp:** Erstellen Sie zusammen mit dem Mieter ein Wohnungsabnahmeprotokoll. Achten Sie darauf, dass sämtliche Mängel und Schäden in der Wohnung detailliert festgehalten werden. Machen Sie sicherheitshalber auch Foto- oder Videoaufnahmen oder ziehen Sie Zeugen hinzu.

Was beim Eigentümerwechsel aus der Mietsicherheit wird

Beachten Sie beim Erwerb eines Mietshauses Folgendes: Haben die Mieter an den Vorbesitzer eine Mietkaution geleistet, so sind nicht etwa automatisch Sie als Erwerber zur Rückzahlung der Mietkaution verpflichtet, wenn die Mieter ausziehen.

Als Erwerber des Mietobjekts sind Sie nur dann zur Rückzahlung der Mietkaution verpflichtet, wenn der Vorbesitzer Ihnen die Mietkaution tatsächlich ausgehändigt hat oder Sie sich dem Vorbesitzer gegenüber zur Rückzahlung an den Mieter verpflichtet haben.

Praxis-Tipp: Nehmen Sie bei Erwerb eines Mietobjekts unbedingt eine Regelung mit in den Kaufvertrag auf, aus der sich eindeutig und unmissverständlich ergibt, ob Sie eine oder gegebenenfalls mehrere Mietsicherheiten übernommen haben, um welche Mietsicherheit(en) es sich handelt und wie hoch die jeweiligen Mietsicherheiten sind.

Achtung: Die Mietkaution dient Ihnen als Erwerber ebenso wie bereits dem Vorbesitzer als Sicherheit für die Forderungen, die nach dem Eigentumsübergang gegen den Mieter fällig werden. Wegen älterer Forderungen können Sie sich an der Mietkaution nur schadlos halten, wenn der Vorbesitzer Ihnen diese Forderungen gesondert abgetreten hat. Hat der Mieter die Mietkaution in Form einer Bürgschaft erbracht, so wirkt sie auch zu Ihren Gunsten.

Wenn Sie Büros oder Läden vermieten

Bestehen Sie auch bei der Vermietung von Büros und Läden darauf, dass Ihr Mieter eine Mietsicherheit leistet. Auch hier kommt es immer wieder vor, dass ein Mieter bei seinem Auszug die erforderliche Renovierungs- oder Reparaturarbeit nicht oder nicht vollständig ausführt. Hinzu kommt, dass das Mietausfallrisiko noch ungleich größer als bei der Vermietung von Wohnungen ist.

Achtung: Anders als bei der Vermietung von Wohnungen gelten bei der Vermietung von Büros und Läden keine gesetzlichen Regelungen zur Höhe, Ratenzahlung, Anlage und Verzinsung der Mietkaution. Deshalb können Sie mit Ihrem Gewerbemieter beispielsweise vereinbaren, dass die Mietkaution in einem Einmalbetrag zu leisten und im Übrigen nicht zu verzinsen ist.

Vorsicht: Fehlt eine ausdrückliche Vereinbarung darüber, dass die Mietsicherheit nicht zu verzinsen ist, kann der Gewerbemieter eine Verzinsung verlangen. Das hat das Oberlandesgericht Düsseldorf ausdrücklich entschieden.

Beachten Sie in diesem Zusammenhang aber, dass es bei der Vermietung von Gewerberäumen weit verbreitet ist, die Mietsicherheit in Form einer Bankbürgschaft zu akzeptieren. Was die Höhe der Mietsicherheit betrifft, so ist es auch bei der Vermietung von Gewerberäumen üblich, einen Betrag in Höhe von drei Monatsmieten zu vereinbaren.

5. Wie Sie Ihr Mietinkasso vorteilhaft organisieren

Die Vermietung von Wohnraum ist immer auch mit einem wirtschaftlichen Risiko verbunden, das nicht unterschätzt werden darf. Erweist sich ein Mieter als zahlungsunfähig, drohen Ihnen als Vermieter unter Umständen erhebliche Vermögensnachteile. Und müssen Sie im schlimmsten Fall gegen einen solchen Mieter auch noch eine Zahlungsklage erheben oder einen Räumungsprozess austragen, gerät die Rendite vollends in Gefahr. Deshalb: Bleibt auf Ihrem Mietkonto die monatliche Mietzahlung aus, müssen Sie zügig handeln.

Worauf Sie schon beim Abschluss des Mietvertrags achten sollten

Ihr Mieter kann mit seiner Mietzahlung nur dann in Rückstand geraten, wenn er diese zu einem festgelegten Termin nicht zahlt. Welcher das ist, lässt sich nicht für alle Mietverträge einheitlich festlegen. Es kommt vielmehr stets auf den konkreten Einzelfall an.

Ist im Mietvertrag nicht geregelt, bis wann Ihr Mieter die Miete monatlich auf Ihr Konto überweisen muss, gilt die gesetzliche Regelung. Danach kann Ihr Mieter die Miete monatlich im Nachhinein zahlen. Das ist sicherlich die schlechteste aller Lösungen. In der Praxis wird sie meist dadurch vermieden, dass im Mietvertrag ausdrücklich ein abweichender Zahlungstermin vereinbart wird.

In nahezu jedem Formularmietvertrag findet sich heutzutage eine

Klausel, nach der die Miete spätestens am dritten Werktag eines Monats zu bezahlen ist. Dabei kommt es für die Rechtzeitigkeit der Zahlung nicht auf die Absendung, sondern auf den Eingang der Miete auf Ihrem Mietkonto an. Eine derartige Klausel, die rechtlich zulässig ist und die allein Ihren wirtschaftlichen Interessen als Investor gerecht wird, lautet beispielsweise wie folgt:

»Die Miete ist monatlich im Voraus, spätestens am dritten Werktag eines Monats, an den Vermieter zu bezahlen, und zwar auf das Konto-Nr ... (BLZ ...). Für die Rechtzeitigkeit der Bezahlung kommt es nicht auf die Absendung, sondern auf den Eingang des Geldes an.«

! **Achtung:** Ab 1. September 2001 ist es gesetzlich geregelt, dass die Miete monatlich im Voraus zu bezahlen ist.

Praxis-Tipp: Was bei der Vermietung von Gewerberäumen üblich ist, findet jetzt auch bei der Vermietung von Wohnungen immer häufiger Anwendung: Der Mieter verpflichtet sich, dem Vermieter eine Einzugsermächtigung zu erteilen. Auf diese Weise stellen Sie als Vermieter sicher, dass die Mietzahlungen pünktlich erfolgen. Die Vereinbarung, nach der dem Vermieter eine Einzugsermächtigung erteilt wird, kann beispielsweise lauten:

»Der Mieter ermächtigt den Vermieter, die Gesamtmiete sowie die Nachzahlungen aus den Betriebs- und Heizkostenabrechnungen im Lastschrift-/Einzugsverfahren von einem vom Mieter zu benennenden Konto abzubuchen. Der Mieter verpflichtet sich, dem Vermieter eine entsprechende Einzugsermächtigung zu erteilen.«

Wenn Sie vergeblich auf die Miete warten

Stellen Sie bei Durchsicht der Kontoauszüge Ihres Mietkontos fest, dass ein Mieter säumig ist, sollten Sie sofort handeln. Viele Vermieter setzen sich in einer solchen Situation hin und mahnen die fällige Miete an. Das ist eine überflüssige Förmelei und pure Zeitverschwendung.

Erstens: Dadurch, dass die Miete zum vertraglich vereinbarten Zeitpunkt nicht eingegangen ist, befindet sich Ihr Mieter automatisch im Zahlungsverzug. Einer Mahnung bedarf es dazu nicht.

Zweitens: Wenn Sie Ihren Mieter anrufen, anstatt ihm zu schreiben, erfahren Sie noch am ehesten, warum er nicht zahlt. Bei diesem Gespräch können Sie ihm dann immer noch sagen, was Sie ihm sonst geschrieben hätten. In der Regel sind Sie nach einem solchen Gespräch einen entscheidenden Schritt weiter. Sie wissen dann, ob es sich um eine ernsthafte Zahlungsverweigerung handelt, der Sie sofort konsequent begegnen müssen. Ebenso gut kann das Gespräch ergeben haben, dass sich Ihr Mieter vorübergehend in Zahlungsschwierigkeiten befindet, auf die Sie mit Kulanz reagieren können. Das bietet sich vor allem bei langjährigen Mietern an, die ihre Miete stets pünktlich gezahlt haben.

Und auch das kommt immer wieder vor: Ein Mieter zahlt seine Miete nur deshalb nicht, weil er sich über Nachbarn oder Wohnungsmängel ärgert. Die Ursachen dafür lassen sich oftmals schnell und unbürokratisch beseitigen – meist auch wieder durch ein Telefongespräch. Faustregel: Ein fünfminütiges Telefonat bringt mehr (Klarheit) als ein »gepfeffertes« Schreiben.

Wenn Ihr Mieter ständig verspätet zahlt

Von den vorgenannten Situationen ist der Fall zu unterscheiden, dass Ihr Mieter die Miete stets unpünktlich bezahlt. Wer das als Vermieter tatenlos hinnimmt, darf sich nicht wundern, wenn sein Mieter dieses Verhalten als Einladung versteht, mit den verzögerten Mietzahlungen fortzufahren.

Hinzu kommt: Wenn Sie unpünktliche Mietzahlungen über einen gewissen Zeitraum dulden, sanktionieren Sie das vertragswidrige Verhalten Ihres Mieters. Die Folge: Reißt Ihnen eines Tages der Geduldsfaden, können Sie die unpünktlichen Mietzahlungen nicht mehr zum Anlass nehmen, das Mietverhältnis zu kündigen. Sie haben Ihr Kündigungsrecht dann »verwirkt«, wie die Juristen sagen. Das ist im Allgemeinen dann anzunehmen, wenn Sie den verspäteten Mietzahlungen über einen Zeitraum von vier bis sechs Monaten tatenlos zusehen.

➡ **Praxis-Tipp:** Zahlt Ihr Mieter die Miete unpünktlich, ist eine Abmahnung ein unbedingtes »Muss«. Dazu genügt es nicht, dass Sie Ihrem Mieter mit allgemein gehaltenen Worten auf seine vertraglichen Pflichten hinweisen und Ihre Unzufriedenheit mit seinem Zahlungsverhalten zum Ausdruck bringen. Halten Sie Ihrem Mieter klipp und klar und ganz konkret seine verspäteten Zahlungen vor und teilen Sie ihm mit, dass dies ein Vertragsverstoß ist, der nicht länger von Ihnen hingenommen wird.

Wenn Sie das Mietverhältnis fristlos kündigen möchten

Kehren wir zu dem Fall zurück, dass Ihr Mieter die Zahlungen ganz einstellt. Um den finanziellen Verlust begrenzt zu halten, bleibt Ihnen nichts anderes übrig, als das Mietverhältnis fristlos zu kündigen. Das ist immer (und nur) dann möglich, wenn Ihr Mieter erhebliche Mietrückstände auflaufen lässt. Im Einzelnen kommt eine fristlose Kündigung in folgenden Fällen in Betracht:

- Ihr Mieter befindet sich mit der gesamten Miete für mindestens zwei aufeinander folgende Zahlungstermine in Verzug.
  Beispiel: Ihr Mieter zahlt die Miete für die Monate Juni und Juli nicht.
- Ihr Mieter befindet sich mit einem »nicht unerheblichen Teil« der Miete für mindestens zwei aufeinander folgende Zahlungstermine in Verzug. Dabei gilt der Zahlungsrückstand bei der Vermietung von Wohnraum nur dann als »nicht unerheblich«, wenn der rückständige Betrag die Miete für einen Monat überschreitet.
  Beispiel: Im Juni zahlt Ihr Mieter überhaupt keine Miete. Im August dann lediglich 50 Prozent der vereinbarten Miete.
- Ihr Mieter ist in einem Zeitraum, der sich über mehr als zwei Zahlungstermine erstreckt, mit der Entrichtung der Miete in Höhe eines Betrags in Verzug gekommen, der die Miete für zwei Monate erreicht.
  Beispiel: Die Miete beträgt 450 Euro. Im Mai zahlt Ihr Mieter keine Miete, im Juni und Juli überweist er die Miete in voller Höhe, im August zahlt er 225 Euro und im September wiederum keine Miete.

Was alles zur Miete zählt

Die Miete umfasst alle regelmäßig wiederkehrenden Zahlungsverpflichtungen Ihres Mieters. Dazu gehören die Nettokaltmiete und die Vorauszahlungen für Betriebskosten, Heiz- und Warmwasserkosten. Auch ein etwaiger Untermietzuschlag ist hier zu berücksichtigen.

! **Achtung:** Nachzahlungsbeträge aus einer Betriebskostenabrechnung bleiben ebenso unberücksichtigt wie ein rückständiger Kautionsbetrag oder offene Schadenersatzzahlungen.

Wenn Ihr Mieter die Miete doch noch zahlt

Die Kündigung wegen erheblicher Mietrückstände wird unwirksam, wenn sich Ihr Mieter von seiner Zahlungsverpflichtung durch Aufrechnung befreien kann und unverzüglich nach der Kündigung die Aufrechnung erklärt. Das Recht zur Aufrechnung muss bereits vor Zugang der Kündigung bestanden haben. Es genügt nicht, wenn die Gegenforderung des Mieters erst nach der Kündigung entstanden ist.

Beim Mietvertrag über Wohnraum gilt außerdem noch folgende Besonderheit: Bei fristloser Kündigung wegen Zahlungsverzugs kann Ihr Mieter innerhalb eines Monats (**ab 1. September 2001:** innerhalb von zwei Monaten) nach Erhebung einer Zahlungs- oder Räumungsklage die gesamte rückständige Miete bezahlen. Das Gleiche gilt, wenn sich innerhalb dieser Zeit eine öffentliche Stelle, wie beispielsweise das Sozialamt, Ihnen gegenüber zur Zahlung verpflichtet. Ihr Mieter hat innerhalb der Schonfrist rechtzeitig gezahlt, wenn der Überweisungsauftrag erteilt ist. Hier kommt es ausnahmsweise nicht darauf an, dass der Betrag rechtzeitig innerhalb der Frist bei Ihnen als Vermieter eintrifft.

! **Ausnahme:** Ihr Mieter war vor nicht mehr als zwei Jahren schon einmal mit der Miete im Rückstand. Die damals ausgesprochene Kündigung wegen Zahlungsverzugs hat er durch nachträgliche Zahlung unwirksam werden lassen. Dann kann er das jetzt nicht noch einmal wiederholen. Die erneut ausgesprochene fristlose Kündigung bleibt wirksam. Es sei denn, Sie lassen sich darauf ein.

➡ **Praxis-Tipp:** Bei erheblichen Mietrückständen müssen Sie nicht fristlos kündigen. Stattdessen können Sie das Mietverhältnis auch mit der gesetzlichen Kündigungsfrist kündigen. In diesem Fall hat Ihr Mieter nicht die Möglichkeit, die Kündigung durch nachträgliche Zahlung der gesamten rückständigen Miete unwirksam werden zu lassen.

Kostengünstig Recht bekommen: So gehen Sie am besten vor

Wenn einvernehmliche Lösungen mit dem Mieter nicht (mehr) möglich sind, bleibt Ihnen nichts anderes übrig, als das Mietverhältnis zu kündigen. Das ist stets eine unglückliche Angelegenheit, in solchen Fällen dann aber unvermeidlich, damit Ihre Rendite nicht in Gefahr gerät und Sie die Wohnung an einen neuen, solventen Mieter vermieten können.

Die Kündigung bringt Ihnen nicht die rückständige Miete ins Haus. Wenn Sie Ihren berechtigten Zahlungsanspruch durchsetzen wollen, kommen Sie ohne gerichtliche Hilfe nicht aus. Sie benötigen einen so genannten vollstreckbaren Titel. Das kann ein Urteil sein, muss es aber nicht. Ein Vollstreckungsbescheid reicht ebenso vollkommen aus.

Ein Urteil erwirken Sie, indem Sie Klage erheben. Das ist bei einem Zahlungsrückstand Ihres Mieters aber nur dann sinnvoll, wenn Sie ohnehin gegen ihn klagen müssen, beispielsweise, um die Räumung durchzusetzen. Dann liegt es nahe, die Mietforderung an den Räumungsanspruch »anzuhängen«.

Anders verhält es sich dagegen, wenn Ihr Mieter freiwillig aus der Wohnung auszieht, aber nicht bereit ist, die rückständige Miete zu zahlen. In diesem Fall ist es für Sie kostengünstiger, zunächst einen Mahnbescheid und anschließend einen Vollstreckungsbescheid zu beantragen. Unter Umständen können Sie mehrere 100 Euro sparen.

Das Mahnverfahren ist nur zulässig für Ansprüche auf Zahlung einer bestimmten Geldsumme – wie hier eben der Miete. Das Mahnverfahren wird nur auf einen entsprechenden Antrag hin durchgeführt. Für den Antrag 1 ist ein spezielles Formular erforderlich, das Sie im Buchhandel erhalten. Das Antragsformular schicken Sie an das zuständige Amtsgericht, in dessen Bezirk Sie wohnen. Das Gericht prüft dann lediglich, ob die formalen Voraussetzungen für den Erlass des Mahnbescheids vorliegen. Ob Ihnen die Miete wirklich zusteht, wird nicht geprüft. Gegen den Mahnbescheid kann Ihr Mieter Widerspruch einlegen. Geschieht dies innerhalb von zwei Wochen, kommt es zur Verhandlung vor Gericht. Versäumt er, den Widerspruch fristgerecht einzulegen, wie dies in der Praxis meistens der Fall ist, ergeht auf Ihren Antrag hin ein Vollstreckungsbescheid. Die Vorteile des Mahnverfahrens gegenüber dem Klageverfahren:

- Es ist einfacher, weil Sie lediglich einen Vordruck ausfüllen müssen. Außerdem müssen Sie Ihre Forderung nicht ausführlich begründen.
- Es ist schneller, weil eine Gerichtsverhandlung (zunächst) entfällt.
- Es ist kostengünstiger, weil bei Antragstellung lediglich eine halbe Gerichtsgebühr entsteht.

➡ **Praxis-Tipp:** Entscheiden Sie sich bewusst für die Beantragung eines Mahnbescheids, wenn es Ihnen wirklich nur um die Zahlung der rückständigen Miete geht. Sie kommen mit einem weitaus geringeren Gerichtskostenvorschuss aus, als dies bei einer Klageerhebung der Fall wäre.

Aber auch unabhängig davon haben Sie allen Grund, Ihre Kosten gering zu halten. Zwar muss Ihnen Ihr Mieter die Kosten des gerichtlichen Mahnverfahrens – und dazu gehört auch der Gerichtskostenvorschuss – erstatten, wenn er dazu finanziell aber nicht in der Lage ist, bleiben Sie auf Ihren Kosten »sitzen«. Und auch wenn Sie diese Kosten bei den Einkünften aus Vermietung und Verpachtung als Werbungskosten absetzen können, gilt immer noch der Grundsatz: »Jede ersparte Mark ist die bessere Mark.«

So nutzen Sie die Vorteile eines Urkundenprozesses

Wenn Sie zu den Vermietern gehören, die rückständige Mieten bereits einklagen mussten, dann haben Sie möglicherweise erlebt, wie schnell ein Rechtsstreit zur Geduldsprobe werden kann. Überlastete Gerichte sind der Grund dafür, dass oftmals Monate vergehen, bis es zum (ersten) Verhandlungstermin kommt. Und bis das Urteil schließlich vorliegt, verstreicht weitere Zeit.

Sie können sich mit dieser Situation abfinden – Sie müssen es aber nicht. Denn es gibt für Sie eine Möglichkeit, im so genannten Urkundenprozess Zahlungsansprüche wegen rückständiger Mieten schneller durchzusetzen.

Das Besondere an diesem beschleunigten Verfahren: Alle Voraussetzungen für den Zahlungsanspruch, wie Miethöhe und Fälligkeitstermin, müssen Sie durch Vorlage von Urkunden beweisen. Das ist Ihnen als Vermieter aber leicht möglich. Der unschlagbare Vorteil des Urkundenprozesses: Die Verfahrensdauer verkürzt sich ganz erheblich.

In der Regel genügt die Vorlage des Mietvertrags, in dem alle erforderlichen Vereinbarungen meist schon enthalten sind. Will der Mieter erfolgreich dagegen angehen, muss er so genannte »rechtsvernichtende« Tatsachen wie beispielsweise Zahlung der Miete vortragen und ebenfalls durch die Vorlage von Urkunden, wie beispielsweise Quittungen und Kontoauszüge, beweisen.

Der »Haken« am Urkundenprozess: Bei Vorliegen aller Voraussetzungen ergeht lediglich ein so genanntes Vorbehaltsurteil. Das bedeutet: Die Verurteilung des Mieters zur Zahlung erfolgt mit dem Vorbehalt zugunsten des Mieters, dass er seine weiteren Rechte in einem Nachverfahren weiterverfolgen kann.

Sollte sich dann im weiteren Verfahren herausstellen, dass Ihr Zahlungsanspruch letztlich doch unbegründet ist, hat Ihr Mieter Anspruch auf Schadenersatz, wenn Sie zwischenzeitlich aus dem Vorbehaltsurteil gegen ihn die Zwangsvollstreckung vorgenommen haben. Dieses Risiko können Sie aber von vornherein dadurch ausschalten, dass Sie in problematischen Fällen mit unsicherem Ausgang gar nicht erst im Urkundenprozess klagen. Das könnte beispielsweise der Fall sein, wenn der Mieter Minderungsansprüche an Sie gestellt hat.

6. Wie Sie die Umlage der Betriebskosten sicher in den Griff bekommen

Der Anstieg der Betriebskosten, der so genannten zweiten Miete, beschleunigt sich weiterhin und übertrifft die stagnierenden oder lediglich moderat steigenden Mieten bei weitem. Bei dieser Kostenentwicklung überrascht es nicht, dass die Betriebskostenabrechnungen weiterhin zu Meinungsverschiedenheiten zwischen Mietern und Vermietern führen. Hinzu kommt, dass der Deutsche Mieterbund ohnehin der Meinung ist, jede zweite Betriebskostenabrechnung sei falsch. Schnell fühlen Mieter sich in ihrem vagen Verdacht bestätigt, dass ihre Vermieter sie »über den Tisch ziehen« und sich an ihnen bereichern wollen.

➡ **Praxis-Tipp:** Für Sie als Vermieter ist die Umlage der Betriebskosten auf Ihre Mieter ein absolutes Muss, weil Sie sonst Ihre Rendite gefährden.

✗ **Ab 1. September 2001 steht es auch ausdrücklich im Gesetz:** Mietvertraglich kann vereinbart werden, dass der Mieter die Betriebskosten im Sinne des § 27 der II. Berechnungsverordnung trägt. Aus Anlass einer Betriebskostenabrechnung sind sowohl Sie als auch Ihr Mieter berechtigt, die Vorauszahlungen angemessen anzupassen. Außerdem ist bei Veränderungen von Betriebskosten der Grundsatz der Wirtschaftlichkeit zu beachten.

Mehr Transparenz hilft Streit vermeiden

Aufklärung tut deshalb Not. Weisen Sie Ihren Mieter beispielsweise darauf hin, dass Sie an der Umlage der Betriebskoten keinen einzigen Pfennig verdienen, da die umlagefähigen Betriebskosten für Sie nur als durchlaufende Posten auftauchen. Sie leiten das Geld, das Sie von Ihren Mietern als Umlage erhalten, an die zuständigen Stellen weiter. Oder andersherum: Sie strecken das Geld vor, das Sie von Ihren Mietern zurückerhalten. Betriebskosten, an denen der ehrliche Vermieter nichts verdient, sind im Übrigen nur ein Teil der Bewirtschaftungskosten. Die nicht umlagefähigen Bewirtschaftungskosten, also die Verwaltungs- und Instandhaltungskosten, tragen Sie als Vermieter von Wohnungen ohnehin allein. Hierfür können Sie keine Umlage erheben.

➡ **Praxis-Tipp:** Lassen Sie am besten gar nicht erst einen falschen Eindruck aufkommen. Präsentieren Sie Ihren Mietern eine vollständige und für sie auch verständliche Abrechnung. Gehen Sie in die Offensive und legen Sie, ohne dass Sie dazu rechtlich verpflichtet sind, gleich alle notwendigen Belege in Kopie bei.

Vermieten Sie beispielweise eine Eigentumswohnung, übersenden Sie Ihrem Mieter die Verwaltungsabrechnung nebst Heizkostenabrechnung und Grundsteuerbescheid. Für noch mehr Klarheit sorgen Sie, wenn Sie die umlagefähigen Betriebskosten in der Verwalterabrechnung ankreuzen. Ihr Mieter sieht so auf einen Blick, dass bestimmte Kosten wie Hausverwaltervergütung und Instandhaltungsrücklage gar nicht auf ihn umgelegt werden. Ihr Mieter wird dann kaum auf die Idee kommen, dass Sie ihn übervorteilen. Im Gegenteil, er wird eine solche Offerte schätzen. Möglicherweise vor allem auch deshalb, weil er diese Transparenz bisher nicht gewohnt war.

Bei vermieteten Wohnungen in Ein-, Zwei- oder Mehrfamilienhäusern gehen Sie am besten wie ein Verwalter einer Eigentumswohnanlage vor. Ermitteln Sie sämtliche für das Haus anfallende Bewirtschaftungskosten und teilen Sie diese nach dem in der Gesamtabrechnung angegebenen Schlüssel auf die einzelnen Wohnungen auf.

Transparenz ist oberstes Gebot. Am besten legen Sie Ihrer jährlichen Betriebskostenabrechnung gleich noch einen Wirtschaftsplan für die nächste Abrechnungsperiode bei. Hier legen Sie die Erfahrungssätze der Vergangenheit zugrunde und rechnen die bisherigen Kosten aufgrund bereits bekannter Erhöhungen (zum Beispiel bei Müllabfuhr und Grundsteuer) auf die folgende Abrechnungsperiode hoch. Sie gehen also genauso wie ein Hausverwalter vor, der bei der Verwaltung von Eigentumswohnungen schon kraft Gesetzes zur Aufstellung von Wirtschaftsplänen verpflichtet ist.

Auch damit müssen Sie vermehrt rechnen: Mieter werden zunehmend bezweifeln, dass speziell die Heizung wirtschaftlich arbeitet. Steuern Sie rechtzeitig gegen. Lassen Sie die Heizungsanlagen und -thermen in Ihren Mietobjekten durchchecken, sofern die turnusmäßigen Kontrolluntersuchungen des Schornsteinfegers nicht als ausreichend erscheinen. Lassen Sie notwendige Arbeiten durchführen. Wenn Ihre Anlagen und Geräte »in Schuss« sind: Bewahren Sie die Kontrollberichte besonders gut auf, damit Sie Ihren Mietern bei Bedarf jederzeit eine Kopie zur Verfügung stellen können.

Und: Bieten Sie Ihren Mietern unter Hinweis auf die Energiebesteuerung und die dadurch steigenden Betriebskosten an, die monatliche Vorauszahlung auf die Betriebskosten angemessen zu erhöhen, um keine hohe Nachzahlung zu verlangen.

Nach Inkrafttreten der Mietreform ab 1. September 2001 können Sie (wie übrigens auch Ihr Mieter) ohnehin verlangen, dass die Betriebskostenvorauszahlung der tatsächlichen Kostenentwicklung angemessen angepasst wird.

Was Sie immer selbst zahlen müssen

Folgende Kosten können Sie nicht auf Ihre Mieter umlegen, und zwar unabhängig davon, was jeweils im Mietvertrag geregelt ist:

- Anliegerbeiträge
- Bankgebühren
- Erbbauzinsen
- Mietausfallversicherung
- Portokosten
- Rechtsschutzversicherung
- Reparaturkosten

- Reparaturkostenversicherung
- Schuldzinsen
- Umweltschadenversicherung
- Verwaltungskosten

Was alles zu den allgemeinen Betriebskosten gehört

Die Ausgabenpositionen, die Sie als allgemeine Betriebskosten auf Ihren Mieter umlegen können, sind in der Anlage 3 zu § 27 der II. Berechnungsverordnung aufgelistet. Die wichtigsten Praxis-Tipps und Bestimmungen dazu finden auf den nächsten Seiten.

Alle Betriebskosten auf einen Blick

Zu den Betriebskosten gehören laut der Anlage 3 zu § 27 der II. Berechnungsverordnung insgesamt 17 verschiedene Kostenarten, die Sie auf Ihren Mieter umlegen können. Im Einzelnen gehören dazu die folgenden Ausgabenpositionen:

- laufende öffentliche Lasten wie die Grundsteuer,
- Wasserversorgung,
- Entwässerung,
- Heizung, Fernwärmeversorgung und die Reinigung und Wartung von Etagenheizungen,
- zentrale Warmwasserversorgung, Fernwärmewasserversorgung und die Reinigung und Wartung von Warmwassergeräten,
- verbundene Heizungs- und Warmwasseranlagen,
- Betrieb eines Fahrstuhls,
- Straßenreinigung und Müllabfuhr,
- Hausreinigung und Ungezieferbekämpfung,
- Gartenpflege,
- Beleuchtung,
- Schornsteinreinigung,
- Sach- und Haftpflichtversicherung,

- Hausmeister,
- Betrieb der Gemeinschaftsantennenanlage oder der privaten Verteilanlage des Breitbandkabelnetzes,
- Betrieb der maschinellen Wascheinrichtung sowie
- sonstige Betriebskosten (wie Gemeinschaftssauna, Schwimmbad oder Ähnliches).

! **Achtung:** Die Heiz- und Warmwasserkosten sind ein Thema für sich. Hinweise dazu lesen Sie ab Seite 105.

Entwässerung

Die von den Gemeinden oder von privaten Betrieben erhobenen Abwassergebühren (auch als Kanal- oder Sielgebühren bezeichnet) sind auf den Mieter umlegbar. In der Vergangenheit war umstritten, ob darunter auch die Kosten der so genannten Oberflächenentwässerung (Abfluss des Regenwassers) zu fassen sind. Aufgrund einer Änderung der II. Berechnungsverordnung ist nunmehr klargestellt, dass nicht nur die Kosten der Hausentwässerung, sondern auch die der Grundstücksentwässerung umlegbar sind.

In größeren Wohnanlagen befinden sich teilweise hauseigene Abwasseranlagen. Deren Kosten mitsamt der Abfuhr des Klärschlamms fallen ebenfalls unter die Entwässerungskosten. Die nur einmalig anfallenden Kanalanschlussgebühren werden dagegen nicht vom Begriff der Betriebskosten erfasst und sind daher nicht umlegbar.

Die Verstopfung von Abflüssen ist häufiger Gegenstand von Streitigkeiten zwischen Mieter und Vermieter. Für die Beauftragung von Rohrreinigungsunternehmen fallen oft nicht unerhebliche Beträge an. Wollen Sie die Kosten später in der Betriebskostenabrechnung berücksichtigen, müssen Sie dazu Folgendes beachten:

Bevor Sie Ihrem Mieter die Kosten für die Beseitigung einer Abflussverstopfung in Rechnung stellen können, müssen Sie den Nachweis führen, dass er die Verstopfung verschuldet hat. Ist dies nicht möglich, können Sie die Kosten weder einem einzelnen Mieter berechnen noch auf sämtliche Mieter des Hauses anteilig umlegen.

Auch eine Regelung in einem Mietvertragsformular, nach welcher die Mieter im Verhältnis ihrer Miete für die Kosten dann haften, wenn der Verursacher nicht zu ermitteln ist, hat keinen Bestand. Das Gleiche gilt, wenn im Mietvertrag eine Regelung enthalten ist, wonach der Mieter auch ohne Nachweis seines Verschuldens zum Tragen der Kosten verpflichtet wird.

Fahrstuhl

Unter die umlagefähigen Betriebskosten eines Fahrstuhls fallen die Kosten des Betriebsstroms, der Beaufsichtigung, Bedienung und Pflege der Aufzuganlage sowie der regelmäßigen Überprüfung ihrer Betriebsbereitschaft. Letzteres geschieht in aller Regel durch eine Fachfirma, die im Rahmen eines Wartungsvertrags die Inspektionen übernimmt. Hinzu kommen die Reinigungskosten.

Als Verteilungsschlüssel kommen neben der Personenzahl und den Wohnflächen noch die Wohnungsmieten in Betracht. Als Vermieter haben Sie ein Wahlrecht, wenn der Verteilerschlüssel im Mietvertrag nicht festgeschrieben ist.

! **Achtung:** Die Kosten für Reparaturen an der Aufzuganlage sind nicht umlagefähig. Diese Kosten sind allein von Ihnen als Vermieter zu tragen. Das kann zu Problemen führen, wenn Sie mit einem Serviceunternehmen einen so genannten Vollwartungsvertrag abgeschlossen haben. Dadurch wird das Unternehmen nicht nur zu laufenden Inspektionen der Anlage verpflichtet, sondern auch zur Durchführung von etwaigen Reparaturen. In solchen Fällen müssen Sie dann die anteiligen Reparaturkosten herausrechnen. Ist dies nicht möglich, muss der umlagefähige Betriebskostenanteil an der Gesamtvergütung geschätzt werden. Als Orientierung können hier drei Entscheidungen des Landgerichts Berlin herangezogen werden. Danach sind 80 Prozent der Vergütung eines Vollwartungsvertrags auf den Mieter umlegbar.

Grundsätzlich ist auch der Mieter einer Erdgeschosswohnung zum anteiligen Tragen von Betriebskosten für die Aufzuganlage verpflichtet. Es liegt allerdings kein Verstoß gegen die Gleichbehandlung aller Mieter vor, wenn ein Erdgeschossmieter hiervon freigestellt wird.

Hat ein Mieter ausnahmsweise überhaupt keinen Nutzen von einer Aufzuganlage, kann er mit den Betriebskosten des Fahrstuhls nicht belastet werden. Dies wurde in einem Fall entschieden, in dem lediglich das demselben Vermieter gehörende Nachbarhaus mit einem Fahrstuhl ausgestattet war, ohne dass die Mieter des anderen Gebäudes irgendeinen Nutzen davon hatten.

Gartenpflege

Erfasst werden hier die Kosten der Pflege gärtnerisch angelegter Flächen einschließlich der Erneuerung von Pflanzen und Gehölzen. Hinzu kommen die Kosten der Pflege von Spielplätzen einschließlich der Erneuerung von Sand und die Pflege von Zugängen und Zufahrten, die dem nicht öffentlichen Verkehr dienen.

! **Achtung:** Die Anschaffungskosten für einen Rasenmäher sowie die Reparaturkosten hierfür sowie für sonstige Gartengeräte sind nicht umlagefähig.

Weitere Voraussetzung für die Umlegung der Kosten der Gartenpflege ist, dass die betroffenen Gartenflächen allen Mietern zur Mitbenutzung zur Verfügung stehen oder der Verschönerung des gesamten Grundstücks dienen. Wird also eine einzelne Garagenzufahrt oder ein Garten ausschließlich von einem Mieter genutzt, sind die hierfür anfallenden Kosten nicht auf die übrigen Mieter umlegbar.

Gemeinschaftsantenne/Kabelanschluss

Die für eine Gemeinschaftsantenne anfallenden Kosten umfassen üblicherweise folgende Positionen: Betriebsstrom und Gebühren für Inspektion und Überprüfung der Betriebsbereitschaft; bei fremden Antennenanlagen: Benutzungsentgelt sowie die Kosten der Einstellung durch einen Fachmann. Nicht hierunter fallen dagegen Reparaturkosten der Antennenanlage.

Zu den umlegungsfähigen Kosten gehören auch die Betriebskosten, die durch einen Kabelanschluss entstehen. Zu den Betriebskosten der Verteilanlage gehören die Strom- und die Wartungskosten, ferner die laufenden monatlichen Grundgebühren für die Breitbandkabelanschlüsse.

! **Achtung:** Nicht zu den umlagefähigen Kosten eines Breitbandkabelanschlusses zählt jedoch die einmalig zu entrichtende Anschlussgebühr der Post. Diese ist vom Vermieter zu tragen.

Hausbeleuchtung

Hierzu gehören die Kosten des Stroms für die Außenbeleuchtung und die Beleuchtung der von den Bewohnern gemeinsam benutzten Gebäudeteile wie Zugänge, Flure, Treppen, Keller, Bodenräume, Gemeinschaftsgaragen und Waschküchen. Dieser in den Abrechnungen oft auch als Allgemeinstrom bezeichnete Posten umfasst jedoch nicht den Ersatz von Glühbirnen und Leuchtstoffröhren. Hier handelt es sich nicht um Betriebskosten, sondern um Instandhaltungskosten.

Befinden sich auf dem Mietgelände beleuchtete Zugangswege, so können deren Stromkosten umlegbar sein. Dies gilt jedoch nicht, wenn die Leuchten auf öffentlichem Straßengrund stehen.

Hausreinigung

Ist die Umlegung dieser Kosten im Mietvertrag vorgesehen, so können folgende Positionen berechnet werden: Reinigungskosten der von den Bewohnern gemeinsam benutzten Gebäudeteile wie Zugänge, Flure, Treppen, Keller, Bodenräume, Garagen, Waschküchen und Fahrkorb des Fahrstuhls.

In der Praxis werden hier hauptsächlich Personalkosten für Staubwischen, Fegen, Putzen und Fensterputzen umgelegt. Hinzu kommen noch die Sachkosten für Reinigungsmaterial und -geräte.

! **Achtung:** Wird die Marmorverkleidung eines Treppenhauses mit chemischen Mitteln gereinigt, so handelt es sich um Kosten einer Schönheitsreparatur, die nicht als Betriebskosten unter dem Gesichtspunkt der Hausreinigung umgelegt werden können.

Führen die Mieter entsprechend einer Vereinbarung im Mietvertrag die Reinigungsarbeiten selbst durch, entfällt selbstverständlich eine Kostenumlage. Beachten Sie in diesem Zusammenhang aber ausdrücklich, dass die Übernahme von Reinigungsarbeiten durch die Mieter in jedem Fall vertraglich vereinbart werden muss. Der Grund: Es existiert kein Gewohnheitsrecht, wonach die Mieter zu Reinigungsarbeiten außerhalb ihrer Wohnung verpflichtet sind. Daraus ergibt sich auch, dass Sie als Vermieter niemals durch eine einseitige Anordnung oder den einseitigen Erlass einer entsprechenden Hausordnung Reinigungspflichten oder -kosten auferlegen können.

Hausmeister

Unter den Kosten für den Hausmeister versteht man die Vergütung, die Sozialbeiträge und die sonstigen geldwerten Leistungen, die Sie als Vermieter dem Hausmeister für seine Dienste gewähren.

! **Achtung:** Davon ausgenommen ist die Vergütung, die Sie ihm für Instandhaltung, Instandsetzung, Erneuerung, Schönheitsreparaturen oder für die Hausverwaltung zahlen.

Zu den Aufgaben, die typischerweise auf einen Hausmeister übertragen werden, gehören insbesondere:

- die Haus-, Treppen- und Straßenreinigung,
- die Gartenpflege,
- die Bedienung und Überwachung der Sammelheizung,
- die Bedienung und Überwachung der Warmwasserversorgungsanlage,
- die Bedienung und Überwachung des Fahrstuhls,
- die Behebung kleinerer Schäden,
- die Annahme, Weiterleitung oder sonstige Erledigung von Schadensanzeigen oder Reparaturwünschen der Mieter sowie
- die Überwachung der Einhaltung der Hausordnung.

Folgende Tätigkeiten des Hausmeisters sind dagegen nicht umlagefähig mit der Folge, dass nur ein Teil seiner Vergütung bei den Betriebskosten berücksichtigt werden kann:

- die Entgegennahme von Mietzahlungen (bei Barzahlungen),
- die Durchführung von Abrechungen oder sonstigen Tätigkeiten anlässlich eines Mieterwechsels,
- Maklertätigkeiten,
- sämtliche Arbeiten, die die Instandhaltung, Instandsetzung und Erneuerung von Anlagen betreffen,
- die Durchführung von Schönheitsreparaturen.

! **Achtung:** Soweit Kosten für den Hausmeister entstehen, die auch bei anderen Betriebskostenarten abzugsfähig wären, müssen Sie sich entscheiden: Entweder stellen Sie nur die Hausmeisterkosten in Rechnung und verzichten auf einen Kostenansatz bei den anderen Betriebskostenarten, oder aber Sie rechnen die auf die anderen Betriebskostenarten entfallenden Kostenanteile aus den Hausmeisterkosten heraus.

Beispiel: Ihnen gehört ein größeres Mehrfamilienhaus. Sie haben einen Hausmeister engagiert. Sein Aufgabengebiet umfasst die Pflege des Gartens, die Straßen- und Treppenreinigung sowie die Bedienung und Überwachung der Sammelheizung. Wenn Sie die Vergütung des Hausmeisters bei den Hausmeisterkosten in voller Höhe ansetzen, dürfen Sie die Vergütung bei den Betriebskostenarten »Heizung«, »Gartenpflege« und »Hausreinigung« nicht mehr berücksichtigen

Laufende öffentliche Lasten

Hierunter sind Grund- und Gebäudesteuern zu verstehen, die Ihnen als Vermieter in Ihrer Eigenschaft als Eigentümer des Grundstücks entstehen. Die in der Praxis wichtigste öffentliche Last stellt die Grundsteuer dar. Soweit in bestimmten Gemeinden Zuschläge in Form von Zweitwohnungssteuern erhoben werden, sind auch diese umlegbar.

Ist jedoch in einem Mietvertrag geregelt, dass lediglich Erhöhungen der Grundsteuer umgelegt werden können, so kann bei einer Erhöhung der Grundsteuer dann auch lediglich der Erhöhungsbetrag auf den Mieter abgewälzt werden. Der Sockelbetrag ist auch nach der Grundsteuererhöhung weiterhin mit der Miete abgegolten und kann nicht zusätzlich umgelegt werden.

Eine häufige Fehlerquelle in der Praxis stellt die anteilige Grundsteuer für Garagen dar. Da es gerade in größeren Wohnanlagen Mieter gibt, die neben der Wohnung keine Garage angemietet haben, muss in solchen Fällen der auf die Garagen entfallende Grundsteueranteil herausgerechnet werden. Dieser darf immer nur auf die Mieter umgelegt werden, die auch eine Garage angemietet haben.

! **Achtung:** Ebenfalls nicht zu den laufenden öffentlichen Lasten des Grundstücks gehören alle Arten von Anliegerbeiträgen. Erschließungsbeiträge, Straßenbaubeiträge und dergleichen können Sie also in keinem Fall als Betriebskosten auf den Mieter übertragen. Dasselbe gilt für die Hypothekengewinnabgabe.

Müllabfuhr

Zum Posten »Müllabfuhr« zählen die Kosten, die zur Beseitigung des regelmäßigen Mülls aufgewendet werden müssen. Daraus ergibt sich, dass Sondermüll, wie etwa Bauschutt, hiervon nicht umfasst ist.

Beispiel: Zur Durchführung von Bauarbeiten hinter dem Mietshaus haben Sie einen Container bestellt. Die Ihnen dadurch entstehenden Kosten müssen Sie selbst tragen. Eine Umlegung auf die Mieter unter dem Gesichtspunkt der Müllabfuhr ist unzulässig.

Wie auch bei den übrigen Betriebskosten haben Sie bei der Festlegung des Verteilerschlüssels für die Müllkosten ein Wahlrecht, wenn der Verteilerschlüssel im Mietvertrag nicht festgelegt wurde. In solchen Fällen bietet sich die Umlage nach der Anzahl der Personen oder nach der Wohnfläche an. Eine einseitige Änderung des bestehenden

Verteilerschlüssels ist nicht zulässig. Etwas anderes gilt allerdings für den Fall, dass Sie einen Maßstab festlegen möchten, welcher der unterschiedlichen Müllverursachung durch die einzelnen Mieter Rechnung trägt.

Ein solcher Fall ist beispielsweise gegeben, wenn Sie für jede Mietpartei separate Müllbehälter anschaffen möchten. Machen Sie von dieser Möglichkeit Gebrauch, so müssen Sie die Änderung des bisherigen Umlegungsmaßstabs durch eine schriftliche Erklärung an die betroffenen Mieter herbeiführen.

! **Wichtig:** Eine solche Erklärung ist immer nur für künftige Abrechnungszeiträume möglich und auch nur zum Beginn eines Abrechnungszeitraums zulässig. Während eines laufenden Abrechnungszeitraums ist eine solche Änderung nicht möglich.

➡ **Praxis-Tipp:** Soweit die kommunalen oder städtischen Entsorgungsbehörden dies zulassen, können Sie auch die direkte Abrechnung zwischen dem Entsorgungsunternehmen und dem Mieter verlangen. Damit wird dann eine Umlage von Betriebskosten für die Entsorgung von Müll überflüssig.

Schornsteinreinigung

Zu den Kosten der Schornsteinreinigung gehören die Kaminkehrergebühren, wie sie sich aus der jeweiligen Gebührenordnung ergeben. Obgleich diese Kosten eigentlich nicht unter den Begriff der Heizungskosten fallen, können sie nach der Heizkostenverordnung auch über die Heizungskosten umgelegt werden. Als Vermieter steht es Ihnen frei, diese Kosten stattdessen auch über die allgemeinen Betriebskosten abzurechnen.

Straßenreinigung

Grundsätzlich ist es Aufgabe der Gemeinden, für die Reinigung der öffentlichen Wege und Straßen zu sorgen. Darunter fällt auch die Streupflicht bei Glätte und die Schneeräumung. Allerdings haben die Gemeinden durch Erlass einer entsprechenden Satzung die Möglichkeit, die Reinigungs- und Streupflicht den Anliegern aufzuerlegen. Damit werden Sie als Vermieter in Ihrer Eigenschaft als Grundstückseigentümer zur Wege- oder Straßenreinigung verpflichtet. Beauftragen Sie dann hiermit ein privates Unternehmen, so können Sie auch die Ihnen dadurch entstehenden Kosten auf den Mieter umlegen. Voraussetzung ist allerdings eine ausdrückliche Regelung im Mietvertrag.

➡ **Praxis-Tipp:** Stattdessen haben Sie auch die Möglichkeit, die Pflicht zur Wege- beziehungsweise Straßenreinigung direkt auf den Mieter »abzuwälzen«. Dann ist dieser selbst verpflichtet, die Reinigungsarbeiten durchzuführen.

Gerade bei kleineren Wohnanlagen wird von dieser Möglichkeit Gebrauch gemacht. Beachten Sie dabei allerdings, dass Sie als Vermieter die erforderlichen Geräte und Streumittel zur Verfügung stellen müssen. Die Wege- und Straßenreinigungspflicht kann dem Mieter nicht dadurch auferlegt werden, dass Sie dies einseitig anordnen. Es bedarf auch hierzu einer ausdrücklichen Vereinbarung im Mietvertrag.

Entgegen einer weit verbreiteten Ansicht verhält es sich auch nicht etwa so, dass der Mieter der Erdgeschosswohnung automatisch zur Gehwegreinigung verpflichtet ist. Selbst bei einem vermieteten Einfamilienhaus ist eine vertragliche Regelung dieser Pflichten erforderlich. Unterlassen Sie diese, so bleibt die Gehweg- und Straßenreinigung Ihre Sache.

Eine andere Möglichkeit, den Straßenreinigungs- und Winterdienst zu regeln, besteht darin, dass der Mieter der Erdgeschosswohnung (oder ein anderer Mieter) diese Aufgaben übernimmt und dafür weniger Miete bezahlt. Den dadurch erlittenen Mietausfall können Sie auf die übrigen Mieter als Betriebskosten umlegen, wenn dies in den Mietverträgen vorgesehen ist.

Ungezieferbekämpfung

Die Kosten der Bekämpfung von Ungeziefer (Mäuse, Ratten, Ameisen, Schaben usw.) sind ebenfalls als Betriebskosten umlegbar, sofern eine vertragliche Übernahme durch den Mieter stattgefunden hat. Voraussetzung ist, dass diese Kosten laufend entstehen. Grund hierfür kann die besondere Lage des Hauses beispielsweise in Flussnähe sein.

Hingegen fallen die Kosten einer einmaligen Ungezieferbeseitigung nicht unter die umlegbaren laufenden Betriebskosten. Als Beispiel sei der Fall einer behördlich angeordneten Ungezieferbekämpfung genannt. Derartige Kosten sind nicht auf den Mieter umlegbar.

Versicherungsprämien

Unter diesen Posten fallen die Kosten von Sach- und Haftpflichtversicherungen. Im Einzelnen handelt es sich um die Versicherung des Gebäudes gegen Feuer-, Sturm- und Wasserschäden sowie die Glasversicherung. Hinzu kommen die Haftpflichtversicherung für das Gebäude, den Öltank und den Fahrstuhl.

Ist eine entsprechende Vereinbarung ausdrücklich im Mietvertrag getroffen, so können die Versicherungsprämien auf den Mieter umgelegt werden. Fehlt eine solche Regelung, müssen Sie als Vermieter die Versicherungskosten in voller Höhe selbst tragen.

! **Achtung:** Befindet sich in einem Mietvertrag die Klausel *»Der Mieter hat öffentliche Abgaben, soweit sie vom Vermieter veranlagt werden, anteilig zu tragen«*, dann sind hierunter nicht die Kosten von Sach- und Haftpflichtversicherungen zu verstehen. Mit einer solchen Klausel können derartige Versicherungskosten nicht wirksam auf den Mieter umgelegt werden.

Wascheinrichtung

In größeren Wohnanlagen kommt es vor, dass den Mietern eine Gemeinschaftswaschanlage zur Verfügung steht. Diese kann Waschmaschinen, Wäscheschleudern, Trockengeräte oder auch Bügelmaschinen umfassen.

Bei entsprechender Regelung im Mietvertrag sind folgende damit im Zusammenhang stehende Betriebskosten auf den Mieter übertragbar: Kosten des Betriebsstroms, Kosten der Überwachung, Pflege und Reinigung der maschinellen Einrichtungen, der regelmäßigen Prüfung der Betriebsbereitschaft und der Betriebssicherheit sowie die Kosten der Wasserversorgung. Letztere dürfen jedoch nicht bereits an anderer Stelle berücksichtigt und auf alle Mieter umgelegt worden sein.

! **Achtung:** Aber auch bei einer vertraglichen Vereinbarung über die Umlage dieser Kosten kann dies immer nur dann geschehen, wenn die Einrichtungen allen Mietern zur Verfügung stehen. Im Übrigen gilt auch hier: Anfallende Reparaturkosten sind grundsätzlich nicht umlagefähig.

Wasserversorgung

Hierzu gehören zunächst die Kosten des Wasserverbrauchs, die Grundgebühren sowie die Zählermiete. Soweit im Haus Zwischenzähler verwendet werden, können auch diese Kosten an den Mieter weitergegeben werden.

Befindet sich in der Anlage eine eigene Wasserversorgungs- oder -aufbereitungsanlage, so sind auch deren Kosten umlagefähig. Hier ist vor allem an Wartungs- und Pflegekosten zu denken.

! **Achtung:** Nicht unter den Begriff der Wasserversorgung fallen die Kosten für Abwasser. Wenn daher in einem Mietvertrag lediglich die Kosten der Wasserversorgung vom Mieter zu tragen sind, so sind Abwassergebühren bereits mit der Miete abgegolten und können nicht als separate Betriebskosten umgelegt werden.

In welcher Weise die Kosten der Wasserversorgung zu verteilen sind, wird in der II. Berechnungsverordnung nicht geregelt. In Betracht kommt die Umlegung nach der Personenzahl oder der Wohnfläche. Manche Gerichte betrachten die Umlegung nach der Anzahl der Personen als sachgerechter. Jedoch wird es auch hier wieder auf die Umstände des konkreten Einzelfalls ankommen.

So ist beispielsweise denkbar, dass ein einzelner Erdgeschossmieter den Rasen des mitgemieteten Gartens sprengt und dadurch mehr Wasser verbraucht als ein Dreipersonenhaushalt.

Die sonstigen Betriebskosten

Betriebskosten muss Ihr Mieter nur dann zusätzlich zur Miete zahlen, wenn dies im Mietvertrag so vereinbart wurde. Dazu genügt eine Klausel, wonach Ihr Mieter verpflichtet ist, die »Betriebskosten gemäß Anlage 3 zu § 27 II. Berechnungsverordnung« zu tragen.

Einen besonderen Streitpunkt bilden erfahrungsgemäß die »sonstigen Kosten«. Je nach Ausstattung des Mietshauses kann unter dieser Kostenposition ein beachtlicher Betrag anfallen. In der Praxis kommt es immer wieder vor, dass Vermieter hier sämtliche Ausgaben für das Mietshaus erfassen, die sie unter keiner anderen Betriebskostenart einordnen können. Das ist so nicht zulässig.

Grundsätzlich gilt: Bei den hier erfassten Ausgaben muss es sich zunächst um Betriebskosten handeln. Außerdem müssen diese dem Grundsatz der Wirtschaftlichkeit Rechnung tragen.

Hinzu kommt: Bereits im Mietvertrag muss geregelt sein, welche Ausgaben-Positionen unter »sonstige Betriebskosten« umgelegt werden sollen. Allein der allgemeine Hinweis auf sonstige Betriebskosten reicht nicht aus. Als sonstige Betriebskosten kommen insbesondere die Betriebs-, Wartungs- und/oder Reinigungsarbeiten für folgende Anlagen und Einrichtungen in Betracht:

- Alarmanlagen
- Blitzschutzanlagen
- Brandmelder
- Dachrinnen
- Feuerlöscher
- Gegensprechanlage
- Rauchmelder
- Rückstausicherungen
- Sauna
- Schwimmbad
- Türöffnungsanlagen

So umgehen Sie die Fallstricke der Abrechnung

Als Vermieter sind Sie verpflichtet, über die geleisteten Vorauszahlungen und tatsächlich angefallenen Betriebskosten jährlich schriftlich abzurechnen. Das ist unverzichtbar: Bei der Abrechnung muss es sich um eine geordnete Zusammenstellung der Einnahmen und Ausgaben handeln. Außerdem muss sie rechnerisch und gedanklich nachvollziehbar sein. Sie muss auch von einem juristisch und betriebswirtschaftlich nicht geschulten Laien nachgeprüft werden können.

Die Gerichte muten aber dem Mieter hierbei einen gewissen Zeit- und Rechenaufwand zu. Das Landgericht Köln verlangt von Mietern, dass sie sich gegebenenfalls einen Taschenrechner zur Überprüfung der Abrechnung anschaffen.

Um diesen Anforderungen gerecht zu werden, müssen sowohl die zugrunde gelegten Einzelposten als auch die Gesamtabrechnung übersichtlich und aus sich heraus verständlich sein. Werden im Mietvertrag keine detaillierteren Regelungen getroffen, so hat eine Abrechnung zumindest die folgenden Angaben zu enthalten:

- Zusammenstellung der gesamten Betriebskosten im Abrechnungszeitraum,
- Angabe und Erläuterung des jeweils zugrunde liegenden Verteilerschlüssels für die jeweilige Kostenart,

- Berechnung des Betriebskostenanteils des jeweiligen Mieters,
- Abzug der bereits geleisteten Vorauszahlungen und
- Berechnung des Nachforderungs- oder des Erstattungsbetrags.

Der häufigste Verstoß gegen eine nachvollziehbare Abrechnung besteht darin, dass verschiedene Kostengruppen unter einem Betrag zusammengefasst werden. Hier ist es dem Mieter mangels einer Einzelerläuterung nicht möglich, die auf die einzelnen Kostengruppen entfallenden Beträge festzustellen. Derartige Mängel kann er rügen und eine überarbeitete Abrechnung verlangen.

Übrigens: Steht im Haus eine Wohnung leer, weil sie beispielsweise nicht vermietet werden kann, gehören die Betriebskosten dieser Wohnung nicht zu den auf die übrigen Mieter umlegbaren Betriebskosten; die Kosten einer leer stehenden Wohnung müssen allein Sie als Vermieter tragen.

Achten Sie bei der Abrechnung über die Betriebskosten insbesondere auf folgende Punkte, die sich immer wieder als besonders streitanfällig erweisen:

Der Abrechnungszeitpunkt

Sofern es sich nicht um preisgebundenen Wohnraum handelt, gibt es bislang keine gesetzliche Frist zur Vorlage der Betriebskostenabrechnung. Als Orientierungshilfe galt jedoch bisher schon die gesetzlich vorgeschriebene Abrechnungsfrist bei preisgebundenem Wohnraum. Diese beträgt zwölf Monate.

Ab 1. September 2001 ist die Abrechnungsfrist gesetzlich geregelt: Die Betriebskostenabrechnung muss dann spätestens zwölf Monate nach dem Ende der Abrechnungsperiode vorliegen. Dabei ist der Grundsatz der Wirtschaftlichkeit zu beachten. Rechnen Sie nicht fristgerecht ab, kann Ihr Mieter auf Rechnungslegung klagen.

Wie sich die neue Ausschlussfrist auswirkt

Neu ist auch die Ausschlussfrist bei der Betriebskostenabrechnung. Rechnen Sie verspätet ab und ergibt die Betriebskostenabrechnung einen Saldo zulasten des Mieters, muss er die Nachzahlung nur dann leisten, wenn Sie die Verspätung nicht zu vertreten haben. Das ist beispielsweise der Fall, wenn Versorgungsunternehmen ihrerseits ihre Abrechnungen so spät schicken, dass Sie Ihre Abrechnungsfrist gegenüber dem Mieter nicht mehr einhalten können.

➡ **Praxis-Tipp:** Erstellen Sie die Betriebskostenabrechnung möglichst bald nach Ablauf der Abrechnungsperiode. Voraussetzung ist natürlich, dass Ihnen sämtliche Abrechnungsunterlagen auch tatsächlich schon zur Verfügung stehen. Das ist insbesondere dann nicht immer der Fall, wenn Eigentumswohnungen vermietet werden. Hier sind Sie darauf angewiesen, dass der Verwalter seinerseits abrechnet beziehungsweise Ihnen die Unterlagen zur Verfügung stellt.

! **Achtung:** Die Ausschlussfrist gilt nicht für Rückzahlungsansprüche des Mieters gegen den Vermieter wegen überzahlter Betriebskosten. Betrachten Sie eine geordnete und übersichtliche Zusammenstellung der Einnahmen und Ausgaben jedenfalls nicht als »lästige Pflicht«. Ganz im Gegenteil: Immer mehr Vermieter entdecken die Betriebskostenabrechnung als Instrument der Mieterbindung, indem sie das Zahlenwerk zügig und transparent erstellen.

Der Abrechnungszeitraum

Jede Betriebskostenabrechnung muss den Abrechnungszeitraum nennen. Schreiben Sie also beispielsweise *»Betriebskostenabrechnung für den Zeitraum 1. Januar bis 31. Dezember 2001«*. Achten Sie dabei unbedingt darauf, dass der Abrechnungszeitraum stets zwölf Monate umfasst. Nur Kosten, die in der jeweiligen Abrechnungsperiode angefallen sind, dürfen auch abgerechnet werden.

Vom Abrechnungszeitraum ist der berechnete Zeitraum zu unterscheiden. In der Regel ist der berechnete Zeitraum mit dem Abrechnungszeitraum identisch. Lediglich dann, wenn es während der Abrechnungsperiode zu einem Mieterwechsel gekommen ist, spielt der berechnete Zeitraum eine Rolle.

Beispiel: Sie rechnen die Betriebskosten für den Zeitraum 1. Januar bis 31. Dezember 2001 ab. Der Vormieter ist Ende Juli 2001 ausgezogen. Das Mietverhältnis mit dem Nachmieter hat am 1. September 2001 begonnen. Jeder Mieter hat die anteiligen Betriebskosten nur entsprechend seiner Wohndauer zu tragen, hier also für den Zeitraum 1. Januar bis 31. Juli 2001 beziehungsweise 1. September bis 31. Dezember 2001.

Der Verteilerschlüssel

Ist im Mietvertrag vereinbart, nach welchem Verteilerschlüssel die Betriebskosten umgelegt werden, so sind Sie als Vermieter daran gebunden. Ist vertraglich geregelt, dass Sie den Umlageschlüssel einseitig ändern dürfen, dann können Sie von dieser Befugnis nur für zukünftige Abrechnungszeiträume, nicht aber für den laufenden oder für einen beendeten Abrechnungszeitraum Gebrauch machen.

Fehlt eine vertragliche Vereinbarung über den Umlageschlüssel, so können Sie ihn nach billigem Ermessen bestimmen. In Betracht kommt eine Verteilung nach Wohnfläche in Quadratmetern, Personenzahl, Wohneinheiten, umbautem Raum und Verbrauch.

✗ **Das ist neu ab 1. September 2001:** Fehlt im Mietvertrag eine Regelung über den Umlagemaßstab für die Betriebskosten, so gilt künftig die Wohnfläche als Verteilungsschlüssel.

✗ Hinzu kommt: Betriebskosten, die verbrauchsabhängig sind, müssen Sie **ab 1. September 2001** auch verbrauchsabhängig abrechnen. Dieser Verteilungsschlüssel geht dem Umlagemaßstab nach Wohnfläche vor.

! **Achtung:** Ihr Mieter hat allerdings keinen Anspruch auf Einbau von Geräten zur Verbrauchserfassung wie beispielsweise (Kalt-) Wasseruhren. Haben Sie mit Ihrem Mieter bislang etwas anderes vereinbart, können Sie von ihm verlangen, dass die betreffenden Verteilungsschlüssel abgeändert und die verbrauchsabhängigen Betriebskosten künftig auch ausschließlich verbrauchsabhängig abgerechnet werden. Dass Sie den Umlagemaßstab entsprechend abändern wollen, müssen Sie Ihrem Mieter vor Beginn eines Abrechnungszeitraums mitteilen.

Die Gesamtkosten

Das darf in keiner Abrechnung fehlen: Die Auflistung der Gesamtkosten, die im jeweiligen Abrechnungszeitraum angefallen sind. Dazu ist es erforderlich, dass Sie die einzelnen Ausgaben-Positionen Punkt für Punkt aufführen.

! **Achtung:** Allgemeine Angaben genügen nicht. Achten Sie darauf, dass Sie die jeweilige Ausgabe-Position konkret bezeichnen.

Beispiel: Begnügen Sie sich nicht damit, die Gebühren für Müllabfuhr, Straßenreinigung usw. als »städtische Gebühren« zusammenzufassen. Gliedern Sie die städtischen Gebühren vielmehr im Einzelnen auf. Dabei ist es ausreichend, wenn Sie in der Abrechnung den Betrag berücksichtigen, den Sie für die jeweilige Ausgaben-Position insgesamt gezahlt haben. Das Datum der Rechnung beziehungsweise des Gebührenbescheids muss nicht zwingend mit angegeben werden.

Praxis-Tipp: Das ist ein echtes Stück Mieterbindung: Demonstrieren Sie Offenheit, indem Sie Ihrem Mieter anbieten, ihm kostenlos einen Satz Belegkopien zur Verfügung stellen. Oder legen Sie gleich alle notwendigen Belege in Kopie bei. Zu beidem sind Sie rechtlich nicht verpflichtet. Aber die Wirkung, die Sie damit erzielen, wird Sie verblüffen.

Die Nachzahlung/das Guthaben

Bei der Abrechnung müssen Sie die Vorauszahlungen, die Ihr Mieter während der Abrechnungsperiode geleistet hat, in Abzug bringen. Dabei kommt es in der Praxis hin und wieder zu einem schwer wiegenden Abrechnungsfehler. Dieser besteht darin, dass zunächst die Gesamtkosten des Mietshauses ermittelt und von diesem Betrag dann der Gesamtbetrag der Vorauszahlungen sämtlicher Mieter abgezogen wird. Der verbleibende Restbetrag wird entsprechend dem vertraglich vereinbarten Umlageschlüssel auf die einzelnen Mieter verteilt.

Ihr Mieter hat ein Einsichtsrecht

Ihr Mieter ist bisher schon berechtigt, Ihre Betriebskostenabrechnung zu prüfen und dazu auch Belege einzusehen.

X **Neu ist ab 1. September 2001:** Sofern er die Abrechnung beanstanden will, muss dies innerhalb von zwölf Monaten nach Zugang der Abrechnung geschehen. Nach Ablauf dieser Frist kann der Mieter seine Beanstandungen nicht mehr geltend machen, es sei denn, er hat die verspätete Geltendmachung nicht zu vertreten.

Immer wieder sind unerwartete oder hohe Nachforderungen der Grund für den Wunsch eines Mieters nach Einsicht in die Kostenbelege. Manch ein Vermieter nimmt das wörtlich und bietet dem Mieter an, vorbeizukommen und sich die Belege anzusehen. Die Mieter hingegen bestehen in der Regel fast immer auf der Zusendung von Kopien.

Gesetzlich ist der Fall nicht geregelt, und auch die Gerichte tun sich schwer. Sie machen es von den konkreten Umständen des Einzelfalls abhängig, ob der Mieter die Übersendung von Kopien der Abrechnungsunterlagen fordern kann oder Belegeinsicht beim Vermieter nehmen muss. Der Vermieter kann immer dann darauf bestehen, dass der Mieter bei ihm beziehungsweise bei seiner Verwaltung die Belege einsieht, wenn dem Mieter dies wegen seiner räumlichen Entfernung nicht unzumutbar ist.

Zumindest in einem Punkt besteht aber Klarheit: Ihr Mieter kann nicht verlangen, dass Sie ihm die Originalbelege zuschicken. Und auch daran besteht kein Zweifel: Es steht dem Mieter nicht frei, anstelle der Einsicht in die Belege deren Fotokopien insgesamt zu verlangen.

Ehe ein Mieter pauschal Fotokopien für alle Belege fordert, ist es ihm zuzumuten, zunächst Einsicht in die Belege zu nehmen, um festzustellen, welche weiteren Informationen er zur Überprüfung der Abrechnung benötigt. Dies wird in der Regel an Ort und Stelle am besten zu klären sein. Das hat das Landgericht Hamburg erst kürzlich festgestellt. Der Sitz des Vermieters beziehungsweise seiner Verwaltung ist Erfüllungsort für die Belegeinsicht.

Anders kann es sich nur verhalten, wenn Mietobjekt und Sitz beziehungsweise Verwaltungssitz des Vermieters so weit voneinander entfernt sind, dass es dem Mieter nicht zuzumuten ist, den Vermieter aufzusuchen. Befinden sich sowohl die Wohnung als auch der Wohnsitz des Vermieters beziehungsweise der Geschäftssitz der Verwaltung im Einzugsbereich einer Großstadt, so wird es dem Mieter zuzumuten sein, die Belege einzusehen.

Eine ganz andere Frage ist, ob es auch wirtschaftlich sinnvoll ist, den Kopienversand zu verweigern. Nichts ist für Sie ärgerlicher, als wenn Ihre Mieter wegen Nichtübersendung der Belegkopien mit der angeblich falschen Nebenkostenabrechnung zum nächsten Mieterverein oder Rechtsanwalt gehen. Selbst wenn Sie völlig im Recht sind: Der Zeit- und Verwaltungsaufwand für den dann unweigerlich folgenden Schriftverkehr ist ungleich größer als jener für die Anfertigung der Kopien.

➡ **Praxis-Tipp:** Die Kopien können Sie Ihrem Mieter übrigens in Rechnung stellen. Pro Kopie können Sie 1 DM verlangen.

Was zu den Heiz- und Warmwasserkosten gehört

Die nachfolgend genannten Ausgaben-Positionen sind in dem Betriebskostenkatalog, der in § 27 der II. Berechnungsverordnung erwähnt wird, ebenfalls ausdrücklich erwähnt und deshalb umlagefähig. Zu den umlagefähigen Heiz- und Warmwasserkosten gehören:

- die Kosten des Betriebs der zentralen Heizungsanlage einschließlich der Abgasanlage,
- die Kosten des Betriebs der zentralen Brennstoffversorgungsanlage,
- die Kosten der eigenständig gewerblichen Lieferung von Wärme,
- die Kosten der Reinigung und Wartung von Etagenheizungen,
- die Kosten des Betriebs der zentralen Warmwasserversorgungsanlage,
- die Kosten der eigenständig gewerblichen Lieferung von Warmwasser,
- die Kosten der Reinigung und Wartung von Warmwassergeräten und
- die Kosten verbundener Heizungs- und Warmwasserversorgungsanlagen.

Wie die Heiz- und Warmwasserkosten verteilt werden

Die Heizkostenverordnung schreibt einen verbrauchsabhängigen und einen verbrauchsunabhängigen Kostenanteil vor. Von den Heizkosten müssen mindestens 50 Prozent, höchstens 70 Prozent der Gesamtkosten nach dem erfassten Wärmeverbrauch auf die einzelnen Mieter verteilt werden. Der restliche Teil, also 30 bis 50 Prozent, wird nach einem festen Maßstab umgelegt. Das ist im Allgemeinen die Wohnfläche, kann aber auch der umbaute Raum sein.

Für Warmwasserkosten gilt Gleiches: Erfolgt die Versorgung unabhängig von der Heizungsanlage, sind von den Kosten mindestens 50 Prozent, höchstens 70 Prozent der Gesamtkosten nach dem erfassten Warmwasserverbrauch zu verteilen. Der restliche Teil ist nach der Wohnfläche umzulegen.

In den Fällen, in denen die Warmwasserversorgungsanlage mit der Heizungsanlage verbunden ist, werden die Kosten nach komplizierten Formeln aufgeteilt, die hier aus Platzgründen nicht näher erläutert werden können. Kann die auf die Warmwasserversorgungsanlage entfallende Wärmemenge nicht gemessen oder errechnet werden, hat dies zur Folge, dass pauschal 18 Prozent des gesamten Brennstoffverbrauchs für die Versorgung mit warmem Wasser angesetzt werden.

Wie Sie in besonderen Situationen vorgehen können

Die Heizkostenverordnung trifft auch für den Fall eine Regelung, dass der anteilige Wärme- und Warmwasserverbrauch wegen Geräteausfall oder aus anderen zwingenden Gründen nicht ordnungsgemäß erfasst werden kann. Dann ist es zulässig, den Verbrauch auf der Grundlage von Einzelkriterien zu ermitteln. Dabei kommen die beiden folgenden Verfahren in Betracht:

Sie orientieren sich am Verbrauch der betreffenden Räume in vergleichbaren früheren Abrechnungsperioden. Sind in der Wohnung Ihres Mieters beispielsweise die Erfassungsgeräte im Wohnzimmer defekt, können Sie die in der davor liegenden Abrechnungsperiode abgelesenen Werte zugrunde legen.

! Achtung: Die früheren Werte dürfen nur herangezogen werden, wenn die Witterungsverhältnisse der jeweiligen Abrechnungszeiträume ähnlich sind. Alternativ können Sie der Abrechnung auch den Verbrauch vergleichbarer anderer Räume im jeweiligen Abrechnungszeitraum zugrunde legen. Dies bietet sich an, wenn in einem Mehrfamilienhaus der Zuschnitt der Wohnungen und die Größe der Räume identisch sind.

Beispiel: Bei Ihrem Mieter ist das Erfassungsgerät im Badezimmer ausgefallen. Dann können Sie den Verbrauch zugrunde legen, der bei einem anderen Mieter im Haus im dortigen Badezimmer ermittelt wurde.

! Achtung: Auf die vorgenannten Ersatzkriterien kann nur abgestellt werden, solange nicht mehr als 25 Prozent der Wohnfläche des gesamten Hauses davon betroffen sind. Ist der Anteil größer, so kann eine verbrauchsabhängige Abrechnung nicht mehr erfolgen. In diesen Fällen ist dann das gesamte Haus nach einem festen Maßstab abzurechnen.

Beispiel: Von 1000 Quadratmetern Wohnfläche können nur 725 Quadratmeter verbrauchsabhängig abgerechnet werden. In diesem Fall ist der Wärmeverbrauch für das gesamte Haus nach dem Maßstab umzulegen, der für den verbrauchsunabhängigen Teil der Heizkosten gilt, also beispielsweise nach Quadratmetern Wohnfläche.

! Achtung: Auch für Abrechnung über die Heiz- und Warmwasserkosten gilt: Ihr Mieter hat ein Einsichtsrecht. Also gelten die gleichen Grundsätze wie bei der Abrechnung der allgemeinen Betriebskosten.

7. Wie Sie die Miete marktgerecht und rechtssicher erhöhen

Die letzten Jahre waren für Vermieter nicht leicht. Stagnierende beziehungsweise rückläufige Mieten haben an der Rendite gezerrt. An Mieterhöhungen war meist nicht zu denken. Manch ein Vermieter war schon froh, wenn er keinen Leerstand zu beklagen hatte. Jetzt – endlich – zeichnet sich das Ende der »Durststrecke« ab. Der Preisrückgang ist bereits gestoppt.

Fest steht: Wohnungen sind wieder leichter zu vermieten, als dies noch vor einem Jahr der Fall war. Die Trendwende betrifft vor allem die städtischen Bereiche der großen Ballungsräume.

Die erfreuliche Entwicklung bei der Neuvermietung ermutigt immer mehr Vermieter, »nach Jahren der Entbehrung« die Bestandsmieten auf die ortsübliche Vergleichsmiete anzuheben. Ganz klar: Die Rendite zu sichern und möglichst noch zu steigern, das ist Ihr legitimes Interesse. Und der einfachste Weg, dies zu erreichen, ist nun einmal die Mieterhöhung.

Bei einer Mieterhöhung in einem bestehenden Mietverhältnis sind Sie nach wie vor auf das gesetzliche Mieterhöhungsverfahren angewiesen.

! **Ausnahme:** Ihnen gelingt eine einvernehmliche Mieterhöhung mit Ihrem Mieter.

Die Formalien, die Sie beim Mieterhöhungsverfahren einhalten müssen, dürfen Sie allerdings nicht davon abhalten, von Ihrem Mieter eine höhere Miete zu verlangen. Wie Sie den Fallstricken dieses förmlichen Verfahrens entgehen, lesen Sie auf den nächsten Seiten.

So nützen Sie Ihren Gestaltungsspielraum

Grundsätzlich gilt: Bei der Mietpreisgestaltung sind Sie nicht völlig frei. Ganz im Gegenteil: Drei wichtige Grenzen müssen Sie in jedem Fall beachten, und zwar den Mietwucher, die Mietpreisüberhöhung und die Kappungsgrenze.

Ein Vermieter macht sich wegen Mietwuchers strafbar, wenn er beispielsweise unter Ausnutzung einer Zwangslage des Mieters (Notlage bei der Raumbeschaffung) eine Miete nimmt, die mehr als 50 Prozent über der ortsüblichen Vergleichsmiete liegt.

Ferner handelt ein Wohnungsvermieter ordnungswidrig und muss mit einer Geldbuße rechnen, wenn die Miete die ortsübliche Vergleichsmiete um mehr als 20 Prozent übersteigt und dies in Ausnutzung eines geringen Wohnungsangebots erfolgt.

! **Ausnahme:** Es handelt sich um die kostendeckende Miete für Wohnungen, die nach dem 1. Januar 1991 fertig gestellt wurden oder für die das Entgelt vor dem 1. September 1993 über der Grenze von 20 Prozent liegen durfte.

X **Das ist neu ab 1. September 2001:** Diese zeitliche Einschränkung wird ersatzlos gestrichen. Im Fall einer Mietpreisüberhöhung brauchen Sie bei Vorliegen der übrigen Voraussetzungen den überhöhten Teil der Miete generell nicht an Ihren Mieter zurückzuzahlen, wenn Ihre laufenden Aufwendungen die vereinbarte Miete rechtfertigen.

Schließlich gilt noch die Kappungsgrenze. Damit hat es Folgendes auf sich: **Ab 1. September 2001** darf die Miete innerhalb von drei Jahren nicht um mehr als 20 Prozent (bisher: 30 Prozent) steigen, selbst wenn im Einzelfall die ortsübliche Vergleichsmiete eine höhere Miete zuließe. Als ortsübliche Vergleichsmiete wird das bezeichnet, was in der Stadt/Gemeinde, in der die Wohnung liegt und in vergleichbaren Städten/Gemeinden für nicht preisgebundenen Wohnraum vergleichbarer Art, Größe, Ausstattung, Beschaffenheit und Lage gezahlt wird. Dabei werden nur die Mieten berücksichtigt, die in den letzten vier Jahren neu vereinbart oder geändert wurden.

Warum weniger manchmal mehr ist

Nun geht es bei der Vermietung von Wohnungen zu wie im richtigen Leben. Ein Erfahrungssatz, den das Leben schreibt, lautet: »Manchmal ist weniger mehr.« Dass dies auch für die Vermietung von Wohnungen gilt, sollte unbedingt am Anfang jeder Überlegung zu einer Mieterhöhung stehen.

Beispiel: Die Nettokaltmiete für die Wohnung beträgt 4,60 Euro pro Quadratmeter. Die ortsübliche Vergleichsmiete liegt bei 5,70 Euro pro Quadratmeter.

Wenn die übrigen Voraussetzungen vorliegen – lesen Sie dazu insbesondere die Hinweise zur Kappungsgrenze ab Seite 121 –, sind Sie berechtigt, die Miete auf 5,50 Euro pro Quadratmeter zu erhöhen. Eine andere Frage ist, ob es auch wirtschaftlich sinnvoll ist, die höchstmögliche Miete auszureizen. Ein regelmäßig zahlender Dauermieter ist allemal mehr wert als eine Miete am oberen Limit, die anfangs noch in voller Höhe gezahlt, dann aber vielleicht unter dem Vorwand angeblicher Wohnungsmängel gekürzt wird.

➡ **Praxis-Tipp:** Der Mietpreis ist der richtige, der sich im ortsüblichen Rahmen bewegt – und vor allem vom Mieter auch voll und ganz akzeptiert wird. Dann nehmen Sie zwar möglicherweise weniger Miete ein als ursprünglich kalkuliert und vor allem auch rechtlich möglich. Die Selbstbeschränkung führt hier aber dazu, dass Sie nicht nur eine marktgerechte, sondern vor allem auch eine nachhaltig erzielbare Miete verlangen.

Wie Sie die ortsübliche Vergleichsmiete ermitteln

Nach bisherigem Recht gibt es drei Möglichkeiten, die ortsübliche Vergleichsmiete zu ermitteln:

- Es wird der Mietspiegel herangezogen, der für die Stadt/Gemeinde erstellt wurde, in der sich die Wohnung befindet.
- Sie beauftragen einen öffentlich bestellten und vereidigten Sachverständigen mit der Erstellung eines Mietwertgutachtens.

- Als Vergleichsbasis dienen (mindestens drei) Vergleichswohnungen, die durchaus auch aus Ihrem eigenen Wohnungsbestand stammen dürfen.

Das ist neu ab 1. September 2001: Als zusätzliche Begründungsmittel werden der qualifizierte Mietspiegel und die Mietdatenbank eingeführt. Einzelheiten dazu lesen Sie ab Seite 115.

Worauf es bei einem Mietspiegel ankommt

Bei einem Mietspiegel handelt es sich um eine Übersicht über die üblichen Mietpreise in der Stadt/Gemeinde, in der die Wohnung liegt, oder in einer vergleichbaren Kommune. Anerkannt werden nur solche Mietspiegel, die von der Stadt-/Gemeindeverwaltung oder gemeinsam von den Interessenverbänden der Vermieter und Mieter aufgestellt oder anerkannt worden sind.

Der Mietspiegel in der bisherigen Form bleibt als so genannter einfacher Mietspiegel erhalten. **Ab 1. September 2001** ist er dem neuen so genannten qualifizierten Mietspiegel nachrangig.

Praxis-Tipp: Informieren Sie sich im konkreten Einzelfall bei Ihrer Gemeindeverwaltung, ob bereits ein Mietspiegel existiert. Dort wie auch bei den örtlichen Haus- und Wohnungseigentümervereinen erhalten Sie ein Exemplar des Mietspiegels.

Vorsicht: Die Mietspiegel sind nicht immer aktuell. Achten Sie daher auf das angegebene Erhebungsdatum. Handelt es sich bereits um einen veralteten Mietspiegel, dürfen Sie sich auch nur auf die veralteten Werte berufen. Es ist nicht zulässig, dass Sie mit einem pauschalen Zuschlag kalkulieren. Dies gilt auch dann, wenn sich die Höhe des Zuschlags an einem Mietindex orientiert.

Wenn es keinen Mietspiegel gibt, ist es unter Umständen zulässig, wenn Sie den Mietspiegel einer Nachbargemeinde heranziehen. Voraussetzung ist in diesen Fällen allerdings, dass diese Nachbargemeinde wirklich vergleichbar ist. Maßgebende Kriterien sind Einwohnerzahl, Infrastruktur, Versorgung im Schul- und Bildungsbereich, Lärmbelästigungen, verkehrsmäßige Erschließung und Anbindung.

In den meisten Mietspiegeln wird der ortsübliche Mietpreis nicht nur durch die Angabe eines Durchschnittswerts, sondern in Form von Mietpreisspannen wiedergegeben. In der Praxis wird davon ausgegangen, dass für eine Wohnung in durchschnittlicher Ausstattung und Lage eine Miete gezahlt wird, die dem Mittelwert der Preisspanne entspricht.

Wenn Sie ein Mietwertgutachten in Auftrag geben

Eine weitere Möglichkeit, die ortsübliche Vergleichsmiete zu ermitteln, besteht darin, dass der Vermieter ein Sachverständigengutachten in Auftrag gibt. Es muss sich um das Gutachten eines öffentlich bestellten oder vereidigten Sachverständigen handeln. Dabei reicht es allerdings aus, wenn der Sachverständige nicht speziell für das Gebiet der Mietpreisbewertung bestellt worden ist, sondern für ein verwandtes Gebiet, wie beispielsweise Grundstücks- und Gebäudebewertung.

! **Achtung:** Ihr Mieter ist verpflichtet, die Besichtigung der Wohnungen durch den Sachverständigen zu dulden. Es ist selbstverständlich und im Übrigen auch ein Gebot der Höflichkeit, dass Sie beziehungsweise der Sachverständige den Besichtigungstermin rechtzeitig mit dem Mieter abstimmen. Auf persönliche Verhinderungen des Mieters, wie beispielsweise durch Urlaub, muss Rücksicht genommen werden.

Andererseits muss der Sachverständige die Wohnung nicht unbedingt in jedem Fall besichtigen. Es genügt, wenn sich der Sachverständige von der Wohnung eine hinreichend zutreffende Vorstellung machen kann. Bei einer Wohnanlage genügt es deshalb, dass er gegebenenfalls auch eine Wohnung gleichen Typs besichtigt.

! **Wichtig:** Die Höhe der ortsüblichen Miete muss sich aus dem Gutachten selbst ergeben. Außerdem ist erforderlich, dass das Gutachten die Gründe für den ermittelten Mietpreis nennt und sich an der ortsüblichen Miete orientiert.

Die Kosten für den Sachverständigen müssen Sie als Vermieter aus eigener Tasche bezahlen. Das gilt auch dann, wenn es sich um ein Gutachten handelt, das im Rahmen eines Rechtsstreits verwertet wird. Der Grund: Nach Auffassung der Gerichte handelt es sich bei den Kosten für den vom Vermieter beauftragten Sachverständigen nicht um notwendige Kosten der Rechtsverfolgung. Und nur die sind erstattungsfähig.

➡ **Praxis-Tipp:** Die Kosten für den Sachverständigen können Sie bei Ihren Einkünften aus Vermietung und Verpachtung in voller Höhe als steuermindernde Werbungskosten berücksichtigen. Fügen Sie Ihrer Steuererklärung deshalb eine Kopie der Rechnung bei.

Wenn Sie auf Vergleichswohnungen verweisen

Eine weitere Möglichkeit, die ortsübliche Vergleichsmiete nachzuweisen, besteht für Sie darin, dass Sie auf Vergleichswohnungen Bezug nehmen. Die Vergleichswohnungen müssen so genau bezeichnet sein, dass Ihr Mieter sie auffinden kann. Erforderlich, aber auch ausreichend ist, dass Sie Ihrem Mieter folgende Informationen liefern: Adresse, Geschoss und Quadratmeterpreis. Angaben zum Eigentümer, zum Vermieter oder Mieter der Vergleichswohnungen sind nicht erforderlich.

! **Wichtig:** Sie müssen mindestens drei Vergleichswohnungen benennen. Nach oben hin ist die Zahl jedoch nicht begrenzt. Insbesondere sind Sie auch nicht gehindert, eine Liste mit einer Vielzahl von Vergleichswohnungen vorzulegen, die Ihnen beispielsweise der Verwalter der Wohnungsanlage zur Verfügung stellt.

! **Achtung:** Sie dürfen sich auch auf Vergleichswohnungen beziehen, die aus Ihrem eigenen Wohnungsbestand stammen. Das können auch Wohnungen sein, die im selben Haus liegen, in dem sich die Wohnung befindet, für die Sie die Miete erhöhen wollen.

Ferner ist zu berücksichtigen, dass die zum Vergleich herangezogenen Wohnungen mit der betreffenden Mietwohnung nicht völlig übereinstimmen müssen. Es genügt ungefähre Vergleichbarkeit. Die Vergleichswohnungen dürfen auch kleiner oder größer sein als die Wohnung, für die Miete erhöht werden soll.

! **Achtung:** Entscheidend ist der Quadratmeterpreis. Wohnungen, die mehr als 30 Prozent kleiner sind, kommen in der Regel allerdings nicht mehr als Vergleichsobjekt in Betracht.

! **Wichtig:** Maßgeblich für die ortsübliche Vergleichsmiete ist nicht etwa der Mietpreis, der dem Durchschnittswert der Vergleichsmieten entspricht, sondern die Miete, die für die günstigste der drei von Ihnen benannten Wohnungen gezahlt wird.

Beispiel: Die Mieten der von Ihnen benannten Vergleichswohnungen betragen 5,45, 5,55 und 5,60 Euro pro Quadratmeter. Dann ist von einer ortsüblichen Vergleichsmiete in Höhe von 5,45 Euro pro Quadratmeter auszugehen.

Was ein qualifizierter Mietspiegel ist

Für den qualifizierten Mietspiegel, der ab **1. September 2001** eingeführt wird, gelten höhere Anforderungen als für den bisher bekannten (einfachen) Mietspiegel; er muss nach wissenschaftlichen Grundsätzen erstellt und von der Gemeinde und den Interessenvertretern der Mieter und Vermieter anerkannt sein. Er geht jedem anderen Begründungsmittel für eine Mieterhöhung auf die ortsübliche Vergleichsmiete vor.

Der qualifizierte Mietspiegel ist im Abstand von zwei Jahren der Marktentwicklung anzupassen. Dabei kann eine Stichprobe oder die Entwicklung des Preisindex für die Lebenshaltung aller privaten Haushalte in Deutschland zugrunde gelegt werden. Nach vier Jahren ist der qualifizierte Mietspiegel neu zu erstellen.

Der qualifizierte Mietspiegel ist sichtbares Zeichen dafür, dass die Erstellung von Mietspiegeln vom Gesetzgeber gefördert werden soll. Mietspiegel gelten als das beste und verlässlichste Instrument, um die ortsübliche Vergleichsmiete festzustellen. Da qualifizierte Mietspiegel in besonderer Weise Gewähr dafür bieten, dass ihre Werte richtig sind, kommt ihnen im Mieterhöhungsprozess eine Vermutungswirkung zu.

Das bedeutet: Es wird vermutet, dass die im qualifizierten Mietspiegel enthaltenen Werte die ortsübliche Vergleichsmiete wiedergeben. Es handelt sich um eine widerlegliche Vermutung. Sowohl Ihnen als Vermieter als auch Ihrem Mieter bleibt es möglich, das Gegenteil zu beweisen.

! **Achtung:** Der qualifizierte Mietspiegel hat nur dann seine hervorgehobene Bedeutung, wenn er auch tatsächlich in den vorgeschriebenen Zeitabständen aktualisiert wurde. Ist dies nicht der Fall, steht er dem herkömmlichen (einfachen) Mietspiegel gleich.

Was mit einer Mietdatenbank gemeint ist

Eine Mietdatenbank, die **ab 1. September 2001** ebenfalls als neues Begründungsmittel für eine Mieterhöhung auf die ortsübliche Vergleichsmiete eingeführt wird, ist eine fortlaufend geführte Sammlung. Ihre Funktion besteht darin, Angaben zu Mietvereinbarungen und Mietänderungen bereitzustellen, aus denen Erkenntnisse über ortsübliche Vergleichsmieten gewonnen werden. Die Erkenntnisse sollen fortlaufend gesammelt, strukturiert aufgearbeitet und ausgewertet werden.

Mit der Einführung der Mietdatenbank als Begründungsmittel wird der Entwicklung der Informationstechnik Rechnung getragen. Sie ermöglicht es, große Mengen an Daten zu speichern, zu verarbeiten und aufzubereiten. Der wesentliche Unterschied gegenüber einem Mietspiegel liegt in der fortlaufenden Erfassung von Daten. Damit ermöglicht eine Datenbank eine hohe Aktualität. Ob und wie sich Mietdatenbanken in der Praxis bewähren, bleibt abzuwarten.

Wie Sie die Vergleichskriterien bewerten

Speziell dann, wenn zur Ermittlung der ortsüblichen Vergleichsmiete ein Mietspiegel oder Vergleichswohnungen herangezogen werden, ist es für Sie von größter Bedeutung, die Vergleichskriterien richtig zu bewerten. Unterscheiden Sie die Vergleichskriterien – Art, Größe, Ausstattung, Beschaffenheit der Wohnungen – im Einzelnen wie folgt:

Art der Wohnung

Bei der »Art« der Wohnung geht es zunächst darum, ob es sich beispielsweise um einen Alt- oder Neubau beziehungsweise ein Ein- oder Mehrfamilienhaus handelt. Auch kann danach unterschieden werden, ob es beispielsweise um ein Appartement oder eine Einliegerwohnung geht.

Oftmals sind im Mietspiegel nur Mehrfamilienhäuser mit drei oder mehr Wohnungen berücksichtigt. Dann können Sie von Folgendem ausgehen: Wohnhäuser mit geringerer Wohnungszahl haben in der Regel höhere Mietpreise, ebenso Wohnungen in oberen Geschossen von Hochhäusern. Niedrigere Werte können sich beispielsweise bei Wohnungen im Dachgeschoss ergeben, sofern es sich nicht um neu errichtete Wohnungen handelt. Das Gleiche gilt für Wohnungen im Souterrain.

Das Alter des Mietshauses ist nur von Bedeutung, wenn dadurch der Wohnwert beeinflusst wird. So kann beispielsweise ein modernisierter Altbau einen höheren Wohnwert haben als eine Neubauwohnung.

Größe der Wohnung

Ein weiteres Vergleichskriterium, das in letzter Zeit in Mietprozessen über Mieterhöhungen stark an Bedeutung gewonnen hat, ist die Wohnungsgröße. Der Grund: Es kommt häufiger vor, als allgemein angenommen, dass die tatsächliche Wohnungsgröße von den Angaben im Mietvertrag abweicht. In nahezu allen Fällen sind es die Mieter, die Flächenabweichungen feststellen.

Ein typischer Fall aus der Praxis: Der Mieter erhält eine Mieterhöhung, die er zum Anlass nimmt, die einzelnen Räume der Wohnung genau auszumessen, um so zu überprüfen, ob die im Mieterhöhungsschreiben angegebene Wohnungsgröße zutreffend ist.

! **Achtung:** Stellt sich heraus, dass die Wohnung kleiner ist als im Mietvertrag angegeben, führt dies nicht etwa dazu, dass der Mietvertrag unwirksam ist. Ebenso wenig ist Ihr Mieter berechtigt, das Mietverhältnis deshalb ordnungsgemäß oder sogar fristlos zu kündigen.

Die häufigsten Meinungsverschiedenheiten betreffen Fälle, in denen die Wohnung kleiner ist als im Mietvertrag angegeben. Daraufhin will der Mieter weniger Miete zahlen und eine Mieterhöhung erst recht nicht anerkennen.

Die Größe der Wohnung berechnet sich nach der Quadratmeterzahl der zum eigentlichen Wohnraum gehörenden Räume. Nebenräume wie Keller, Boden, Waschküche oder Garage zählen nicht dazu. Im Übrigen kommt es auf die Umstände des Einzelfalls an.

So sind beispielsweise Balkone je nach ihrem Wohnwert entweder überhaupt nicht (Lage zu einer verkehrsreichen Straße, hohe Lärm- und Abgaswerte) oder bis zu einem Viertel (in guten Lagen) anzurechnen. Lediglich in Ausnahmefällen, wie bei einer luxuriösen Dachterrasse, wird die Fläche bis zur Hälfte berücksichtigt.

Streit gibt es immer wieder auch, wenn es darum geht, die maßgebliche Wohnfläche einer Dachgeschosswohnung zu ermitteln. Die Dachschrägen führen hier dazu, dass die anrechenbare Wohnfläche kleiner ist als die Grundfläche.

So rechnen Sie: Die Grundflächen von Räumen und Raumteilen

- mit einer lichten Höhe von mindestens 2 m werden voll berücksichtigt,
- mit einer lichten Höhe von mindestens 1 m und weniger als 2 m werden zur Hälfte angerechnet,
- mit einer lichten Höhe von weniger als 1 m werden überhaupt nicht berücksichtigt.

Allein die tatsächliche Wohnungsgröße zählt

Entscheidend ist immer die tatsächliche Wohnungsgröße. Stellt sich heraus, dass die Wohnung kleiner ist als im Mietvertrag bezeichnet, kann Ihr Mieter verlangen, dass sich die Mieterhöhung an den tatsächlichen Verhältnissen orientiert.

Beispiel: Die Wohnungsgröße ist im Mietvertrag mit »ca. 84 Quadratmeter« angegeben. Die Nettokaltmiete beträgt 546 Euro. Ihr Mieter misst genau nach und stellt fest, dass die Wohnung tatsächlich nur 78 Quadratmeter groß ist. Dann kann er verlangen, dass Sie bei einem Mieterhöhungsverlangen die tatsächliche Wohnungsgröße zugrunde legen, also von einer bisherigen Miete in Höhe von 7,00 Euro pro Quadratmeter (546 Euro geteilt durch 78) und nicht etwa von einer Miete in Höhe von 6,50 Euro pro Quadratmeter (546 Euro geteilt durch 84) ausgehen. Das führt im Ergebnis dazu, dass die Mieterhöhung nicht mehr so hoch ausfallen kann, wie dies ursprünglich der Fall gewesen wäre.

Beispiel: Angenommen, die ortsübliche Vergleichsmiete beträgt im Beispielfall 7,80 Euro pro Quadratmeter. Dann können Sie, sofern die übrigen Voraussetzungen vorliegen, die Miete um maximal 0,80 Euro pro Quadratmeter und nicht etwa um 1,30 Euro pro Quadratmeter anheben.

! **Wichtig:** Ist die Wohnung dagegen größer als im Mietvertrag angegeben, so können Sie von Ihrem Mieter nicht verlangen, dass er Miete nachzahlt. Für die zurückliegenden Jahre haben Sie grundsätzlich keinen Nachzahlungsanspruch. Bei künftigen Mieterhöhungen können Sie jedoch die tatsächliche Wohnungsgröße zugrunde legen. Dies gilt auch dann, wenn die falsche Wohnungsgröße über einen längeren Zeitraum Grundlage Ihrer Mieterhöhungen war.

Ausstattung der Wohnung
Darunter sind die zur ständigen Benutzung des Mieters eingebauten oder eingerichteten Ausstattungen der Wohnung oder der Gemeinschaftsräume zu verstehen, für die kein besonderes Entgelt zu zahlen ist. Dazu gehören beispielsweise Sammelheizung, Badezimmereinrichtung, überdurchschnittliche Bodenbeläge, Fahrstuhl, Hausantenne, Müllschlucker, Möblierung der Küche und/oder sonstiger Räume in der Wohnung.

! **Achtung:** Die von Ihrem Mieter auf seine Kosten geschaffenen Einrichtungen dürfen Sie bei der Ermittlung der ortsüblichen Vergleichsmiete nicht zu Ihren Gunsten berücksichtigen. Das bedeutet, dass der Wohnwert der Wohnungen grundsätzlich so zu ermitteln ist, als wären derartige Ausstattungsmerkmale nicht vorhanden.

Beispiel: Ihr Mieter hat auf eigene Kosten ein Bad eingebaut. Vergleichsmaßstab bei der Ermittlung der ortsüblichen Vergleichsmiete ist dann der Mietpreis für Wohnungen ohne Bad.

Beschaffenheit der Wohnung
Damit ist die Bauweise, der Zuschnitt und der bauliche Zustand der Wohnung gemeint. Hier kommt der Baualtersklasse eine besondere Bedeutung zu. Dabei ist grundsätzlich auf den Zeitpunkt der Bezugsfertigkeit der Wohnung abzustellen. Dies spielt insbesondere dann eine große Rolle, wenn in Altbauten neuer Wohnraum geschaffen wird.

Beispiel: Ihnen gehört ein 1915 errichtetes Mehrfamilienhaus. Das Dachgeschoss bauen Sie zu drei Wohnungen aus, die im Herbst 2001 bezugsfertig sind. Für die Einordnung dieser Wohnungen in das Raster eines Mietspiegels ist dann das Jahr der Fertigstellung dieser Wohnungen, also 2001, und nicht etwa das Baujahr des Hauses, 1915, maßgeblich.

Die Einordnung in die maßgebliche Baualtersklasse kann sich insbesondere dann schwierig gestalten, wenn es sich um eine so genannte modernisierte Altbauwohnung handelt. Typisch für diese Wohnungen ist, dass ein Teil der vorhandenen Bausubstanz erhalten bleibt, die Wohnungen aber von Grund auf saniert und modernisiert werden. Maßgeblich ist in diesen Fällen jeweils die Altersklasse, die der Wohnung das wesentliche Gepräge gibt.

Die Baualtersklasse einer Wohnung lässt sich anhand folgender Kriterien charakterisieren:

- Zuschnitt der Wohnung,
- Belichtung und Belüftung,
- Schallschutz,
- Energieversorgung,
- Wasserversorgung und Entwässerung,
- Sanitäre Einrichtungen,
- Beheizungs- und Kochmöglichkeiten,
- Funktionsabläufe in der Wohnung.

So verlangen Sie mehr Miete

Sie können von Ihrem Mieter die Zustimmung zur Mieterhöhung auf die ortsübliche Vergleichsmiete nur dann verlangen, wenn folgende Voraussetzungen erfüllt sind:

- Die bisherige Miete muss seit mindestens einem Jahr unverändert sein.
- Die von Ihnen geforderte Miete darf die ortsübliche Vergleichsmiete nicht übersteigen.
- Die Miete darf sich innerhalb von drei Jahren nicht um mehr als 20 Prozent (bis 31. August 2001: 30 Prozent) erhöhen.
- Die Mieterhöhung darf nicht durch eine Vereinbarung ausgeschlossen sein.

Beachten Sie immer die Sperrfrist

Sie können nur dann eine Zustimmung zur Mieterhöhung auf die ortsübliche Vergleichsmiete verlangen, wenn die Miete seit mindestens einem Jahr unverändert besteht. Das bedeutet, dass Sie frühestens ein Jahr nach Beginn des Mietverhältnisses eine Mieterhöhung verlangen können. Ebenso müssen Sie nach einer Mieterhöhung mindestens ein Jahr lang warten, bevor Sie erneut eine Mieterhöhung verlangen können.

Beispiel: Ist die letzte Mieterhöhung mit Wirkung ab 1. Februar 2001 erfolgt, dann müssen Sie bis zum 1. Februar 2002 warten, um erneut die Zustimmung zu einer Mieterhöhung verlangen zu können. Wegen der Ihrem Mieter zustehenden Überlegungsfrist von zwei vollen Monaten – Einzelheiten dazu lesen Sie weiter unten ab Seite 126 – kann die nächste Mieterhöhung frühestens ab 1. Mai 2002 erfolgen; natürlich nur, sofern die übrigen Voraussetzungen dafür vorliegen.

Wie sich die Kappungsgrenze auswirkt

Für die ortsübliche Vergleichsmiete gilt ab **1. September 2001** eine 20-prozentige Kappungsgrenze als Höchstbetrag (bisher: 30 Prozent). Das bedeutet, dass die Miete künftig innerhalb eines Zeitraums von drei Jahren nur noch um maximal 20 Prozent steigen darf. Diese Grenze müssen Sie als Vermieter auch dann einhalten, wenn die ortsübliche Vergleichsmiete eine höhere Miete zuließe.

Beispiel: Die Nettokaltmiete beträgt 500 Euro. Ortsüblich ist eine Miete von 640 Euro. Dann können Sie hier nach der Neuregelung nicht die ortsübliche Vergleichsmiete verlangen. Denn das wäre eine Erhöhung um 28 Prozent. Sie können also höchstens eine Mieterhöhung auf 600 Euro durchsetzen, wenn die übrigen Voraussetzungen dafür vorliegen.

! **Achtung:** Schöpfen Sie mit Ihrer Mieterhöhung die Kappungsgrenze von 20 Prozent (ab 1. September 2001) beziehungsweise 30 Prozent (bis 31. August 2001) gleich voll aus, müssen Sie drei Jahre warten, bis Sie die nächste Anpassung an die ortsübliche Vergleichsmiete verlangen können.

! Wichtig: Mieterhöhungen wegen Modernisierung und Betriebskostensteigerungen werden bei der Ermittlung der Kappungsgrenze nicht mitgezählt.

Beispiel: Seit Januar 2000 hat die Miete unverändert 400 Euro betragen. Im März 2001 hat dann eine Mieterhöhung um 45 Euro auf 445 Euro wegen einer Modernisierung stattgefunden. Im Oktober 2001 erhält der Mieter ein Schreiben, in dem der Vermieter die Zustimmung zu einer Mieterhöhung auf 525 Euro ab 1. Januar 2002 fordert.

Diese Mieterhöhung ist möglich. Die Kappungsgrenze beträgt 400 Euro plus 20 Prozent, das sind 480 Euro. Zu diesem Betrag ist dann die Mieterhöhung von 45 Euro wegen Modernisierung hinzuzurechnen. Das ergibt 525 Euro.

! Wichtig: Die Kappungsgrenze gilt auch beim Übergang von der Preisbindung zum Vergleichsmietensystem. Diese Erfahrung machen vor allem solche Vermieter, die ein Mehrfamilienhaus geerbt haben und die niedrigen Mieten »auf den heutigen Stand« bringen möchten.

Beispiel: Der Mieter einer früheren Sozialwohnung zahlt gegenwärtig 175 Euro Kostenmiete. Die ortsübliche Vergleichsmiete für frei finanzierten Wohnraum beläuft sich auf 350 Euro. Nach Ablauf der Bindungsfrist können Sie als Vermieter nicht etwa die ortsübliche Vergleichsmiete, hier also 350 Euro, verlangen. Findet beispielsweise bereits die 20-prozentige Kappungsgrenze Anwendung, können Sie lediglich die Zustimmung zu einer Mieterhöhung auf 210 Euro fordern.

Wenn Ihr Mieter ein »Fehlbeleger« ist

Die Kappungsgrenze gilt ausnahmsweise nicht,

- wenn eine Verpflichtung des Mieters zur Zahlung einer Fehlbelegungsabgabe wegen Wegfalls der öffentlichen Bindung entfallen ist und
- soweit die Mieterhöhung den Betrag der zuletzt entrichteten Fehlbelegungsabgabe nicht übersteigt.

Beispiel: Die Kostenmiete betrug bislang 3,50 Euro pro Quadratmeter. Dazu kam noch eine Fehlbelegungsabgabe von 1,50 Euro pro Quadratmeter. Fällt die Fehlbelegungsabgabe weg, hat dies für die Mieterhöhung folgende Konsequenz:

Sie müssen sich als Vermieter nicht an die Kappungsgrenze halten. Sie können also über 4,20 Euro pro Quadratmeter (3,50 Euro + 20 Prozent ab **1. September 2001**) bzw. 4,55 Euro pro Quadratmeter (4,50 Euro plus 30 Prozent bis 30. August 2001) hinausgehen. Mehr als 5,00 Euro pro Quadratmeter können Sie aber nicht verlangen. Bei diesen 5,00 Euro handelt es sich um jenen Betrag, der sich aus der bisherigen Kostenmiete plus Fehlbelegungsabgabe ergibt.

Der Grund für die Ausnahmeregelung bei Wegfall einer Fehlbelegungsabgabe: Nach Auslaufen der Preisbindung – und damit gekoppelter Fehlbelegungsabgabe –, geht die Wohnkostenbelastung der Fehlbeleger zum Teil deutlich zurück. Deshalb soll es Ihnen als Vermieter gestattet sein, die Miete nach dem Wegfall der öffentlichen Bindung ohne Kappungsgrenze bis maximal zu der Höhe anzuheben, die der Mieter bisher einschließlich Fehlbelegungsabgabe gezahlt hat.

! **Achtung:** Sie können von Ihrem Mieter frühestens vier Monate vor dem Wegfall der öffentlichen Bindung verlangen, Ihnen innerhalb eines Monats über die Verpflichtung zur Zahlung der Fehlbelegungsabgabe und über deren Höhe Auskunft zu erteilen.

Beispiel: Die Preisbindung läuft am 1. Februar 2002 aus. Dann können Sie frühestens Anfang Oktober 2001 den Mieter zur Auskunft auffordern.

Ein absolutes »Muss«: die Begründung

Es ist zwingend vorgeschrieben: Sie müssen die Mieterhöhung begründen. Dabei müssen Sie sich an ein streng formalisiertes Verfahren halten. Zur Begründung der Mieterhöhung können Sie sich nur auf einen Mietspiegel, ein Mietwertgutachten oder mindestens drei Vergleichswohnungen (**ab 1. September 2001** zusätzlich auch auf einen qualifizierten Mietspiegel oder eine Mietdatenbank) berufen.

Beziehen Sie sich auf einen Mietspiegel, dann könnte die Erläuterung der Mieterhöhung beispielsweise so aussehen:

Beispiel: Die Wohnung wurde 1964 gebaut, ist 79 Quadratmeter groß, verfügt über Bad und Sammelheizung. Die Wohnlage ist normal: *»Ich begründe die Mieterhöhung mit dem Mietspiegel unserer Stadt. Die von Ihnen angemietete Wohnung wurde 1964 gebaut. Die Wohnung ist 79 Quadratmeter groß. Die Wohnlage ist normal. Das bedeutet, dass die Wohnung in das Rasterfeld I/III einzuordnen ist. Dieses Rasterfeld umfasst Wohnungen der Baualtersklasse 1961 bis 1967 in normaler Wohnlage mit Bad und Sammelheizung und einer Größe von 66 bis 80 Quadratmeter.«*

Für die meisten Mietspiegel ist typisch, dass die ortsübliche Miete nicht etwa durch die Angabe eines einzelnen Durchschnittswerts, sondern in Form von Mietpreisspannen wiedergegeben wird. Handelt es sich nun um eine Wohnung mit durchschnittlicher Ausstattung, ist der Mittelwert der Preisspanne zugrunde zu legen. Weist die Wohnung dagegen besondere Ausstattungsmerkmale auf, wie eine hochwertige Einbauküche, berechtigt dies, für die ortsübliche Vergleichsmiete einen Wert oberhalb des Mittelwerts anzunehmen.

In Fortführung des vorgenannten Beispielfalls könnten Sie Ihr Mieterhöhungsschreiben weiter wie folgt formulieren:

»Wie Sie bitte dem in Kopie beigefügten Mietspiegel entnehmen wollen, nennt das Rasterfeld I/III eine Mietpreisspanne von 5,38 Euro bis 6,14 Euro pro Quadratmeter. Als Mittelwert nennt das Rasterfeld 5,76 Euro pro Quadratmeter. Dieser Mittelwert erscheint mir angemessen, weil Ihre Wohnung keine Merkmale aufweist, die von den Kriterien des Mietspiegels auffällig abweichen.«

! **Achtung:** Beziehen Sie sich zur Begründung der Mieterhöhung dagegen auf ein Mietwertgutachten, so müssen Sie dieses Gutachten Ihrem Mieterhöhungsschreiben zunächst einmal in vollem Wortlaut beifügen. Versäumen Sie dies, ist das Mieterhöhungsverlangen schon deshalb unwirksam. Und: Es reicht grundsätzlich nicht aus, dass Sie dem Mieter Einsicht in das Gutachten anbieten. In Ihrem Mieterhöhungsschreiben können Sie beispielsweise wie folgt auf das Mietwertgutachten Bezug nehmen: *»Zur Begründung meines Mieterhöhungsverlangens nehme ich Bezug auf das schriftliche und begründete Gutachten des öffentlich bestellten Sachverständigen Christian Rad vom 16. Oktober 2001, das ich diesem Schreiben in Fotokopie beifüge.«*

Beziehen Sie sich dagegen zur Begründung der Mieterhöhung auf (mindestens drei) Vergleichswohnungen, können Sie beispielsweise Folgendes schreiben:

»Ortsüblich ist eine Nettokaltmiete von 4,65 Euro pro Quadratmeter. Zur Begründung verweise ich auf folgende Vergleichswohnungen:

- *die Wohnung im Haus Goethestraße 89, 22049 Hamburg, 1. OG rechts. Hier beträgt die Nettokaltmiete 4,65 Euro pro Quadratmeter,*
- *die Wohnung im 3. OG des Hauses Amselweg 71, 21129 Hamburg. Hier beträgt die Nettokaltmiete 4,75 Euro pro Quadratmeter,*
- *die Wohnung im Haus Mühlenstraße 69, 22309 Hamburg, 2. OG links. Hier beträgt die Nettokaltmiete 4,80 Euro pro Quadratmeter.*

Ihr Mieter hat eine Überlegungsfrist

Erforderlich ist stets, dass Sie Ihrem Mieter eine Überlegungsfrist einräumen und er der Mieterhöhung ganz oder teilweise zustimmt. Nur in dem Umfang, in dem Ihr Mieter der Mieterhöhung zustimmt, wird sie auch wirksam. Soweit er der Mieterhöhung nicht zustimmt, kann die Miete nur dann erhöht werden, wenn er auf Ihren Antrag hin gerichtlich zur Zustimmung verurteilt wird.

Konkret gilt Folgendes: Die Überlegungsfrist, die Sie Ihrem Mieter einräumen müssen, ist gesetzlich vorgeschrieben. Die Überlegungsfrist beginnt mit dem Zugang der Mieterhöhungserklärung bei ihm und endet mit Ablauf des darauf folgenden zweiten Kalendermonats.

Beispiel: Das Erhöhungsschreiben geht Ihrem Mieter im Lauf des Monats Oktober 2001 zu. Dann endet die Überlegungsfrist am 31. Dezember 2001. Für die Antwort Ihres Mieters auf das Mieterhöhungsverlangen gilt nicht das Prinzip »alles oder nichts«. Ihr Mieter hat nicht etwa nur die Alternative, der Mieterhöhung in vollem Umfang zuzustimmen oder diese abzulehnen. Es bleibt ihm unbenommen, der Mieterhöhung nur teilweise zuzustimmen.

Beispiel: Sie verlangen die Zustimmung zu einer Mieterhöhung von bislang 5,65 Euro pro Quadratmeter auf 6,78 Euro pro Quadratmeter. Ihr Mieter kann der Mieterhöhung nunmehr ganz oder gar nicht oder auch nur teilweise, etwa auf 6,30 Euro pro Quadratmeter, zustimmen. Stimmt Ihr Mieter der Mieterhöhung nicht innerhalb der Überlegungsfrist zu oder verweigert er diese, können Sie innerhalb einer Frist von weiteren zwei Monaten Klage auf Zustimmung zur Mieterhöhung erheben. Ab **01. September 2001** verlängert sich die Klagefrist auf drei Monate.

Beispiel: Die Überlegungsfrist läuft am 31. Dezember 2001 ab. Dann beginnt die Klagefrist am 1. Januar 2002 und endet mit Ablauf des 31. März 2002. Versäumen Sie diese Klagefrist, wird das Mieterhöhungsverlangen unwirksam.

Das gilt auch für den Fall, dass Ihr Mieter der Mieterhöhung teilweise zugestimmt hat und Sie die darüber hinausgehende Mieterhöhung nicht im Klageweg verfolgen.

Beispiel: Die bisherige Miete beträgt 5,65 Euro pro Quadratmeter. Sie verlangen die Zustimmung zu einer Mieterhöhung auf 6,78 Euro pro Quadratmeter. Ihr Mieter stimmt einer Mieterhöhung auf 6,30 Euro pro Quadratmeter zu. Wenn Sie es jetzt unterlassen, wegen der weiteren Mieterhöhung um 0,48 Euro pro Quadratmeter innerhalb der Zwei-Monats-Frist Klage auf Zustimmung zur Mieterhöhung zu erheben, wird die Mieterhöhung insoweit unwirksam. Ihr Mieter braucht dann nicht mehr als 6,30 Euro pro Quadratmeter zu zahlen.

Wann die Mieterhöhung fällig ist

Die höhere Miete ist ab dem Monat zu zahlen, der auf das Ende der Überlegungsfrist folgt.

Beispiel: Ihr Mieter erhält das Mieterhöhungsschreiben im November. Dann läuft die Überlegungsfrist bis Ende Januar. Soweit er der Mieterhöhung zustimmt, muss er die neue Miete ab Februar zahlen.

! **Achtung:** Das gilt unabhängig davon, ob er der Mieterhöhung von sich aus zugestimmt hat oder vom Gericht zur Zustimmung verurteilt wurde. In beiden Fällen ist die Miete ab dem Monat fällig, der auf das Ende der Überlegungsfrist folgt.

Beispiel: Sie verlangen die Zustimmung zu einer Mieterhöhung auf die ortsübliche Vergleichsmiete ab dem 1. Oktober 2001. Ihr Mieter verweigert diese Zustimmung. Daraufhin klagen Sie auf Zustimmung zur Mieterhöhung. Sie gewinnen den Prozess. Das Urteil ist im Mai 2002 rechtskräftig. Dann muss Ihr Mieter die höhere Miete nicht etwa erst ab Rechtskraft des Urteils, sondern vielmehr bereits rückwirkend ab 1. Oktober 2001 zahlen.

Fristenkalender für Ihre Mieterhöhung

Wenn Ihrem Mieter die Mieterhöhung im Zeitraum von … bis … zugeht, …	… dann hat er eine Überlegungsfrist bis zum …, ob er zustimmen will.	Wenn er zustimmt, muss er die neue Miete ab … zahlen.	Soweit er nicht zustimmt, müssen Sie bis … Klage erheben.
1.–31.01	31.03.	1.04.	30.06.
1.–28.02.	30.04.	1.05.	31.07.
1.–31.03.	31.05.	1.06.	31.08.
1.–30.04.	30.06.	1.07.	30.09.
1.–31.05.	31.07.	1.08.	31.10.
1.–30.06.	31.08.	1.09.	30.11.
1.–31.07.	30.09.	1.10.	31.12.
1.–31.08.	31.10.	1.11.	31.01.
1.–30.09.	30.11.	1.12.	28.02.
1.–31.10.	31.12.	1.01.	31.03.
1.–30.11.	31.01.	1.02.	30.04.
1.–31.12.	28.02.	1.03.	31.05.

8. Wie Sie eine Modernisierung umsichtig planen und erfolgreich durchsetzen

Altbauwohnungen sind »in«. Die Mietpreise für Altbauwohnungen sind in den vergangenen Jahren bei weitem nicht so stark gesunken wie das allgemeine Mietpreisniveau. Die anhaltend starke Nachfrage nach modernisierten Altbauwohnungen sorgt dafür, dass die Trendwende am Wohnungsmarkt für diese Wohnungen schneller greift als für andere Wohnungsarten. Hinzu kommt, dass die Neubautätigkeit auf ein Minimum zurückgegangen ist. Das wird die Nachfrage nach modernisierten Altbauwohnungen noch weiter anheizen.

Ganz klar: Eine Modernisierung der Wohnung bietet sowohl für Sie als auch für Ihren Mieter Vorteile. Für den Mieter wird die Wohnung komfortabler, wenn beispielsweise eine moderne Heizung oder neue sanitäre Anlagen eingebaut werden. Maßnahmen zur Einsparung von Energie oder Wasser können die Kosten senken. Letzteres ist gerade wegen der ökologischen Steuerreform und den damit verbundenen Kostensteigerungen bei den Betriebskosten ein echter Pluspunkt, der gar nicht hoch genug bewertet werden kann.

Für Sie als Vermieter rechnet es sich gleich dreifach, wenn Sie Ihr Mietobjekt modernisieren:

1. Steigende Mieten führen schon bald zu einer höheren Rendite.
2. Dass Sie Ihre Modernisierungskosten in voller Höhe steuerlich abschreiben können, sichert Ihnen einen erheblichen Steuervorteil.
3. Zusätzlich können Sie mit einem rasanten Wertzuwachs Ihres Immobilienbesitzes rechnen.

Nach Abschluss der Modernisierungsarbeiten kommt es für Sie darauf an, die Mieterhöhung wegen Modernisierung sicher durchzusetzen. Dabei müssen Sie eine Reihe rechtlicher Fallstricke umgehen, um nicht draufzuzahlen. Wie Sie jederzeit rechtssicher vorgehen und teure Fehler vermeiden, lesen Sie in diesem Beitrag.

Die Voraussetzungen einer Modernisierung

Unter einer Modernisierung sind solche bauliche Maßnahmen zu verstehen, die

- den Gebrauchswert der Wohnung nachhaltig erhöhen,
- die allgemeinen Wohnverhältnisse auf Dauer verbessern oder
- nachhaltig Einsparungen von Heizenergie oder Wasser bewirken.

Ab 1. September 2001 gelten Maßnahmen zur Einsparung aller Arten von Energie (statt bisher nur Heizenergie oder Wasser) als Modernisierung. Damit fallen zum Beispiel auch Maßnahmen zur Einsparung von Strom (wie etwa drehzahlgeregelte Umwälzpumpen, Ventilatoren und Aufzugsmotoren sowie Energiesparlampen) darunter.

Zu den baulichen Änderungen, die den Wohnwert nachhaltig erhöhen, gehören Maßnahmen zur Verbesserung des Zuschnitts der Wohnung, der Belichtung und Belüftung, des Schallschutzes, der Energieversorgung, der Wasserversorgung und der Entwässerung, der sanitären Einrichtungen, der Beheizung und der Kochmöglichkeiten, der Funktionsabläufe in der Wohnung sowie der Sicherheit vor Diebstahl und Gewalt.

Beispiel: Sie bauen ein Bad oder eine Dusche ein, Sie wechseln eine Ofenheizung gegen eine Sammelheizung aus, Sie lassen eine Gegensprechanlage installieren.

Maßnahmen, die die allgemeinen Wohnverhältnisse verbessern, sind insbesondere die Anlage und der Ausbau von nicht öffentlichen Gemeinschaftsanlagen wie Kinderspielplätzen, Grünanlagen, Stellplätzen und anderen Verkehrsanlagen. Voraussetzung ist jeweils, dass sie auf dem zum Mietshaus gehörenden Grundstück eingerichtet werden.

Auch Maßnahmen innerhalb des Hauses ohne konkreten Bezug zu einer bestimmten Wohnung können zu den allgemeinen Wohnwertverbesserungen gehören. In diesen Fällen ist allerdings erforderlich, dass der Wohnwert der einzelnen Wohnung wenigstens mittelbar gesteigert wird. Das ist beispielsweise der Fall bei Installation einer Treppenhausbeleuchtung, bei Einbau einer Waschküche oder bei Einbau eines Fahrstuhls.

Bauliche Maßnahmen, die nachhaltig Einsparungen von Heizenergie bewirken, sind insbesondere Maßnahmen zur

- wesentlichen Verbesserung der Wärmedämmung von Fenstern, Außentüren, Außenwänden, Dächern, Kellerdecken und obersten Geschossdecken,
- wesentlichen Verminderung des Energieverlusts und Energieverbrauchs der zentralen Heizungs- und Warmwasseranlage,
- Änderung von zentralen Heizungs- und Warmwasseranlagen innerhalb des Gebäudes für den Anschluss an die Fernwärmeversorgung, die überwiegend aus Anlagen der Kraft-Wärme-Koppelung, zur Verbrennung von Müll oder zur Verwertung von Abwärme gespeist wird,
- Rückgewinnung von Wärme sowie
- Nutzung von Energie durch Wärmepumpen und Solaranlagen.

Daneben zählen auch solche Maßnahmen zur Modernisierung, die Sie als Vermieter aufgrund solcher Umstände durchführen müssen, die Sie nicht zu vertreten haben. Hierzu gehören insbesondere alle Änderungen, die Ihnen gesetzlich vorgeschrieben werden.

Beispiel: Die Verpflichtung zur Installation von Heizkostenverteilern. Instandhaltungs- und Instandsetzungsmaßnahmen zählen dagegen in keinem Fall zu den Modernisierungsmaßnahmen. Diese Arbeiten dienen nur dazu, den Zustand des Hauses oder der Wohnungen zu erhalten. Kosten für derartige Maßnahmen können keine Mieterhöhung wegen Modernisierung auslösen.

Vielfach ist es schwierig, zwischen Instandhaltungs- und Instandsetzungsmaßnahmen einerseits und Modernisierungsmaßnahmen andererseits zu unterscheiden. Häufig ist es sogar so, dass beispielsweise Modernisierungs- und Instandsetzungsarbeiten zusammenfallen.

Beispiel: Sie ersetzen morsche, einfach-verglaste Holzfenster durch doppelverglaste Kunststofffenster. Die Modernisierung besteht darin, dass Sie doppelverglaste Kunststofffenster einbauen lassen. Durch den Einbau der neuen Fenster ersparen Sie sich zugleich die Kosten für die Reparatur der morschen, einfach-verglasten Holzfenster. Die ersparten Reparaturkosten müssen sie von den Gesamtkosten abziehen. Lediglich der verbleibende Restbetrag kann dann Grundlage für eine Mieterhöhung wegen Modernisierung sein.

In der Praxis gibt es zwischen Mietern und Vermietern immer wieder Meinungsverschiedenheiten darüber, ob es sich im konkreten Fall um Modernisierungsmaßnahmen handelt, die nach Abschluss der Arbeiten zu einer Mieterhöhung wegen Modernisierung berechtigen.

Welche Vorhaben Ihr Mieter dulden muss – und welche nicht

Eine Modernisierung muss Ihr Mieter dulden, es sei denn, dass sie für ihn eine Härte bedeutet, die auch unter Würdigung der berechtigten Interessen des Vermieters und anderer Mieter im Haus nicht zu rechtfertigen ist Dabei kommen folgende Härtegründe in Betracht:

- die durchzuführenden Arbeiten (Rücksichtnahme auf Kinder sowie ältere und kranke Mieter unter Berücksichtigung von Zeitpunkt und Dauer der Modernisierungsmaßnahme),
- die baulichen Folgen (zum Beispiel negative Auswirkungen der Modernisierungsmaßnahme auf den Mieter, wie etwa Verkleinerung des Wohnzimmers nach Einbau eines Bades),
- vorausgegangene Aufwendungen des Mieters (durch die Modernisierung werden Einbauten oder Einrichtungen entwertet oder beseitigt, die der Mieter zu einem früheren Zeitpunkt mit Zustimmung des Vermieters auf eigene Kosten geschaffen hat) sowie

- die zu erwartende Mieterhöhung (Die zu erwartende Mieterhöhung muss in einem angemessenen Verhältnis zur Modernisierung stehen; bei der Frage, ob die Mieterhöhung zumutbar ist, wird auch berücksichtigt, ob der Mieter Anspruch auf Wohngeld hat.).

Das ist neu ab 1. September 2001: Der Kreis der Personen, deren Belange auf Mieterseite zu berücksichtigen sind, wird erweitert. Neben dem Mieter und seiner Familie sind dies alle weiteren »Angehörigen seines Haushalts«. Hintergrund für diese Neuregelung ist, dass es heute neben den klassischen Lebensformen von Ehe und Familie zahlreiche weitere Formen des dauerhaften Zusammenlebens gibt. Das wird **ab 1. September 2001** berücksichtigt, wenn es darum geht, ob dem Mieter eine Modernisierung zugemutet werden kann.

Berücksichtigt werden künftig auch die Interessen von Personen, die mit dem Mieter »einen auf Dauer angelegten gemeinsamen Haushalt führen«. Gemeint ist damit eine Haushaltsgemeinschaft, die über eine bloße Wirtschafts- und Wohngemeinschaft hinausgeht und in der jemand mit dem Mieter dauerhaft besonders eng verbunden ist. Auch nicht als eingetragene Lebenspartnerschaft bestehende gleichgeschlechtliche und andere Lebensgemeinschaften wie beispielsweise die zweier alter Menschen, die dauerhaft füreinander einstehen, können diese Anforderungen erfüllen.

Bei der Frage, ob der Mieter die Modernisierungsmaßnahmen dulden muss, sind immer auch die Interessen der anderen Mieter im Haus zu berücksichtigen. Das ist im Gesetz ausdrücklich geregelt. Ein einziger Mieter soll nicht eine sinnvolle, von Ihnen als Vermieter und anderen Mietern gewünschte Modernisierung blockieren können.

Sind alle übrigen Mieter oder ist jedenfalls die Mehrheit der Mieter an der in Aussicht genommenen Modernisierung interessiert, kann sich ein einzelner Mieter nicht einfach von den Modernisierungsmaßnahmen ausnehmen. Das gilt jedenfalls für solche Maßnahmen, die sich technisch nur für das gesamte Mietshaus einheitlich durchführen lassen.

Beispiel: Einbau einer Zentralheizung. Auf Härtegründe kann sich Ihr Mieter allerdings dann nicht berufen, wenn die Wohnung lediglich in einen Zustand versetzt werden soll, wie er »allgemein üblich« ist. Der Bundesgerichtshof hat schon vor Jahren klargestellt, was der »allgemein übliche Zustand« einer Mietwohnung ist. Das ist ein Zustand, der bei mindestens zwei Dritteln aller vergleichbaren Mietwohnungen innerhalb der Region angetroffen wird. Im entschiedenen Fall ging es um den Einbau eines Bades, einer Toilette und einer Sammelheizung in einer bislang mit Einzelöfen beheizten Altbauwohnung, die keine eigene Toilette und kein Bad hatte.

Nach Auffassung des Bundesgerichtshofs kommt es für die Beurteilung des allgemein üblichen Zustands nicht auf den Zustand sämtlicher Mietwohnungen in der Bundesrepublik an. Vielmehr ist nur auf den Zustand der Mietwohnungen etwa gleichen Alters und innerhalb der gleichen Region abzustellen.

Da die gesetzliche Regelung die sachgerechte Verbesserung insbesondere von Altbauten bezweckt, kann ein heute für Neubauten gängiger Ausstattungsstandard nicht zum Vergleichsmaßstab gemacht werden. Dadurch soll zugleich dem Schutzbedürfnis insbesondere sozial schwächerer Mieter vor »Hinaufmodernisierungen« Rechnung getragen werden.

Regionale Besonderheiten können dadurch angemessen berücksichtigt werden, dass auf die Verhältnisse in den jeweiligen Bundesländern, in denen die zu renovierende Wohnung liegt, abgestellt wird. Danach reicht es für die Annahme eines allgemein üblichen Zustands aus, wenn mindestens zwei Drittel aller in die Vergleichsbetrachtung einzubeziehenden Mietwohnungen ein vergleichbares Ausstattungsniveau aufweisen.

Ob diese Kriterien auf die Duldungspflicht eines Mieters in den neuen Bundesländern gelten, hat der Bundesgerichtshof unter Hinweis auf die dort herrschenden Verhältnisse offen gelassen.

Wie Sie die Modernisierung ankündigen

Wollen sie nach einer Modernisierungsmaßnahme eine Mieterhöhung wegen Modernisierung vornehmen, kommt es für Sie entscheidend darauf an, dass Sie ein bestimmtes Verfahren einhalten.

X **Das ist neu ab 1. September 2001:** Drei (statt bisher: zwei) Monate vor Beginn der Modernisierungsmaßnahme müssen Sie Ihre(n) Mieter über alle Einzelheiten der geplanten Arbeiten schriftlich unterrichten. Dieses Schreiben muss bisher zu folgenden Punkten konkrete Angaben enthalten:

- Art der Maßnahme,
- voraussichtlicher Umfang der Maßnahme,
- Beginn der Maßnahme,
- voraussichtliche Dauer der Maßnahme und
- zu erwartende Mieterhöhung.

Die Art der Maßnahmen und eine eventuell zu erwartende Mieterhöhung müssen in diesem Schreiben **ab 1. September 2001** nicht mehr erwähnt werden.

➡ **Praxis-Tipp:** Verzichten Sie auf pauschale Angaben. Formulierungen wie »im Sommer« (zum Beginn der Maßnahme), »mehrere Wochen« (zur Dauer der Maßnahme) haben in einem solchen Ankündigungsschreiben nichts zu suchen.

Mögliche Angaben über die zu erwartende Mieterhöhung müssen auf der Grundlage der tatsächlichen Kostenkalkulation erfolgen. Lässt sich die eine oder andere Kostenposition noch nicht hinreichend sicher beziffern, so geben Sie am besten immer die möglichen Preisschwankungen mit an. Begnügen Sie sich nicht damit, die Gesamtkosten aufzulisten. Weisen Sie immer auch darauf hin, welche Kosten anteilig auf die Wohnung des betreffenden Mieters entfallen.

Halten Sie unbedingt die Ankündigungsfrist ein. Dabei ist es nicht etwa so, dass Sie den Mieter exakt drei Monate vor Beginn der Modernisierungsmaßnahmen informieren müssen. Es kann durchaus auch schon zu einem früheren Zeitpunkt geschehen. Dies empfiehlt sich sogar, damit Sie mehr Zeit haben, um möglichen Einwänden einzelner Mieter gegen die Modernisierungsmaßnahmen zu begegnen. So geraten Sie gar nicht erst unter Zeitdruck.

Eine Mieterhöhung wegen Modernisierung können Sie im Einzelfall auch dann verlangen, wenn Sie das Modernisierungsvorhaben zuvor gegenüber Ihren Mietern nicht ordnungsgemäß angekündigt haben. Ein unvollständiges oder sonst lückenhaftes Ankündigungsschreiben ist dann unschädlich, wenn Ihr Mieter die Modernisierungsmaßnahmen geduldet hat.

Die Duldung kann zunächst einmal dadurch zum Ausdruck kommen, dass der Mieter den Handwerkern Zutritt zur Wohnung gewährt.

Eine Duldung der Modernisierungsmaßnahmen kann zugleich aber auch darin gesehen werden, dass sich der Mieter in Kenntnis der Modernisierungsmaßnahmen passiv verhält.

»In Kenntnis« des Modernisierungsvorhabens befindet sich der Mieter, wenn er über die Art und den Umfang der Modernisierungsarbeiten wenigstens in groben Zügen unterrichtet worden ist. »Passiv« verhält er sich etwa dann, wenn er Ihnen als Vermieter gegenüber weder der Modernisierungsabsicht widerspricht noch Maßnahmen ergreift, um Sie an der Durchführung der Modernisierungsarbeiten zu hindern.

Ist der Mieter zur Duldung der Modernisierungsmaßnahmen verpflichtet, bedeutet dies nun aber nicht, dass Sie als Vermieter oder die von Ihnen beauftragten Handwerker ohne weiteres die Räume des Mieters betreten dürfen, um darin die beabsichtigten Arbeiten auszuführen. Das wäre verbotene Eigenmacht.

Die Ankündigungsfrist von drei Monaten gilt nicht für dringende Reparaturen. Aber auch in diesen Fällen müssen Sie den Mieter so rechtzeitig informieren, dass er sich auf die notwendigen Arbeiten einstellen kann. Das gilt erst recht dann, wenn er berufstätig ist und sich Urlaub nehmen muss, um Handwerker in seine Wohnung lassen zu können. Lediglich in Notfällen entfällt eine Ankündigungsfrist völlig.

Vielmehr müssen Sie als Vermieter zunächst einen gerichtlichen Titel erwirken, der Ihnen das Recht zum Betreten der Wohnung und zur Vornahme der Arbeiten verschafft, wenn der Mieter Ihnen den Zutritt zur Wohnung verweigert. In einem solchen Fall müssen Sie den Mieter also auf Duldung verklagen oder in eilbedürftigen Fällen sogar eine einstweilige Verfügung beantragen. Diese lassen Sie dann durch den Gerichtsvollzieher zustellen.

So setzen Sie eine Mieterhöhung wegen Modernisierung durch

Nach einer Modernisierung können Sie die Miete erhöhen und einen Modernisierungszuschlag fordern. Die Mieterhöhung wegen Modernisierung können Sie neben oder mit einer Mieterhöhung auf die ortsübliche Vergleichsmiete geltend machen. Im Einzelnen haben Sie folgende Möglichkeiten:

- Sie erhöhen die Jahresmiete um elf Prozent der Ihnen entstandenen Modernisierungskosten für die Wohnung, oder
- Sie erhöhen die Nettokaltmiete für die modernisierte Wohnung auf die ortsübliche Vergleichsmiete, oder
- Sie erhöhen die Miete für die Wohnung auf die ortsübliche Vergleichsmiete, und zwar auf der Basis für vergleichbare nicht modernisierte Wohnungen, und heben die Jahresmiete zusätzlich um elf Prozent der Ihnen entstandenen Baukosten für die jeweilige Wohnung an.

Zusammen mit dem Erhöhungsbetrag wegen Modernisierung darf die neue Miete um nicht mehr als 20 Prozent über der ortsüblichen Vergleichsmiete liegen. Diese Grenze müssen Sie unbedingt einhalten. Es ist nicht zwingend erforderlich, dass Sie unmittelbar nach Abschluss der Modernisierungsmaßnahmen die Miete wegen Modernisierung erhöhen. In der Wahl des Zeitpunkts sind Sie völlig frei. Warten Sie jedoch zu lange mit der Mieterhöhung, können Sie Ihr Recht unter Umständen verwirken. Das ist der Fall,

- wenn Sie über einen längeren Zeitraum hinweg nichts von sich hören lassen und
- wenn dadurch bei Ihrem Mieter der Eindruck entstanden ist, dass er mit einer Mieterhöhung wegen Modernisierung nicht mehr zu rechnen braucht,
- wenn sich der Mieter darauf auch eingerichtet hat und
- ihm die spätere Geltendmachung der Mieterhöhung wegen Modernisierung nicht zugemutet werden kann.

Eine Verwirkung ist in der Praxis nur in Ausnahmefällen denkbar. In keinem Fall reicht es aus, dass zwischen Geltendmachung der Mieterhöhung und der durchgeführten Modernisierungsmaßnahme bereits ein gewisser Zeitraum verstrichen ist. Es müssen immer noch zusätzlich besondere Umstände vorliegen. Damit Ihr Mieter gar nicht erst Gelegenheit erhält, sich auf Verwirkung berufen zu können, sollten Sie die Mieterhöhung entweder gleich nach Abschluss der Modernisierungsmaßnahme fordern oder aber Ihrem Mieter kurz schriftlich mitteilen, dass die Mieterhöhung nicht sogleich erfolgt, Sie sich diese aber ausdrücklich vorbehalten.

Wichtige Formalien, auf die es zusätzlich ankommt

Vermietern unterlaufen immer wieder formale Fehler, wenn sie von ihren Mietern eine Mieterhöhung wegen Modernisierung verlangen. Derartige Fehler oder sonstige Versäumnisse führen in der Regel dazu, dass die Mieterhöhung wegen Modernisierung unwirksam ist. Unter Umständen kann die Mieterhöhung sogar ausgeschlossen sein. Ein Ausschluss kann sich durch eine Regelung im Mietvertrag, im Übrigen aber auch aus den Umständen ergeben.

In folgenden Fällen ist eine Mieterhöhung auf die ortsübliche Vergleichsmiete grundsätzlich nicht möglich:

- Sie haben mit Ihrem Mieter eine Staffelmiete vereinbart.
- Sie haben sich mit Ihrem Mieter auf eine Index-Miete verständigt.
- Sie haben mit Ihrem Mieter einen Zeitmietvertrag abgeschlossen, und Sie haben sich das Recht, die Miete wegen Modernisierung zu erhöhen, nicht vorbehalten.

Auch das kommt immer wieder vor: Absender und Adressat werden nicht korrekt benannt. Zweifelsfälle ergeben sich beispielsweise dann, wenn das Mietshaus mehreren Personen gehört, etwa einer Erbengemeinschaft.

Beispiel: Eine Erbengemeinschaft besteht aus den Brüdern Michael, Kurt und Hannes Michelsen. Sie besitzen gemeinsam ein Mietshaus in Lübeck. Nach einer aufwendigen Modernisierung des Hauses schickt Kurt Michelsen den Mietern eine Mieterhöhung wegen Modernisierung. Handelt Kurt Michelsen nicht ausdrücklich auch im Namen seiner Brüder, ist das Mieterhöhungsschreiben völlig wirkungslos. Der Grund: Besteht die Vermieterseite aus mehreren Personen, muss die Mieterhöhung dann auch von allen gemeinsam verlangt werden. Eine Mieterhöhung, die nur von einem der Vermieter ausgesprochen wird, ist unwirksam.

Eine wichtige Ausnahme gilt dann, wenn bei einer Grundstücksgemeinschaft einer der Eigentümer gegenüber den Mietern zur Mieterhöhung bevollmächtigt wird. Das kann zum Beispiel auch im Rahmen eines Mietvertrags geschehen.

Welche Kosten Sie auf Ihre Mieter umlegen können

Zu den umlagefähigen Modernisierungskosten gehören sowohl die reinen Baukosten als auch die Baunebenkosten. Dazu zählen vor allem Materialkosten, Lohnkosten und Architektenhonorare. Haben Sie Modernisierungsvorhaben für mehrere Wohnungen durchgeführt, so sind die Ihnen entstandenen Kosten angemessen auf die einzelnen Wohnungen zu verteilen. Angemessen ist der Umlagemaßstab immer dann, wenn er den für die betreffende Wohnung aufgewendeten Kosten hinreichend Rechnung trägt.

Beispiel: Sie ersetzen Fenster mit einfacher Verglasung durch Isolierglasfenster. Als Umlagemaßstab bietet sich hier die Zahl der Fenster pro Wohnung an.

Fällige Instandhaltungs- und Instandsetzungskosten gehören nicht mit zu den umlagefähigen Modernisierungskosten. Diese Kosten müssen Sie von den Gesamtkosten jeweils vorab abziehen.

Beispiel: Sie tauschen morsche, einfach-verglaste Fenster durch Isolierglasfenster aus. Diese Reparaturkosten dürfen bei der Mieterhöhung nicht berücksichtigt werden. Lediglich solche Instandsetzungskosten dürfen sie ausnahmsweise mit in Ansatz bringen, die durch die Modernisierungsarbeiten selbst verursacht werden.

Beispiel: Die Kosten für die erforderlichen Malerarbeiten nach dem Einbau neuer Fenster.

Erhalten Sie zinsverbilligte oder zinslose Darlehen aus öffentlichen Haushalten, müssen Sie die Zinseinsparungen bei der Berechnung des Erhöhungsbetrages berücksichtigen. Dies gilt auch dann, wenn Sie beispielsweise Mieterdarlehen oder Mietvorauszahlungen in Anspruch nehmen. Diese sind wie öffentliche Darlehensmittel zu berücksichtigen.

Wann der Modernisierungszuschlag fällig ist

Sie müssen Ihrem Mieter die Mieterhöhung schriftlich mitteilen. Anders als etwa beim Mieterhöhungsverlangen auf die ortsübliche Vergleichsmiete ist es nicht notwendig, dass Ihr Mieter der Mieterhöhung zustimmen muss. Eine Mieterhöhung wegen Modernisierung können Sie von Ihrem Mieter einseitig fordern. Die Erklärung, mit der Sie die Mieterhöhung wegen Modernisierung fordern, ist allerdings nur dann wirksam, wenn sie eine Kostenberechnung einschließlich der notwendigen Erläuterungen enthält.

Die höhere Miete infolge Modernisierung muss vom übernächsten Monatsersten an gezahlt werden.

Das ist neu ab 1. September 2001: Die Mieterhöhung wird erst mit Beginn des dritten Monats (bisher: des zweiten Monats) nach dem Zugang der Erhöhungserklärung fällig.

Beispiel: Ihr Mieterhöhungsschreiben geht Ihrem Mieter im Laufe des Monats Dezember zu. Dann muss er die Mieterhöhung wegen Modernisierung ab 1. März zahlen. Diese Frist verlängert sich – wie bisher – um sechs Monate, wenn Sie Ihrem Mieter die voraussichtliche Mieterhöhung vorher nicht mitgeteilt haben oder sich die tatsächliche Mieterhöhung gegenüber der Ankündigung um mehr als zehn Prozent erhöht hat.

Wie Ihr Mieter reagieren kann

Wenn Sie von Ihrem Mieter eine Mieterhöhung wegen Modernisierung verlangen, hat er die Möglichkeit, sich auf ein außerordentliches Kündigungsrecht zu berufen. Er kann das Mietverhältnis spätestens am dritten Werktag des Monats, von dem an die Miete erhöht werden soll, für den Ablauf des übernächsten Monats kündigen. Eine Mieterhöhung tritt dann nicht ein.

Ab 1. September 2001 gilt: Der Mieter kann das Mietverhältnis bis zum Ablauf des zweiten Monats nach dem Zugang der Erhöhungserklärung zum Ablauf des übernächsten Monats kündigen.

Beispiel: Im Februar 2002 verlangen Sie von Ihrem Mieter eine Mieterhöhung wegen Modernisierung. In diesem Fall kann er das Mietverhältnis bis 30. April 2002 zum 30. Juni 2002 kündigen. Unabhängig davon kann Ihr Mieter von Ihnen die Aufwendungen ersetzt verlangen, die ihm durch Ihr Modernisierungsvorhaben entstanden sind. Zu den erstattungsfähigen Aufwendungen gehören etwa die Kosten für die Zwischenlagerung von Möbeln sowie die Kosten für die Reinigung der Wohnung nach Beendigung der Modernisierungsmaßnahme.

Ferner sind auch folgende Kosten erstattungsfähig:

- Kosten für eine Hotelunterkunft, wenn Ihr Mieter die Wohnung für die Dauer der Modernisierung ganz oder teilweise nicht bewohnen kann;
- Mehrkosten durch die Einnahme von Mahlzeiten in Gaststätten, soweit der Mieter die Küche während der Durchführung der Modernisierungsarbeiten nicht nutzen kann.

Daneben kann der Mieter unter Umständen auch die Miete angemessen mindern. Dabei kommt es immer auf die konkreten Umstände des Einzelfalls an. Unerhebliche Beeinträchtigungen und Unannehmlichkeiten berechtigen den Mieter nicht, die Miete zu kürzen. Allein dadurch, dass er der Modernisierung zugestimmt hat, entfällt das Minderungsrecht allerdings nicht.

9. Wie Sie bei Mietminderungen Ihre finanziellen Einbußen gering halten

Früher oder später treten in jeder Wohnung einmal Mängel auf. Sei es, dass sich an der Decke Schimmel bildet, sei es, dass die Heizung ausfällt oder ein Wohnungsnachbar Ihres Mieters spät abends noch seine Musikanlage »voll aufdreht«. Sofern es sich nicht nur um ganz unbedeutende Beeinträchtigungen handelt, ist Ihr Mieter bei Auftreten von Wohnungsmängeln berechtigt, die Miete angemessen zu mindern. Aber was heißt »angemessen«? Immer wieder müssen die Gerichte darüber entscheiden. Streit wegen Wohnungsmängeln und nachfolgender Mietminderungen ist – nach Mieterhöhungen und Betriebskostenabrechnungen – der häufigste Grund dafür, dass Mieter und Vermieter einen Rechtsstreit führen.

Wann ein Wohnungsmangel vorliegt

Fest steht zunächst: Als Vermieter sind Sie verpflichtet, die Wohnung in einem zum vertragsgemäßen Gebrauch geeigneten Zustand zu überlassen und sie während der Mietzeit in diesem Zustand zu erhalten. Sie haben immer nur dann Anspruch auf die volle Miete, wenn die Wohnung einwandfrei ist. Wenn es um Wohnungsmängel geht, unterscheiden die Gerichte zwischen Sachmängeln, Rechtsmängeln und dem Fehlen zugesicherter Eigenschaften.

Sachmängel sind solche Fehler der Wohnung, durch die Ihre Tauglichkeit zum vertragsgemäßen Gebrauch aufgehoben oder gemindert wird. Oder anders ausgedrückt: Ein Fehler liegt vor, wenn der Ist-Zustand der Wohnung von dem Soll-Zustand negativ abweicht. Dabei meint »Ist-Zustand« den tatsächlichen Zustand der Wohnung, während unter »Soll-Zustand« der Zustand zu verstehen ist, in dem sich die Wohnung aufgrund gesetzlicher Vorschriften oder vertraglicher Vereinbarungen befinden sollte.

! **Achtung:** Als Sachmangel kommen in erster Linie solche Beeinträchtigungen in Betracht, die der Wohnung selbst anhaften. Dazu zählen beispielsweise:

- Klopfgeräusche beim Betrieb der Heizung,
- undichte Fenster,
- unterdimensionierte Heizkörper,
- Neubaufeuchtigkeit,
- Setzrisse,
- Trittschall,
- unzureichende Beheizbarkeit der Wohnung,
- Ungezieferbefall,
- Ausfall der Warmwasserversorgung und
- Nichteinhaltung der Mindesttemperatur

Darüber hinaus zählen zu den Sachmängeln aber auch äußere Einwirkungen auf die Wohnungen, die sich negativ auswirken. Hierzu gehören insbesondere:

- Ausfall des Fahrstuhls bei Wohnung in einem oberen Geschoss,
- Bordellbetrieb im gleichen Haus,
- Entzug des Lichteinfalls,
- Geruchsbelästigungen durch städtische Kläranlage,
- Großbaustelle in der Nachbarschaft,
- Lärmbelästigung durch das Tor einer Tiefgarage,
- Ruhestörung durch Hausbewohner,
- Luftverschmutzung,
- Straßenlärm sowie
- umfangreiche Taubenhaltung auf dem Nachbargrundstück.

Ein Rechtsmangel liegt vor, wenn ein Dritter gegen den Mieter ein Recht auf die Wohnung geltend macht und dem Mieter dadurch der Gebrauch der Wohnung ganz oder teilweise entzogen wird. Das ist beispielsweise der Fall, wenn dieselbe Wohnung mehrfach an verschiedene Mieter vermietet wird. Das kommt in der Praxis gelegentlich bei der Vermietung von Wohnungen in großen Anlagen oder nach längerem Leerstand vor. Sowohl der Vermieter als auch der Verwalter vermieten die Wohnung – unabhängig voneinander und ohne den jeweils anderen darüber zu informieren, dass ein neuer Mieter gefunden ist. Ansonsten geht es bei Rechtsmängeln überwiegend um die Vermietung von Gewerberäumen, also von Büros und Läden.

! **Achtung:** Welcher Mangel auch immer vorhanden ist, er wird nur berücksichtigt, wenn dadurch die Tauglichkeit zum vertragsgemäßen Gebrauch der Wohnung erheblich gemindert ist. Die Nutzungsmöglichkeit der Wohnung muss also spürbar beeinträchtigt sein.

Wenn die Wohnung kleiner ist als im Vertrag angegeben

Für vertraglich zugesicherte Eigenschaften der Wohnung müssen Sie als Vermieter demgegenüber auch dann einstehen, wenn die Gebrauchstauglichkeit der Wohnung nicht gemindert wird. Zugesichert ist eine Eigenschaft, wenn sie durch eine Erklärung, die Vertragsinhalt geworden ist, Ihrem Mieter zu erkennen geben, dass Sie für den Bestand der betreffenden Eigenschaft der Wohnung einstehen wollen.

Eigenschaft ist jedes der Wohnung auf gewisse Dauer anhaftende Merkmal, das für den vertraglich vorausgesetzten Gebrauch oder aus sonstigen Gründen für den Mieter bedeutsam ist. Eigenschaft ist beispielsweise die Tragfähigkeit einer Decke oder unter Umständen auch die Größe einer Wohnung. Beachten Sie speziell zur Wohnungsgröße Folgendes:

»Ich kürze die Miete anteilig.« Das ist meist die spontane Reaktion eines Mieters, der feststellt, dass seine Wohnung kleiner ist als im Mietvertrag angegeben. Einen Anspruch auf Mietminderung hat er allerdings nur dann, wenn der Mietgebrauch beeinträchtigt worden oder ihm ein Schaden entstanden ist.

Von einer Beeinträchtigung des Mietgebrauchs kann keine Rede sein, weil die Flächengröße für den Mieter bei der Anmietung der Wohnung keine entscheidende Rolle spielt. So verhält es sich jedenfalls in den meisten Fällen. Der Grund: Vor Abschluss des Mietvertrags findet fast immer eine Besichtigung statt. Diese hat den Zweck, dass der künftige Mieter insbesondere die Größe, Lage und Ausstattung der Wohnung »unter die Lupe« nehmen kann.

Der optische Eindruck und die Nutzungsmöglichkeiten sind die vorherrschenden Beurteilungskriterien bei einer Wohnungsbesichtigung. Die exakte Angabe der Wohnungsgröße in Quadratmetern spielt dagegen für kaum einen Mieter eine entscheidende Rolle.

Der Mieter kann sich in den meisten Fällen auch nicht darauf berufen, dass im Mietvertrag eine bestimmte Wohnungsgröße zugesichert ist. Der Grund liegt darin, dass die meisten Vermieter die Flächenangabe mit dem Zusatz »circa« versehen.

In diesen Fällen dient die Größenangabe im Mietvertrag allenfalls als Beschreibung der Wohnung beziehungsweise als Kalkulationsgrundlage für den Mietpreis. Die schlichte Flächenangabe ohne eine entsprechende ausdrückliche Garantieerklärung des Vermieters genügt deshalb nicht, um die Zusicherung einer bestimmten Wohnungsgröße anzunehmen.

! **Ausnahme:** Der Mieter hat auf die genaue Größenangabe der Wohnung im Mietvertrag besonderen Wert gelegt. Dasselbe gilt, wenn sich die Berechnung der Miete ausdrücklich nach der Wohnungsgröße richtet.

Beispiel: Die Mietvertragsparteien haben ausnahmsweise ausdrücklich eine Quadratmetermiete vereinbart.

Wie lange die Miete gemindert werden kann

Ihr Mieter ist berechtigt, die Miete von dem Augenblick an zu mindern, in dem der Mangel auftritt. Von da ab darf er die Miete so lange kürzen, bis der Mangel vollständig behoben oder abgestellt ist. Dabei spielt es keine Rolle, ob Sie als Vermieter überhaupt in der Lage sind, den Mangel zu beseitigen. Ebenso wenig ist entscheidend, ob Sie für den Mangel überhaupt verantwortlich sind oder ihn verschuldet haben.

! Achtung: Die Mietminderung tritt kraft Gesetzes ein. Das bedeutet, dass Ihr Mieter Ihnen nicht extra mitteilen muss, dass er die Miete mindern will. Eine davon abweichende Vereinbarung in einem Mietvertrag ist unwirksam.

Daran führt für Ihren Mieter aber kein Weg vorbei: Er muss Ihnen die Mängel anzeigen, damit Sie hiervon Kenntnis erhalten. Anderenfalls verliert er sein Minderungsrecht. Diese Anzeigepflicht entfällt nur dann, wenn Sie den Mangel bereits kennen.

Hat Ihr Mieter die Mängel aber angezeigt, darf er die Miete sofort kürzen. Er muss insbesondere nicht abwarten, ob Sie Maßnahmen ergreifen, um den Mangel zu beheben.

Mietminderung bedeutet, dass Ihr Mieter die Miete um einen bestimmten Betrag oder Prozentsatz kürzt. Dabei hängt die Höhe der Mietminderung von Art und Dauer der Beeinträchtigung ab. Je stärker sich die Mängel auswirken, desto stärker darf Ihr Mieter auch die Miete kürzen. Es kommt auch hier wieder immer auf die konkreten Umstände des Einzelfalls an. Im Zweifel muss die Mietminderung tagesgenau erfolgen.

Beispiel: Mitten im Winter fällt die Heizung im Wohnzimmer aus. In den übrigen Räumen funktioniert die Heizung dagegen einwandfrei. Der Heizungsausfall im Wohnzimmer dauert vom 10. bis 20. Januar.

Hier unterliegt die Mietminderung einer doppelten Begrenzung. Einerseits darf die Miete nur für den Zeitraum gekürzt werden, in dem die Heizung tatsächlich ausgefallen ist. Ferner ist zu berücksichtigen, dass lediglich die Heizung im Wohnzimmer ausgefallen ist, die übrigen Räume der Wohnung aber normal genutzt werden können. Das wirkt sich wie folgt aus:

Ist allein das Wohnzimmer vom Heizungsausfall betroffen, erscheint eine Mietminderung von 30 Prozent angemessen. So haben die Gerichte in vergleichbaren Fällen entschieden. Da die Heizung im Wohnzimmer an nur zehn Tagen im Januar nicht in Betrieb war, reduziert sich die in diesem Beispielfall zulässige Mietminderung auf ein Drittel von 30 Prozent, das sind also zehn Prozent.

Den Ausgangspunkt für die Mietminderung bildet nach Auffassung der meisten Gerichte die tatsächlich geleistete Gesamtmiete. Das ist die Nettokaltmiete einschließlich der Vorauszahlungen auf die Betriebs- und Heizkosten. Andere Gerichte wiederum lassen eine Mietminderung nur auf der Basis der Nettomiete einschließlich der Vorauszahlung auf die Betriebskosten zu. Hier bleibt dann die Vorauszahlung auf die Heizkosten unberücksichtigt. Und wieder andere Gerichte gehen grundsätzlich nur von der Nettokaltmiete aus.

Wann eine Mietminderung ausgeschlossen ist

In bestimmten Fällen verliert Ihr Mieter sein Minderungsrecht, obwohl objektiv ein Wohnungsmangel vorliegt. Auf das Minderungsrecht darf er sich insbesondere dann nicht (mehr) berufen, wenn er bei Abschluss des Mietvertrags von den Mängeln Kenntnis hatte. Das ist allerdings nur dann der Fall, wenn er die Sachmängel oder das Fehlen der zugesicherten Eigenschaft nicht nur ganz allgemein kennt, sondern detailliert darüber informiert ist.

Beispiel: Bei der Besichtigung der Wohnung vor Anmietung fallen dem Mieter die morschen Fenster auf. Er sagt aber nichts, weil er diese und keine andere Wohnung haben und eine Diskussion mit dem Vermieter vermeiden möchte. Leidet er später unter der Zugluft infolge der morschen Fenster, kann er deshalb die Miete nicht mehr mindern.

Anders verhält es sich dagegen in folgendem Fall: Er besichtigt eine Wohnung, die er dann später auch anmietet. Bereits bei der Besichtigung fallen ihm kleinere Feuchtigkeitsflecke im Wohn- und Schlafzimmer auf. Dass er diese bei der Besichtigung gesehen hat, führt nicht unbedingt zu einem Ausschluss des Minderungsrechts. Zusätzliche Voraussetzung hierfür wäre, dass er sich bei der Besichtigung auch über die Ursachen und die konkreten Auswirkungen der Feuchtigkeitserscheinungen informiert hat.

Was mit »Kenntnis des Mangels bei Einzug« gemeint ist, macht auch folgendes Beispiel anschaulich:

Beispiel: Die Wohnung liegt über einer Gaststätte. Bei Abschluss des Mietvertrags weiß der Mieter also, dass es zu jenen Lärmstörungen kommen kann, wie sie nun einmal beim Betrieb einer Gaststätte unvermeidlich sind. Ein Minderungsrecht wegen dieser Lärmbelästigungen ist mithin ausgeschlossen. Anders verhält es sich allerdings, wenn der Gaststättenbesitzer sich entschließt, in seinen Räumen mittwochs, freitags und sonnabends eine Diskothek zu veranstalten. Dadurch schafft er zusätzliche Lärmquellen, die für den Mieter nicht voraussehbar waren (und übrigens auch nicht für Sie als Vermieter) und die bei Fortführung des normalen Gaststättenbetriebs auch nicht entstanden wären.

Wenn Ihr Mieter trotz Mängel die volle Miete zahlt

Wenn während der Mietzeit Wohnungsmängel auftreten und Ihr Mieter trotz Kenntnis dieser Mängel vorbehaltlos weiterhin die Miete bezahlt, verliert er auf Dauer sein Minderungsrecht. Dabei gelten allerdings einige Besonderheiten.

Beispiel: Ihr Mieter weist Sie auf Wohnungsmängel hin und bittet Sie, diese schnellstmöglich abzustellen. In der Erwartung, dass Sie umgehend tätig werden, bezahlt er weiterhin die volle Miete. Die entscheidende Frage ist hier, wie lange er darauf vertrauen darf, dass Sie den Mangel beseitigen. Ein Zeitraum von drei Monaten führt in der Regel noch nicht zum Verlust des Mietminderungsrechts. Zahlt er dagegen über einen Zeitraum von sechs Monaten und mehr die volle Miete, ohne dass Sie als Vermieter tätig werden, ist er nicht mehr berechtigt, die Miete zu mindern.

! **Ausnahme:** Ihr Mieter hat die Miete von vornherein ausdrücklich nur unter dem Vorbehalt der Rückforderung gezahlt. Manche Mieter teilen Ihrem Vermieter dies in einem Schreiben mit. Andere wiederum vermerken dies auf dem Überweisungsträger.

Wie Sie auf die Beschwerden Ihrer Mieter reagieren

Das ist eine typische Begleiterscheinung beim Auftreten von Wohnungsmängeln: Ihr Mieter konfrontiert Sie mit einer Mietminderung wegen Mängeln. Selbst wenn Ihr Mieter sich zu Recht auf Mängel beruft, zeigt sich in der Praxis allerdings immer wieder, dass die Mietkürzungen fast immer völlig überzogen sind.

Egal, ob sich Ihr Mieter über (angebliche) Wohnungsmängel oder über das Verhalten von Mitbewohnern beschwert: Nehmen Sie die Beschwerden Ihrer Mieter ernst. Kümmern Sie sich um deren Anliegen.

➡ **Praxis-Tipp:** Stellen Sie fest, ob sich Ihr Mieter zu Recht beklagt. Wenn dies der Fall ist, sorgen Sie dafür, dass die Störung schnell behoben wird. Und: Informieren Sie Ihren Mieter, was Sie unternommen haben, damit für ihn auch erkennbar wird, dass Sie sofort reagiert haben. Bedenken Sie in solchen Fällen immer auch Folgendes: Gerade wenn es sich um Beschwerden wegen Lärmbelästigungen aus Nachbarwohnungen handelt, können weitere Mieter mit Mietminderungen folgen, solange noch keine Ruhe im Haus eingekehrt ist.

Falls es bei verhaltensbedingten Störungen nicht anders geht: Mahnen Sie den »Störenfried« ab. Eine Abmahnung ist die mündliche oder schriftliche Aufforderung an den Mieter, sein vertragswidriges Verhalten künftig zu unterlassen.

! **Achtung:** Die Abmahnung muss inhaltlich eindeutig erkennen lassen, welche Vertragsverletzung(en) Sie dem Mieter vorwerfen. Dass Sie den Mieter nur allgemein an die Einhaltung seiner Pflichten erinnern, genügt nicht. Sind mehrere Personen Mieter, so muss die Abmahnung allen Mietern namentlich zugehen, und zwar auch dann, wenn nur einem von mehreren Mietern ein vertragswidriges Verhalten vorgehalten werden kann.

➡ **Praxis-Tipp:** Das kommt in der Praxis immer wieder vor: Der »Störenfried« reagiert in der Weise, dass er dem beschwerdeführenden Mieter vorwirft, die Anschuldigungen seien grundlos, es sei vielmehr der beschwerdeführende Mieter, der die Nachbarn belästige und die Hausordnung nicht einhalte. Spielen Sie sich in einem solchen Fall nicht zum »Schiedsrichter« auf. Informieren Sie den beschwerdeführenden Mieter über den Inhalt des Antwortschreibens und bieten Sie beiden Mietern an, Ihnen bei der Bereinigung der Angelegenheit behilflich zu sein.

➡ **Achtung:** Bieten Sie ein gemeinsames Gespräch nur an, wenn Sie wörtlich und zeitlich dazu auch wirklich in der Lage sind. Derartige Angebote werden in der Praxis überwiegend angenommen – und verlaufen bemerkenswert erfolgreich. Vermeiden Sie jedoch, sich auf die Seite eines Mieters zu stellen, solange der Sachverhalt nicht restlos aufgeklärt ist und das Alleinverschulden eines der Mieter nicht eindeutig feststeht.

Nicht immer steht die vom Mieter vorgenommene Kürzung im Einklang mit dem tatsächlichen Ausmaß der Beeinträchtigung. Ob die Kürzung im Einzelfall angemessen ist, können Sie anhand der nachfolgenden Tabelle überprüfen. Es handelt sich hierbei um Werte, die auf gerichtlichen Entscheidungen beruhen. Diese sind zwar für Ihren konkreten Fall nicht verbindlich, können jedoch als wichtige Orientierung dienen.

Schnellübersicht: Welche Mietminderung angemessen ist

Diese Übersicht nennt Ihnen von den Gerichten anerkannte Mietminderungen nach Prozentsätzen. Nehmen Sie die Prozentsätze aber nicht zum Maß aller Dinge, sondern nutzen Sie die Angaben als Orientierungshilfe. Entscheidend bleiben immer die konkreten Umstände des Einzelfalls.

Mietminderung	Kurzbeschreibung des Wohnungsmangels
1 %	trübe Isolierglasscheiben
1 %	Nichtfunktionieren der Hausbeleuchtung
2,5 %	Entzug der Mitbenutzung des Trockenbodens
3 %	unzumutbar aufgeraute Badewanne
3 %	Unbenutzbarkeit der Wohnungsklingel
3 %	Nichtbenutzbarkeit des Balkons wegen Baufälligkeit
5 %	Fehlen einer Sandkiste auf dem Kinderspielplatz
5 %	Feuchtigkeit im Kellerraum
5 %	Nichtbenutzbarkeit des Küchenherds
5 %	Einrüstung der Fassade

Mietminderung	Kurzbeschreibung des Wohnungsmangels
5 %	im Treppenhaus lösen sich Putz und Farbe von den Wänden ab
6 %	Undichtigkeit und Beschlagen der Doppelfenster
7 %	Lärmbelästigung durch einen Waschsalon im selben Haus
8 %	erhebliche Lärmbelästigung durch Flugzeuge
10 %	Feuchtigkeit in der Wohnung
10 %	teilweise Hellhörigkeit der Wohnung
10 %	eingeschränkter Fernsehempfang
10 %	vermeidbarer Kinderlärm während der Ruhezeiten
10 %	Entzug der Nutzungsmöglichkeit von Waschküche und Trockenraum
10 %	Ausfall der Warmwasserversorgung
10 %	bräunliche Verfärbung des Leitungswassers
10 %	Bleibelastungen im Trinkwasser zwischen 126 und 176 mg/l
10 %	Blindwerden eines Doppelfensters durch Feuchtigkeit
10 %	gesundheitsgefährdender Nitratgehalt im Trinkwasser
10 %	Funktionsbeeinträchtigung des Heizkessels wegen Schornsteinmängeln
10 %	Nichtbenutzbarkeit der Oberlichter der Fenster
10 %	Schabenbefall
15 %	Fehlen der Wohnungstür
15 %	Ausfall des Warmwasserboilers im Bad
15 %	Geruchsbelästigung durch Pizzeria in der unmittelbaren Nachbarschaft
15 %	unzureichender Wasserdruck der Toilettenspülung
15 %	Einrüsten des Hauses und Verhängen des Gerüsts mit Planen
17 %	Klopfgeräusche in der Heizung
17 %	nicht funktionierende Dusche
20 %	empfindliche Feuchtigkeit in der Wohnung
20 %	Unbenutzbarkeit der Badewanne

Mietminderung	Kurzbeschreibung des Wohnungsmangels
20 %	Ausfall der Heizung im Schlafzimmer (im Februar)
20 %	Belästigung durch Baulärm, Staub, Abgase aus der unmittelbaren Nachbarschaft
20 %	Nichterfüllung der baulichen Mindestanforderungen an den Schallschutz und daraus folgende erhebliche Lärmbelästigung
20 %	Lärm- und Geruchsbelästigung durch eine Imbissstube
20 %	Silberfische in der Wohnung
20 %	Raumtemperaturen zwischen 16° und 18° Celsius im Winter
20 %	Schimmelpilzbefall und Feuchtigkeit im überwiegenden Teil der Wohnung, sodass die Wohnqualität beeinträchtigt ist
20 %	die Küchenwand ist wegen undichter Fenster und dadurch entstandener Feuchtigkeit teilweise schwarz geworden
20 %	Ausfall der Heizung im Oktober
20 %	Lärmbelästigung durch im selben Haus befindliche Tanzschule (nach 22.00 Uhr) beziehungsweise lärmgestörte Nachtruhe
20 %	Geräuschbelästigung durch defekte Maschinen
20 %	Feuchtigkeit und Schimmelbefall großer Teile der Räumlichkeiten wegen undichten Daches
20 %	Nichtbeheizbarkeit der Küche
25 %	umfangreiche Taubenhaltung auf dem Nachbargrundstück
25 %	Wasserschäden an der Wohnzimmerdecke und an den Wänden
25 %	Raumtemperaturen von 15° Celsius im Winter
25 %	Wärmeverlust von 25 % wegen mangelnder Isolierung
25 %	Ausfall der Heizungsanlage
25 %	Baulärm auch nach 17.00 Uhr und an Wochenenden
30 %	Bordellbetrieb im selben Haus
30 %	erhebliche Lärmbelästigungen durch Bauarbeiten im Haus

Mietminderung	Kurzbeschreibung des Wohnungsmangels
30 %	Nichtbenutzbarkeit des Wohnzimmers wegen bestehender Einsturzgefahr infolge eines Wasserschadens
30 %	wegen mangelhafter Wärmedämmung der Kellerdecke und fehlender Querlüftungsmöglichkeit ist der Fußboden ständig kalt
30 %	Störung der Nachtruhe durch Lärmbelästigung aus einer Diskothek
30 %	Durchschnittstemperatur von nur 15 Grad Celsius im Wohnzimmer
30 %	PCP-Belastungen zwischen 2,4 und 7,2 bzw. Lindan-Belastungen zwischen 0,0035 und 0,0051 mg/ccm
30 %	Feuchtigkeit und überdurchschnittliche Bodenkälte
37 %	erhebliche Lärmbelästigung durch eine Gaststätte bis 1.00 Uhr nachts
50 %	Durchlässigkeit aller Fenster in der Wohnung
50 %	Heizungsausfall im Winter
50 %	Tropfwasser durch eine Zimmerdecke
50 %	stark überhöhte PER-Konzentration
50 %	Heizungsausfall während der Sommermonate bei Außentemperaturen von 13° bis 17° Celsius
50 %	über einen längeren Zeitraum hinweg fällt häufig die Heizung aus
50 %	Unbenutzbarkeit von Küche und WC
50 %	extreme Lärmbelästigung durch Bauarbeiten
60 %	umfangreiche Bau- und Sanierungsarbeiten einschließlich Ausbau des Dachgeschosses
60 %	Durchfeuchtung, Versandung und erheblicher Gestank aufgrund einer Überschwemmung über zwei bis drei Wochen
80 %	Unbenutzbarkeit der einzigen Toilette in der Wohnung
100 %	Totalausfall der Heizung von September bis Februar
100 %	Unbewohnbarkeit der Wohnung
100 %	Völlige Durchfeuchtung der Wohnung infolge eines Wasserschadens

B.

Vermieten & Verwalten

1. Wie Sie bei einer Neuvermietung kaufmännisch sinnvoll vorgehen

Wenn Sie eine Neubauwohnung erstmals vermieten – und nur dann – haben Sie es einfach. Die Wohnung befindet sich im Top-Zustand und kann ohne weiteres vermietet werden. Bei der Neuvermietung von Wohnungen aus dem Bestand ist das anders. Ob Sie die bezugsfreie Wohnung im bestehenden Zustand weitervermieten können, hängt von den konkreten Umständen des Einzelfalls ab. Allenfalls dann, wenn der Vormieter die Wohnung vollständig renoviert hat, dürften sich weitergehende Schönheitsreparaturen erübrigen.

Aber nehmen Sie nur einmal den – häufigen – Fall, dass die Wohnung noch renoviert werden muss. Das ist meist notwendig, weil der Vormieter ausgezogen ist, ohne die erforderlichen Arbeiten auszuführen, oder weil er sich von der Verpflichtung dazu durch Zahlung eines Ablösebetrags »freigekauft« hat.

Sie haben folgende drei Möglichkeiten:

1. Sie lassen die Wohnung vollständig neu renovieren (und versuchen, die dadurch entstehenden Kosten ganz oder teilweise vom Vormieter wieder hereinzuholen).
2. Sie versuchen, die Wohnung im unrenovierten Zustand neu zu vermieten.
3. Sie bieten die Wohnung unrenoviert an und beteiligen sich finanziell an der Renovierung durch den neuen Mieter.

Wer sich für die zweite Alternative entscheidet, darf sich nicht wundern, wenn er angesichts der gegenwärtigen Marktsituation keine ernsthaften Mietinteressenten findet. Der Grund: Psychologen haben längst herausgefunden, dass Mieter mehr denn je mit dem Auge und nach Gefühl entscheiden. Das bedeutet für Sie als Vermieter, dass Sie die Vorteile Ihrer Wohnung deutlich herausstreichen müssen. Und das kann nur heißen: Bringen Sie Ihre Wohnung im wahrsten Sinne des Wortes auf Hochglanz.

Deshalb ist auch das Angebot an den potenziellen Neumieter, sich an den Kosten für die Renovierung zu beteiligen, keine echte Alternative. Eine Wohnung ist für potenzielle Neumieter heutzutage nur interessant, wenn sie bezugsfertig ist. Insbesondere das Argument, der Mieter könne die Räume dann nach eigenem Geschmack tapezieren und streichen, zieht längst nicht mehr. Der Grund: Wer eine neue Wohnung sucht, muss meist in seiner bisherigen Wohnung renovieren und will sich das nicht auch noch für sein neues Domizil »antun«.

➡ **Praxis-Tipp:** Entschließen Sie sich deshalb im Zweifel zu einer vollständigen Renovierung der Wohnung. Machen Sie Ihre Entscheidung nicht davon abhängig, ob Sie die Kosten ganz oder teilweise auf den Vormieter abwälzen und beispielsweise mit der Mietkaution verrechnen können. Für Sie geht es darum, die Wohnung schnellstmöglich neu zu vermieten, um einen etwaigen Mietausfall so gering wie nur möglich zu halten.

! **Achtung:** Soweit Sie die Renovierungskosten aus eigener Tasche zahlen (müssen), können Sie das Finanzamt daran beteiligen. Sämtliche Aufwendungen für Schönheits- und Kleinreparaturen sind bei den Mieteinkünften als Werbungskosten sofort in voller Höhe abzugsfähig.

Wie Sie Ihre Wohnung optimal »verkaufen«

Sie selbst sind der beste Verkäufer Ihrer Wohnung. Niemand kennt die Wohnung besser als Sie. Das gilt für ihre Vorzüge ebenso wie für ihre »Macken«. Wenn es Ihnen nicht gelingt, Ihre Wohnung sofort wieder zu vermieten, muss dies nicht unbedingt am Überangebot an vergleichbaren Mietwohnungen liegen. Fragen Sie sich selbstkritisch, ob die Gründe für die geringe Nachfrage nicht auch darauf zurückzuführen sein könnten, dass Sie falsch inserieren, die Vorteile der Wohnung nicht genug herausstreichen und/oder keine zusätzlichen Anreize bieten. Orientieren Sie sich bei der Platzierung des Inserats an der Unterteilung des Wohnungsmarkts, wie ihn die Tageszeitung vornimmt:

- alle Größen,
- Appartements und Ein-Zimmer-Wohnungen,
- Zwei- und Drei-Zimmer-Wohnungen,
- Vier- und Mehr-Zimmer-Wohnungen,
- Einfamilienhäuser, Reihenhäuser, Doppelhaushälften,
- Möblierte Zimmer, Appartements und Wohnungen und
- Stadtteile, Umland-Gemeinden.

➡ **Praxis-Tipp:** Ihr Inserat konkurriert mit unzähligen anderen Anzeigen. Warum sollen die Mietinteressenten ausgerechnet an Ihrem Inserat »hängen bleiben«? Es ist deshalb unerlässlich, dass Sie im Inserat alle, aber auch wirklich alle Vorzüge erwähnen, die Ihre Wohnung bietet. Kriterien, die die Attraktivität einer Wohnung und damit auch die Chancen auf eine schnelle Anschlussvermietung erhöhen, sind insbesondere

- gute Lage,
- gute Infrastruktur,
- bevorzugte Wohnanschrift,
- gute Ausstattung,
- Balkon/Terrasse/Garten in Südwest-Richtung,
- Funktionalität des Grundrisses der Wohnung,
- hohe Qualität der verarbeiteten Baumaterialien sowie
- Verarbeitung gesunder Baustoffe.

Stehen in der näheren Umgebung Wohnungen leer, müssen Sie Zusatzanreize bieten und zwar bereits in der Zeitungsanzeige – nicht erst bei der Wohnungsbesichtigung. Zur Letzteren kommt es überhaupt nicht, wenn auf Ihr Inserat niemand reagiert.

Besonders interessant: zusätzliche Anreize

Solche Zusatzanreize sind beispielsweise:

- Vermietung von Privat an Privat,
- Begrenzung der Mietkaution auf zwei Monatsmieten,
- Verzicht auf die Miete im ersten Vertragsmonat,
- Verzicht auf eine Staffelmiete,
- kostenlose Überlassung von Einbauten,
- Stellen einer Einbauküche ohne Aufpreis bei der Miete oder
- Mitbenutzung des Gartens.

Es handelt sich hier um direkte oder indirekte preisliche Anreize. So vermitteln Sie den Mietinteressenten von vornherein das Gefühl eines besonders preiswerten Mietangebots. Der Grund: In Aussicht gestellte Geldersparnisse gelten als besonders attraktiv.

! **Achtung:** Geben Sie den Mietinteressenten das Gefühl, dass Sie den neuen Mieter von Kosten entlasten. Wenn Ihnen das gelingt, verschaffen Sie sich einen entscheidenden Vorteil gegenüber allen anderen Mietangeboten. Bedenken Sie, dass der Mieter üblicherweise bis zu sechs Monatsmieten auf einen Schlag bezahlen muss: Drei Monatsmieten Kaution, zwei Monatsmieten Maklercourtage und eine Monatsmiete bei Mietbeginn. Hinzu kommen noch Umzugskosten und eventuell Kosten für Ablösezahlungen.

➡ **Praxis-Tipp:** Kehren Sie die Vorteile Ihrer Wohnung und zusätzliche Anreize deutlich heraus, gerade auch dann, wenn es sich »nur« um eine Kleinanzeige handelt. Setzen Sie das ein, was Werbestrategen einen »Eye-Catcher« nennen: Stellen Sie die Besonderheiten in Fettdruck nach vorn.

Achten Sie auf den richtigen Mieter-Mix

Wer nicht nach dem Prinzip »Hoffnung« vermieten will, muss sich über den passenden Mieter Gedanken machen. Und zwar nicht nach dem Motto »die Wohnung an den Mann bringen«, sondern nach der Methode »den passenden Mieter für die Wohnungen finden«.

Da Sie in aller Regel Ihre Renditekalkulation langfristig angelegt haben, zumindest auf zehn Jahre (etwa analog zur Zinsfestschreibung), kann es nur in Ihrem Interesse liegen, einen Dauermieter zu finden. Auch wenn Sie »heilfroh« sein sollten, wenn endlich ein neuer Mieter gefunden ist, lassen Sie sich in keinem Fall dazu drängen, voreilig einen Mietvertrag abzuschließen. Gehen Sie am besten wie folgt vor:

- **Vereinbaren Sie einen Besichtigungstermin**
  Führen Sie die Wohnungsbesichtigung nicht als Sammeltermin durch. Vereinbaren Sie Besichtigungstermine in einem zeitlichen Abstand von 15 Minuten.
- **Liefern Sie alle Informationen**
  Geben Sie jedem Mietinteressenten ausreichend Zeit, die Wohnungen unter die Lupe zu nehmen. Überschütten Sie die »Sehleute« nicht mit Informationen, die sie vielleicht gar nicht interessieren. Besser ist es, zunächst einmal nur die vom Interessenten erwünschten Informationen preiszugeben.
- **Verlangen Sie eine Selbstauskunft**
  Geben Sie denjenigen, die sich für die Wohnung ernsthaft interessieren (oder jedenfalls so tun) einen Mieterfragebogen. Als Abonnent des »Immobilien-Berater« können Sie den Vordruck »Selbstauskunft« kostenlos anfordern.
- **Händigen Sie das Exposé aus**
  Das kommt immer wieder gut an: Händigen Sie denjenigen, die die Selbstauskunft vollständig ausgefüllt und zumindest dadurch ernsthaftes Interesse bekundet haben, ein selbst erstelltes Kurzexposé über die Wohnung aus und fügen Sie diesem gegebenenfalls auch die letzte Heiz- und Betriebskostenabrechnung bei. Durch diese »Informationspolitik« verschaffen Sie sich einen echten Vertrauensbonus.

Sie werden feststellen, dass die meisten Mietinteressenten völlig perplex reagieren, weil ein derartiges Verhalten auf Vermieterseite relativ selten vorkommt. Und dadurch, dass Sie die letzte Heiz- und Betriebskostenabrechnung beifügen, dokumentieren Sie, dass es nichts zu verheimlichen gibt.

So kalkulieren Sie den Mietpreis richtig und sicher

Lassen Sie sich bei der Vermietung nicht von den oftmals überraschend hohen Mieten blenden, wie sie in manchen Zeitungsanzeigen völlig am Markt vorbeigenannt werden. Für den angegebenen Mietpreis sind die Objekte praktisch unvermietbar. Bei den geforderten Mietpreisen handelt es sich fast immer nur um Wunschdenken.

Hinzu kommt: Nicht die kurzfristig erreichbare maximale Miete, sondern die nachhaltig erzielbare, marktgerechte Miete muss Ihr Ziel sein. Reizen Sie den Preis nicht bis zur absoluten Obergrenze der möglichen Marktmiete aus, dann können Sie den passenden Mieter für Ihr Objekt außerdem auch leichter auswählen.

Die Mietgrenzen, an denen Sie nicht vorbeikommen

Bei freifinanzierten Wohnungen sind Sie bei der Wahl der Miethöhe »grundsätzlich« frei. Aber nach dem Motto »kein Grundsatz ohne Ausnahme« darf die tatsächliche Miethöhe folgende Grenzen auf keinen Fall überschreiten:

- Die Wuchergrenze (50 Prozent über der ortsüblichen Vergleichsmiete).
- Die Mietpreisüberhöhungsgrenze (20 Prozent über der ortsüblichen Vergleichsmiete). Ausnahme: Die laufenden Aufwendungen rechtfertigen die vereinbarte Miete. Bis 31. August 2001 gilt das nur mit zeitlichen Einschränkungen.

Eine Überschreitung der Wuchergrenze ist aber auch bei freifinanzierten Wohnungen auf jeden Fall unzulässig.

Angesichts der gegenwärtigen Marktsituation ist es durchaus üblich, die ortsübliche Vergleichsmiete um zehn bis 20 Prozent zu unterschreiten, um die Wohnung besser vermieten zu können. Das bedeutet im Klartext: Ihr Spielraum für die Mietpreisgestaltung liegt zwischen 80 und 120 Prozent der ortsüblichen Vergleichsmiete.

Im Allgemeinen wird die ortsübliche Vergleichsmiete als monatliche

Nettokaltmiete in DM beziehungsweise künftig Euro pro Quadratmeter Wohnfläche angegeben. Die Höhe dieser Vergleichsmiete hängt vor allem von folgenden Merkmalen ab: Lage, Baujahr, Größe und Ausstattung der Wohnung. Sofern es einen Mietspiegel gibt, dient dieser als wichtigste Orientierungshilfe für die Mietberechnung. Einen Überblick liefern auch die Mietpreistabellen der Maklerverbände RDM (Ring Deutscher Makler) und VDM (Verband Deutscher Makler). Darüber hinaus werden Mietübersichten immer wieder auch in den Immobilienteilen örtlicher und überregionaler Tageszeitungen abgedruckt.

! **Achtung:** Sowohl die Mietspiegel als auch die Mietpreistabellen nennen nicht einen bestimmten Quadratmeterpreis, sondern meist eine Preisspanne. Für Sie kommt es darauf an, innerhalb der jeweiligen Preisspanne den »richtigen« Mietpreis zu ermitteln.

Mit dem Mittelwert sind Sie auf der sicheren Seite

Die Mietspiegel gehen vom so genannten Mittelwert aus. Dieser wird immer dann zugrunde gelegt, wenn die betreffende Wohnung keine Besonderheiten aufweist, die dazu berechtigen, innerhalb der Spanne vom Mittelwert nach unten oder oben abzuweichen.

Beispiel: Der Mietspiegel nennt eine Preisspanne von 5,65 bis 7,15 Euro pro Quadratmeter. Dann beträgt der Mittelwert 6,40 Euro pro Quadratmeter Wohnfläche im Monat. Diesen Wert können Sie Ihrer Mietpreiskalkulation zunächst zugrunde legen. Anders können Sie dagegen rechnen, wenn Ihre Wohnung Besonderheiten aufweist, die diese besonders attraktiv macht. Wenn es Ihrer Auffassung nach gerechtfertigt ist, auf den Mittelwert zehn Prozent »draufzusatteln«, dann sollten Sie dies durchaus auch tun.

Beispiel: Kommen wir zum vorherigen Beispiel zurück, ergeben sich als neuer Mittelwert (gerundet) 7,00 Euro pro Quadratmeter (6,40 + 10 Prozent).

! **Achtung:** Hüten Sie sich davor, die Merkmale, die Ihre Wohnung besonders attraktiv erscheinen lassen, überzubetonen. Sie verhelfen Ihnen augenblicklich in erster Linie dazu, die Wohnung schneller zu vermieten, nicht aber unbedingt auch dazu, einen höheren (Sie werden vielleicht sagen: angemessenen) Mietpreis zu erzielen.

Selbst bei überdurchschnittlicher Lage und Ausstattung der Wohnung kalkulieren Sie derzeit vorsichtshalber am besten damit, dass sich bestenfalls ein Mietpreis durchsetzen lässt, der maximal zehn Prozent über dem Mittelwert der »Normalmiete« liegt.

Bei einer derartigen Miete ist die Wohnung hier sicherlich »unter Wert« vermietet. Trotzdem handelt es sich zweifellos um die marktgerechte und vor allem auch die nachhaltig erzielbare Miete. Der Mietpreis ist der richtige, weil er sich im augenblicklich üblichen Rahmen bewegt und von potenziellen Mietern auch akzeptiert wird.

➡ **Praxis-Tipp:** Die unfreiwillige Selbstbescheidenheit wird sich auszahlen. Wenn sich der Wohnungsmarkt in spätestens zwei Jahren wieder gedreht hat, können Sie davon ausgehen, dass sich dann auch eine angemessene Mieterhöhung problemlos durchsetzen lässt.

So beteiligen Sie Ihren Mieter an Kleinreparaturen

Bei der formularmäßigen Abwälzung der Kosten von Kleinreparaturen auf Ihren Mieter müssen Sie stets berücksichtigen, dass keine unangemessene Benachteiligung Ihres Mieters vorliegt. Das heißt, Sie müssen darauf achten, dass Sie bei der Aufnahme einer Kleinreparaturklausel in den Formularmietvertrag Ihren Mieter kostenmäßig nicht zu sehr belasten. Andernfalls verstößt die Vertragsklausel gegen das AGB-Gesetz. Die Folge: Die Klausel ist unwirksam, und die Kosten für die Kleinreparaturen müssen Sie als Vermieter in voller Höhe selbst tragen. Außerdem verlangen die Gerichte, dass das Kostenrisiko für Ihren Mieter überschaubar ist.

➡ **Praxis-Tipp:** Nehmen Sie in die Kleinreparaturklausel sowohl eine betragsmäßige als auch eine gegenständliche Begrenzung auf. Das heißt: Begrenzen Sie die Kleinreparaturen sowohl nach deren Umfang als auch nach der Belastung pro Fall und Jahr.

Beispiel: Schreiben Sie nicht in die Reparaturklausel: *»Der Mieter ist verpflichtet, sämtliche kleineren Schäden zu reparieren.«* Legen Sie stattdessen immer fest, auf welche Gegenstände sich die Reparaturverpflichtung beziehen soll.

! **Wichtig:** Sie können Ihren Mieter immer nur an den Reparaturkosten für solche Gegenstände beteiligen, auf die er einen direkten Einfluss hat. Welche Gegenstände das sind, ist in § 28 der II. Berechnungsverordnung geregelt.

An den Reparaturkosten für diese Gegenstände können Sie Ihren Mieter beteiligen

- Installationsgegenstände für Elektrizität wie Lichtschalter, Steckdosen, Klingeln;
- Installationsgegenstände für Wasser wie Wasserhähne, Spülkästen, Spül- und Toilettenbecken, Badewannen;
- Installationsgegenstände für Gas wie Gasabsperrhähne;
- Heizeinrichtungen wie Heizkessel, Öfen;
- Kocheinrichtungen wie Kochherde und Kochplatten;
- Fensterverschlüsse wie Fenstergriffe, Dreh-Kippbeschläge sowie
- Türverschlüsse wie Türgriffe, Türschlösser und elektrische Türöffner.

An Kleinreparaturen für nachfolgende Gegenstände können Sie Ihren Mieter jedoch nicht beteiligen. Es gehören hierzu insbesondere:

- im Mauerwerk verlegte Strom-, Gas- und Wasserleitungen,
- Fenster-/Türverglasungen,
- Dunstabzugshauben und
- Reparaturen an Rollläden und Rollädenkästen.

Die Gerichte fordern eine betragsmäßige Begrenzung für Kleinreparaturen. Konkret müssen die Klauseln eine doppelte Begrenzung enthalten. Das bedeutet: Sie müssen in Ihrem Mietvertrag auch noch festlegen, wie viel die einzelne Reparatur maximal kosten darf und wie hoch die Gesamtbelastung in einem festgelegten Zeitraum sein darf. Ihr Mieter muss aus seinem Mietvertrag eindeutig ersehen können, wie hoch die maximale Belastung für Kleinreparaturen innerhalb eines Jahres sein wird.

Praxis-Tipp: Sie können Reparaturen mit einem Kostenaufwand bis zu 75 Euro pro Einzelfall auf jeden Fall auf den Mieter abwälzen. Was den Höchstbetrag für den jährlichen Gesamtaufwand betrifft, so liegt der zulässige Rahmen bei 200 Euro jährlich, höchstens aber bei acht Prozent der Jahresnettokaltmiete.

Aber selbst wenn die Kleinreparaturklausel in Ihrem Mietvertrag gegenständlich und betragsmäßig begrenzt ist, kann sie dennoch unwirksam sein. Das ist immer dann der Fall, wenn die Klausel Ihren Mieter nicht nur an den Kosten für Kleinreparaturen beteiligt, sondern zusätzlich verpflichtet, Kleinreparaturen selbst durchzuführen. Folgender Satz hat deshalb in der Kleinreparaturklausel nichts zu suchen: *»Der Mieter ist zur Durchführung von Kleinreparaturen verpflichtet.«*

Der Grund liegt nach Auffassung der Gerichte darin, dass Ihr Mieter zum Beispiel keine Minderungsrechte mehr geltend machen kann, wenn er selbst zur Vornahme der Reparaturen verpflichtet wäre. Außerdem wäre die Verpflichtung zur Durchführung der Reparatur durch den Mieter geeignet, Streitigkeiten zwischen den Mietparteien zu schaffen, da Ihr Mieter im Regelfall im Voraus nicht absehen kann, ob die Reparatur unter der Grenze von 150 DM liegt oder teurer ist.

Wie viele Schlüssel Ihr Mieter verlangen kann

Als Vermieter sind Sie verpflichtet, Ihrem neuen Mieter sämtliche zur Mietwohnung gehörenden Schlüssel zu überlassen. Hierbei geht man in der Regel von zwei Schlüsseln für jede Tür, zum Beispiel Hauseingangs- und Wohnungstür, Garage und Briefkasten aus. Benötigt Ihr Mieter weitere Schlüssel, etwa für seine Kinder, müssen Sie deren Anfertigung gestatten oder diese selbst für Ihren Mieter auf dessen Kosten anfertigen lassen.

Zur Gewährung eines vertragsgemäßen Gebrauchs der Wohnung gehört es nämlich auch, dass Sie Ihrem Mieter eine ausreichende Anzahl von Schlüsseln zur Verfügung stellen. Denn im Rahmen des Mietverhältnisses muss sichergestellt sein, dass der Mieter jederzeit ungehindert in das Haus und damit in seine Mietwohnung gelangen kann.

Ihnen selbst ist der Besitz eines Zweitschlüssels ohne Wissen Ihres Mieters nicht gestattet. Sie dürfen einen Zweitschlüssel auch nicht ohne sein Wissen anfertigen lassen. Hat Ihnen Ihr Mieter den Besitz eines Zweitschlüssels gestattet, gibt Ihnen das nicht das Recht, während der Abwesenheit Ihres Mieters dessen Wohnung zu betreten.

➡ **Praxis-Tipp:** Nehmen Sie in den Mietvertrag einen Passus auf, aus dem sich unmissverständlich Art und Anzahl der überlassenen Schlüssel ergibt.

Die Formulierung kann etwa wie folgt lauten: *»Dem Mieter werden für die Dauer der Mietzeit folgende Schlüssel ausgehändigt: 3 Haustürschlüssel, 3 Wohnungstürschlüssel, 2 Briefkastenschlüssel, 1 Kellertürschlüssel, 1 Hoftürschlüssel.«*

Sorgen Sie bei der Gartennutzung für Klarheit

Ihre Mieter dürfen den Garten prinzipiell nur benutzen, wenn dies im Mietvertrag ausdrücklich vereinbart wurde. Lediglich im Fall, dass Sie Ihrem Mieter ein Einfamilienhaus vermieten, ist eine zusätzliche Vereinbarung über die Gartenbenutzung nicht erforderlich. Das Gleiche gilt für eine Parterrewohnung in einem Mehrfamilienhaus, von der aus der Garten ausschließlich betreten werden kann.

In diesen Fällen ist, soweit keine anderweitige Regelung im Mietvertrag ausdrücklich getroffen wurde, der Garten mit-vermietet. Der den Garten nutzende Mieter hat dann auch die Pflicht, den Garten zu pflegen. Andererseits ist er aber auch berechtigt, das im gemieteten Garten an den Obstbäumen befindliche Obst zu ernten.

Haben Sie ein Mehrfamilienhaus vermietet, können Ihre Mieter davon ausgehen, dass der dazugehörige Garten von allen Mietern mitbenutzt werden kann, solange andere Mieter nicht gestört beziehungsweise die Grünanlage nicht beschädigt wird.

Praxis-Tipp: Behalten Sie sich im Mietvertrag vor, die Gartenbenutzung jederzeit widerrufen zu können. Legen Sie auch im Mietvertrag genau fest, inwieweit eine Gartenbenutzung erfolgen darf und wer für die Pflege des Gartens verantwortlich ist. Regeln Sie auch den Umfang der Pflege, damit jeder Mieter weiß, welche Aufgaben er im Garten hat, zum Beispiel wie oft er das Gras schneiden muss.

Sie können aber auch die Gartenpflege an eine Firma vergeben und diese Kosten als Betriebskosten auf Ihre Mieter umlegen. Das setzt aber voraus, dass die betroffenen Gartenflächen allen Mietern zur Mitbenutzung zur Verfügung stehen und die Kosten der Gartenpflege im Mietvertrag auf Ihre Mieter übertragen wurden.

2. Diese Regelungen gehören in jeden Wohnraum-Mietvertrag

Für Sie kommt es darauf an, Mietverträge abzuschließen, die Ihren wirtschaftlichen Interessen als Vermieter optimal Geltung verschaffen. Sicherlich, auch der beste Vertrag kann Sie letztlich nicht davor schützen, dass Sie an einen Mieter geraten, der nachlässig oder überhaupt nicht zahlt oder die Wohnung beim Auszug in einem bedenklichen Zustand zurücklässt. Aber mithilfe »wasserdichter« Verträge gelingt es Ihnen wesentlich leichter, Ihre Interessen entschlossen durchzusetzen.

Wenn Sie als Vermieter erfolgreich sein möchten, brauchen Sie kaufmännisches Denken. Egal, ob Sie »selbst gestrickte« Verträge verwenden oder beispielsweise die Vertragsvordrucke benutzen, die Sie im Handel erhalten: Die Weichen für ein rentables und störungsfreies Mietverhältnis werden jedenfalls schon bei Abschluss des Mietvertrags gestellt.

Versäumnisse, die Ihnen bei den Vertragsverhandlungen unterlaufen, können Sie später teuer zu stehen kommen. Es gilt der Grundsatz »Verträge sind einzuhalten«. Vertragsänderungen sind fast immer nur einvernehmlich mit dem Mieter möglich.

Die Schriftform: Ein absolutes »Muss«

Der Abschluss eines wirksamen Mietvertrags hängt nicht davon ab, dass eine bestimmte Form eingehalten wird. Entgegen immer noch weit verbreiteter Meinung kann ein Mietvertrag deshalb auch mündlich abgeschlossen werden, sofern sich die Mietvertragsparteien über alle wesentlichen Punkte einig sind.

Von diesem Grundsatz gibt es zwei wichtige Ausnahmen: Der Mietvertrag bedarf der Schriftform, wenn die Mietvertragsparteien diese als Voraussetzung für die Wirksamkeit des Mietvertrags vereinbart haben oder wenn die Mietzeit länger als ein Jahr betragen soll.

Der letztgenannte Ausnahmefall ist in der Praxis die Regel. Wird die Schriftform nicht eingehalten, so ist der Mietvertrag aber nicht etwa unwirksam, sondern gilt als für unbestimmte Zeit geschlossen. Dieser kann frühestens zum Ende des ersten Vertragsjahrs gekündigt werden. Im Übrigen ist der Mietvertrag aber voll wirksam. Wenn die Mietvertragsparteien die zunächst mündlich getroffenen Vereinbarungen dann doch noch schriftlich festhalten, wenn sie die Schriftform also nachholen, dann gilt der Mietvertrag als von Anfang an formgerecht abgeschlossen.

! **Vorsicht:** Wird keine ausdrückliche Regelung getroffen, gelten die gesetzlichen Vorschriften. Und das bedeutet beispielsweise: Die Miete ist erst am Ende des Monats fällig. Die Kosten für Schönheitsreparaturen und Kleinreparaturen müssen Sie als Vermieter tragen.

Die Mietvertragsparteien: Immer alle Mieter nennen

Beabsichtigen Sie, die Wohnung mehreren Personen zu überlassen, so achten Sie darauf, dass der Mietvertrag auch mit allen Bewohnern abgeschlossen wird. Ziehen in die Wohnung beispielsweise Eheleute oder die Partner einer nichtehelichen Lebensgemeinschaft ein, empfiehlt es sich dringend, dass im Vertragsformular beide Eheleute beziehungsweise beide Partner der nichtehelichen Lebensgemeinschaft namentlich aufgeführt werden – und auch beide den Vertrag unterschreiben.

In diesem Fall haften beide Ehegatten beziehungsweise beide Partner der nichtehelichen Lebensgemeinschaft gesamtschuldnerisch für die vertraglich übernommenen Verpflichtungen. Dazu gehört insbesondere die Zahlung der vereinbarten Miete. Gesamtschuldnerische Haftung bedeutet hier: Sie können von jedem Ehegatten beziehungsweise jedem Partner der nichtehelichen Lebensgemeinschaft die volle

Miete verlangen, ohne dass dieser Ihnen gegenüber einwenden kann, er hafte für die Miete lediglich anteilig.

! **Achtung:** Das gilt auch dann, wenn beispielsweise ein Ehegatte auszieht und nicht in die Wohnung zurückkehren will. Der ausgezogene Ehegatte haftet weiterhin für die Miete, bis das Mietverhältnis mit ihm aufgehoben wird.

Die Mieträume: So genau wie nur möglich bezeichnen

Bezeichnen Sie die vermietete Wohnung so genau wie nur möglich. Dazu gehört die Angabe von Ort, Straße, Hausnummer und Geschoss. Führen Sie im Mietvertrag außerdem stets mit auf, welche Nebenräume und Freiflächen mitvermietet sind, beispielsweise Keller- und Bodenräume, Kfz-Abstellplätze oder Gartenflächen. Nehmen Sie außerdem immer auch mit in den Mietvertrag auf, welche Schlüssel dem Mieter bei Einzug ausgehändigt werden. Ein sorgfältiges Vorgehen an dieser Stelle hat große praktische und rechtliche Bedeutung für die Durchsetzung Ihrer Rechte als Vermieter:

- Die Angaben dienen dazu, den Vertragsgegenstand eindeutig zu kennzeichnen.
- Ist die Wohnung bereits im Mietvertrag genau bezeichnet, können Sie eine Mieterhöhung leichter durchsetzen, wenn Sie sich auf Vergleichswohnungen berufen wollen.
- Erweist sich der Mieter als zahlungsunfähig oder zahlungsunwillig und zwingt er sie deshalb dazu, das Mietverhältnis zu kündigen und anschließend Räumungsklage zu erheben, können Sie Ihren Anspruch besser durchsetzen. Die genauen Angaben im Mietvertrag erleichtern Ihnen die Aufgabe, einen konkreten Klageantrag zu formulieren.

➡ **Praxis-Tipp:** Befinden sich die Mieträume in einem Neubau und ist das Mietshaus oder die Eigentumswohnung noch nicht fertig gestellt, dann empfiehlt es sich, dem Mietvertrag einen Plan beizufügen, auf dem die Mieträume besonders gekennzeichnet sind.

Die Mietdauer: Legen Sie sich eindeutig fest

Eine Regelung über die Dauer des Mietverhältnisses darf in keinem Mietvertrag fehlen. Für eine Regelung zur Mietdauer kommen folgende Alternativen in Betracht:

- Sie vereinbaren einen Mietvertrag auf unbestimmte Zeit,
- Sie vereinbaren einen Zeitmietvertrag.

Mietverträge, die auf unbestimmte Zeit abgeschlossen sind, können von beiden Mietvertragsparteien unter Einhaltung der gesetzlichen Kündigungsfrist gekündigt werden, von Ihnen als Vermieter allerdings nur, wenn Sie ein berechtigtes Interesse an der Räumung der Wohnung geltend machen können.

Beispiel: Sie berufen sich auf Eigenbedarf oder auf Hinderung an einer angemessenen wirtschaftlichen Verwertung der Wohnung (Verkauf). Die Kündigung eines Mietvertrags über Wohnraum zum Zweck der Mieterhöhung ist dagegen grundsätzlich nicht möglich.

Miete: Nutzen Sie Ihren Gestaltungsspielraum

Bei einer anstehenden Neuvermietung haben Sie im Wesentlichen folgende Möglichkeiten, die sich allesamt auf die Mietpreisgestaltung auswirken:

- Sie schließen einen Mietvertrag von unbestimmter Dauer ab und verzichten auf eine Regelung über spätere Mieterhöhungen.
- Sie schließen einen Zeitmietvertrag mit fest vereinbarter Miete für die gesamte Laufzeit des Vertrags ab.
- Sie vereinbaren mit Ihrem Mieter eine Staffelmiete. Dies ist unabhängig davon möglich, ob der Mietvertrag auf unbestimmte Zeit läuft oder nur befristet gilt.

Sie regeln nur die Anfangsmiete

Die meisten Mietverträge werden nach wie vor zeitlich unbefristet abgeschlossen. Zur Miethöhe enthalten diese Verträge fast immer nur eine einzige Regelung. Typisch ist etwa folgende Formulierung:

»Die Nettokaltmiete beträgt monatlich 400 Euro zuzüglich einer Vorauszahlung für die Betriebskosten gemäß der Anlage 3 zu § 27 der II. Berechnungsverordnung von monatlich 40 Euro zuzüglich einer Vorauszahlung für die Heiz- und Warmwasserkosten von monatlich 50 Euro.«

Mit einer solchen Vereinbarung regeln Sie die Anfangsmiete und sonst weiter nichts. Eine Regelung darüber, wann und in welchen Abständen die Miete erhöht werden kann, fehlt völlig. In diesen Fällen sind Sie als Vermieter auf das förmliche Mieterhöhungsverfahren angewiesen. Sie müssen von Ihrem Mieter unter Beachtung bestimmter Formalien die Zustimmung zur Mieterhöhung verlangen und diese zusätzlich begründen.

! **Achtung:** Bei einer derartigen Vertragsgestaltung entgehen Sie den Fallstricken des förmlichen Mieterhöhungsverfahrens nur, wenn Sie sich später mit Ihrem Mieter auf eine einvernehmliche Mieterhöhung verständigen können.

Bei einem Mietvertrag von unbestimmter Dauer mit einer Regelung lediglich über die Anfangsmiete halten Sie sich sämtliche Mieterhöhungsmöglichkeiten offen. Sie können sowohl die Miete auf die ortsübliche Vergleichsmiete erhöhen, als auch – bei Vorliegen der jeweiligen Voraussetzungen – die Miete wegen Betriebskostensteigerungen oder wegen durchgeführter Modernisierungen anheben.

Sie vereinbaren einen Zeitmietvertrag

Vermieter, die in absehbarer Zeit auf ihre Wohnung selbst angewiesen sind, setzen zunehmend Zeitmietverträge ein. Nur ein solcher Vertrag bietet die Sicherheit, dass der Mieter nach dem vereinbarten Ende der Mietzeit auch ausziehen muss.

X **Das ist neu ab 1. September 2001:** Die Unterscheidung zwischen einem befristeten Mietvertrag und einem echten Zeitmietvertrag »ist Geschichte«. Auch die Befristung auf nicht mehr als fünf Jahre entfällt. Ab 1. September 2001 gibt es nur noch den so genannten qualifizierten Zeitmietvertrag, der unbefristet abgeschlossen werden kann.

Damit diese Vertragsform vorliegt, müssen folgende Voraussetzungen zusammen vorliegen:

- Der Mietvertrag muss schriftlich geschlossen werden.
- An der Befristung müssen Sie als Vermieter ein besonderes Interesse haben. Anerkannt sind die drei Fallgruppen »künftige Eigennutzung«, »beabsichtigte Modernisierung«, »beabsichtigte Überlassung einer Werkwohnung an einen anderen Arbeitnehmer«. Was die »Modernisierung« betrifft, so müssen Sie als Vermieter beabsichtigen, in zulässiger Weise die Räume abzureißen oder so wesentlich zu verändern oder instandzusetzen, dass die Maßnahmen durch eine Fortsetzung des Mietverhältnisses erheblich erschwert würden.
- Ihre konkrete Verwendungsabsicht müssen Sie Ihrem Mieter bereits bei Abschluss des Mietvertrags schriftlich mitteilen.
- Die bei Mietbeginn mitgeteilte Verwendungsabsicht muss bei Beendigung des Mietverhältnisses noch bestehen.

! **Achtung:** Frühestens vier Monate vor Ablauf der Befristung kann Ihr Mieter verlangen, dass Sie ihm innerhalb eines Monats mitteilen, ob der Befristungsgrund noch besteht. Erfolgt die Mitteilung später, so kann Ihr Mieter verlangen, dass sich das Mietverhältnis um diese Verspätung verlängert.

Beispiel: Vier Monate vor Ablauf des Zeitmietvertrags verlangt Ihr Mieter Auskunft über das Fortbestehen der Verwendungsabsicht. Sie antworten ihm nach drei Monaten. Einen Monat hatten Sie für die Antwort ohnehin Zeit. Unterm Strich ist die Auskunft also nur um zwei Monate verspätet. Das Mietverhältnis verlängert sich um diesen Zeitraum, wenn Ihr Mieter dies verlangt.

Grundsätzlich gilt: Bei einem Zeitmietvertrag sind Mieterhöhungen ausgeschlossen. Das gilt nicht nur für die Anpassung an die ortsübliche Vergleichsmiete im Lauf der Zeit, sondern auch für Erhöhungen nach Modernisierung.

Beispiel: Sie einigen sich mit Ihrem Mieter auf einen Zeitmietvertrag. Die Laufzeit beträgt drei Jahre, und als Miete vereinbaren Sie 475 Euro monatlich. Wenn Sie darüber hinaus keine weiteren Regelungen über die Miete treffen, muss Ihr Mieter drei Jahre lang jeden Monat exakt 475 Euro Miete zahlen – und keine Mark mehr. Auch eine Mieterhöhung wegen Modernisierung ist ausgeschlossen.

Aber auch hier gilt: Kein Grundsatz ohne Ausnahme: Wenn Sie einen Zeitmietvertrag abschließen und sich gleichzeitig die Möglichkeit von Mieterhöhungen jedweder Art vorbehalten wollen, dann muss dies eindeutig und unmissverständlich im Mietvertrag geregelt werden.

➡ **Praxis-Tipp:** Es empfiehlt sich dringend, zu diesem Punkt eine klare Regelung in den Mietvertrag aufzunehmen, beispielsweise durch einen entsprechenden Vorbehalt. Durch eine solche Formulierung erhalten Sie sich die Möglichkeit, sowohl eine Erhöhung der Miete auf die ortsübliche Vergleichsmiete als auch einen Modernisierungszuschlag verlangen zu können. Dazu bietet sich etwa folgende Formulierung an: *»Die Vertragsparteien sind sich darüber einig, dass der Vermieter die Mieterhöhungen nach dem Gesetz zur Regelung der Miethöhe (MHG) und ab dem 1. September 2001 die Mieterhöhungen nach dem Bürgerlichen Gesetzbuch (BGB) beanspruchen kann.«*

Sie vereinbaren eine Staffelmiete

In Zeiten großer Wohnungsnot und hoher Inflationsraten lassen sich Staffelmieten leicht durchsetzen. Angesichts der gegenwärtig niedrigen Inflationsraten sieht allerdings manch ein Mietinteressent nicht ein, warum er staffelmäßig festgelegte Mietsteigerungen von beispielsweise fünf Prozent jährlich akzeptieren sollte. Andererseits bringen allzu karg bemessene Mietanhebungen auch für Sie als Vermieter wenig.

➡ **Praxis-Tipp:** Wenn Mietinteressenten Vorbehalte gegen eine Staffelmiete äußern, argumentieren Sie am besten damit, dass die vorgesehene Mietsteigerung nicht etwa dazu dient, Ihren »Mietgewinn« zu erhöhen. Sie benötigen den vorgesehenen Mehrbetrag als Inflationsausgleich und zusätzlich für Ihre Rücklagenbildung, damit Sie am Mietobjekt etwaige Schäden reparieren und Mängel beheben lassen können.

Bei Vereinbarung einer Staffelmiete legen Vermieter und Mieter fest, wann und in welchem Umfang sich die Miete künftig erhöhen soll. Die Vorteile einer solchen Staffel-Mietvereinbarung liegen auf der Hand:

- Die Staffelmiete kann Mietsteigerungen vorsehen, die Sie im förmlichen Mieterhöhungsverfahren nicht durchsetzen könnten. Zu Mietpreisüberhöhungen dürfen Sie es aber gleichwohl nicht kommen lassen.

- Die Mieterhöhung tritt automatisch ein. Eine besondere Aufforderung an Ihren Mieter, die erhöhte Miete zu zahlen, ist nicht erforderlich.

Zahlt er die erhöhten Beiträge nicht, gerät er ohne weiteres in Verzug. Damit die Vereinbarung der Staffelmiete wirksam ist, müssen folgende Voraussetzungen erfüllt sein:

- Die Vereinbarung der Staffelmiete muss in jedem Fall schriftlich erfolgen. **Ab 1. September 2001** entfällt eine Begrenzung der Laufzeit (bisher: zehn Jahre).
- Zwischen den Mieterhöhungen muss mindestens ein Jahr liegen. Werden kürzere Fristen vereinbart, beispielsweise eine Staffelmiete im Halbjahresrhythmus, dann ist die Staffel-Mietvereinbarung unwirksam.
- Die jeweils zu zahlende Miete oder die jeweilige Erhöhung muss betragsmäßig ausgewiesen sein.

Eine Staffel-Mietvereinbarung kann also etwa wie folgt aussehen: *»Die Nettokaltmiete beträgt monatlich 400 Euro. Sie erhöht sich jährlich ab 1. November 2002 auf 420 Euro, ab 1. November 2003 auf 440 Euro, ab 1. November 2004 auf 460 Euro.«*

Aber auch diese Formulierung ist zulässig: *»Die Nettokaltmiete beträgt monatlich 400 Euro. Sie erhöht sich jährlich ab 1. November 2002 um 20 Euro, ab 1. November 2003 um weitere 20 Euro, ab 1. November 2004 um weitere 20 Euro.«*

Egal, für welche Formulierung Sie sich entscheiden: Es genügt nicht, die Mieterhöhung lediglich in Prozentsätzen aufzuführen. Steht beispielsweise im Vertrag, dass die Miete jedes Jahr um fünf Prozent steigt, dann ist die Staffel-Mietvereinbarung unwirksam.

! **Achtung:** Verlangen Sie einen längerfristigen Mietvertrag, steht Ihrem Mieter ein Sonderkündigungsrecht zu. Danach kann er nach Ablauf von vier Jahren jederzeit mit einer Frist von drei Monaten kündigen – unabhängig davon, was im Mietvertrag geregelt ist.

Verlangen Sie die Miete immer im Voraus

X **Das ist neu ab 1. September 2001:** Was praktisch jeder Formularmietvertrag ohnehin schon vorsieht, wird jetzt auch ausdrücklich gesetzlich geregelt: Die Miete ist zu Beginn, spätestens bis zum dritten Werktag eines Monats zu entrichten. (Bisher: War im Mietvertrag nichts anderes vereinbart, konnte der Mieter die Miete monatlich im Nachhinein zahlen.)

Regeln Sie im Mietvertrag ausdrücklich, dass es für die Rechtzeitigkeit der Zahlung nicht auf die Absendung, sondern auf den Zugang der Miete bei Ihnen ankommt.

In der Regel überweist der Mieter die Miete auf ein Konto des Vermieters. Als Alternative können Sie auch vereinbaren, dass sich Ihr Mieter verpflichtet, eine Einzugsermächtigung zu erteilen. Auf diese Weise stellen Sie sicher, dass die Mietzahlungen pünktlich erfolgen. Die Vereinbarung, nach der Ihnen als Vermieter eine Einzugsermächtigung erteilt wird, muss ausdrücklich getroffen werden. Es bietet sich beispielsweise folgende Formulierung an: *»Die Miete ist monatlich im Voraus, spätestens am dritten Werktag eines Monats, an den Vermieter zu bezahlen, und zwar auf das Konto-Nr. ... bei ... (BLZ ...). Für die Rechtzeitigkeit der Bezahlung kommt es nicht auf die Absendung, sondern auf den Eingang des Geldes an.*

Der Mieter ermächtigt den Vermieter, die Miete sowie die Nachzahlungen aus den Betriebs- und Heizkostenabrechnungen im Lastschrift-Einzugsverfahren von einem vom Mieter zu benennenden Konto abzubuchen. Der Mieter verpflichtet sich, dem Vermieter eine Einzugsermächtigung zu erteilen.«

Betriebskosten:
Wie Sie finanzielle Nachteile vermeiden

Wenn im Mietvertrag nichts anderes vereinbart ist, umfasst die Miete alle Kosten, die Ihnen als Vermieter im Zusammenhang mit dem Mietobjekt erwachsen. Das schließt auch die Betriebskosten mit ein. Daraus folgt: Wenn Ihr Mieter neben der Miete noch Betriebskosten zahlen soll, muss dies im Mietvertrag eindeutig geregelt sein. Unklarheiten gegen zu Ihren Lasten. Sehen Sie grundsätzlich davon ab, sich mit Ihrem Mieter auf eine Betriebskostenpauschale zu einigen. Stellt sich später heraus, dass die Pauschale nicht ausreicht, ist eine Nachforderung ausgeschlossen. Vereinbaren Sie deshalb mit Ihrem Mieter stets eine Betriebskostenvorauszahlung, über die dann einmal jährlich abzurechnen ist.

➡ **Praxis-Tipp:** Ein absolutes Muss für Sie als Vermieter ist die Vereinbarung einer Nettokaltmiete. Alles andere ist kaufmännisch nicht vertretbar. Das gilt umso mehr, als fast alle Mietspiegel auf Nettokaltmieten basieren. Zahlt Ihr Mieter in diesem Fall eine (Teil-)Inklusivmiete, kann es sich im Einzelfall als äußerst schwierig erweisen, die maßgebliche Vergleichsmiete für die Mieterhöhung zu ermitteln.

! **Wichtig:** Achten Sie darauf, dass der Mietvertrag einen bestimmten monatlichen Vorauszahlungsbetrag nennt. Für welche der insgesamt aufgezählten Betriebskosten die vereinbarte Vorauszahlung bestimmt ist, muss sich aus dem Mietvertrag nicht ergeben. Allein entscheidend ist, dass sich der Mieter im Mietvertrag verpflichtet, alle in Anlage 3 zu § 27 der II. Berechnungsverordnung enthaltenen Betriebskosten (anteilig) zu zahlen. Dazu kommt beispielsweise folgende Formulierung in Betracht:

»Die Nettokaltmiete beträgt monatlich	*... Euro*
zuzüglich einer Vorauszahlung auf die Betriebskosten gemäß der Anlage 3 zu § 27 der II. Berechnungsverordnung mit Ausnahme der Heiz- und Warmwasserkosten von monatlich	*... Euro*
zuzüglich einer Vorauszahlung auf die Heiz- und Warm-Wasserkosten von monatlich	*... Euro*
zuzüglich Garagen-/Stellplatzmiete von monatlich	*... Euro*
Gesamtbetrag der Miete monatlich	*... Euro«*

Mietsicherheit: vorbeugender Schutz vor Mietausfall

Bestehen Sie zur Sicherung Ihrer Ansprüche aus dem Mietverhältnis darauf, dass Ihr Mieter eine Mietsicherheit leistet. Eine Mietkaution können Sie von ihm allerdings nur dann verlangen, wenn sie vertraglich vereinbart ist. In der Regel wird die Mietkaution dadurch erbracht, dass der Mieter einen bestimmten Geldbetrag zahlt. Aber auch andere Sicherungsformen, wie insbesondere die Bürgschaft eines Dritten, kommen in Betracht. Beachten Sie außerdem Folgendes:

- Die Mietkaution darf die dreifache Monatsmiete (ohne Betriebskostenvorauszahlung) nicht übersteigen. Zulässig ist aber, dass sich ein Dritter von sich aus freiwillig für den Mieter verbürgt, ohne dass der Mieter dadurch finanziell belastet wird.
- Ist eine Barkaution vereinbart, darf der Mieter die Kautionssumme in drei Monatsraten leisten. Die erste Rate wird zu Beginn des Mietverhältnisses fällig.
- Sie sind verpflichtet, die Kautionssumme – von Ihrem Vermögen getrennt – bei einem Kreditinstitut zu dem für Spareinlagen mit dreimonatiger Kündigungsfrist üblichen Zinssatz anzulegen. Die Zinsen stehen Ihrem Mieter zu, sie erhöhen die Sicherheit.

Ausführliche Hinweise zur Mietsicherheit lesen Sie ab Seite 65.

Die Kosten für Kleinreparaturen

Nach den gesetzlichen Vorschriften obliegt Ihnen als Vermieter die laufende Instandhaltung der Mieträume. Die formularmäßige Abwälzung von kleineren Instandhaltungsmaßnahmen auf den Mieter ist aber grundsätzlich zulässig. Voraussetzung ist allerdings, dass die so genannte Kleinreparaturklausel gegenständlich auf die Teile der Wohnung beschränkt wird, die häufig dem Zugriff des Mieters ausgesetzt sind. Das sind Installationsgegenstände für Elektrizität, Wasser und Gas, Heiz- und Kocheinrichtungen, Fenster- und Türverschlüsse sowie Verschlusseinrichtungen der Fensterläden.

Weitere Voraussetzung für die Wirksamkeit einer solchen Klausel ist, dass sie eine doppelte Begrenzung enthält. Erforderlich ist, dass die Klausel nicht nur die Belastung des Mieters pro Einzelfall begrenzt, sondern auch eine Höchstgrenze für die jährliche Gesamtbelastung nennt: *»Der Mieter trägt die Kosten für in den Mieträumen anfallende Kleinreparaturen. Die Kleinreparaturen umfassen das Beheben kleiner Schäden an den Installationsgegenständen für Elektrizität, Wasser und Gas, den Heiz- und Kocheinrichtungen, den Fenster- und Türverschlüssen sowie den Verschlusseinrichtungen der Fensterläden. Der Mieter trägt die Reparaturkosten bis zu 75 Euro pro Einzelfall. Pro Mietjahr ist der Aufwand für den Mieter auf 200 Euro, höchstens jedoch auf 50 Prozent der monatlich zu zahlenden Nettokaltmiete begrenzt.«*

Die Schönheitsreparaturen: Wie Sie Ihr Kostenrisiko gering halten

Nach den gesetzlichen Vorschriften müssen Sie als Vermieter die Mieträume in einem gebrauchsfähigen Zustand übergeben und dafür sorgen, dass dieser Zustand bis zur Beendigung des Mietverhältnisses erhalten bleibt. Zu dieser so genannten Instandsetzungspflicht zählt auch die Durchführung von Schönheitsreparaturen. Wenn Sie die Renovierungsarbeiten auf Ihren Mieter übertragen wollen, bedarf dies einer ausdrücklichen Vereinbarung im Mietvertrag. Dies kann auch im Rahmen einer Formularklausel geschehen. Wählen Sie eine klare und eindeutige Formulierung.

Die Vertragsklausel könnte beispielsweise wie folgt lauten: *»Endet das Mietverhältnis vor Ablauf des Fristenplans und gibt der Mieter die Wohnung nicht fachgerecht renoviert zurück, so ist der Mieter verpflichtet, aufgrund des eingeholten Kostenvoranschlags eines vom Vermieter ausgewählten Malerfachbetriebs zur Abgeltung der Renovierungspflicht folgende Zahlungen zu leisten: Liegen die Schönheitsreparaturen während der Mietzeit länger als ein Jahr zurück, so zahlt der Mieter 20 Prozent, liegen sie länger als zwei Jahre zurück, so zahlt der Mieter 40 Prozent, liegen sie länger als drei Jahre zurück, so zahlt der Mieter 60 Prozent, liegen sie länger als vier Jahre zurück, so zahlt der Mieter 80 Prozent der vorveran-*

schlagten Kosten. Der Mieter ist berechtigt, zur Vermeidung der anteiligen Zahlungsverpflichtung die fachgerechte Renovierung selbst vorzunehmen.« Ausführliche Hinweise zu Schönheitsreparaturen finden Sie ab Seite 221.

Checkliste für Ihre Vorbereitung auf die Neuvermietung Ihrer Wohnung

- Haben Sie zwei Mietvertragsformulare (je ein Exemplar für sich und Ihren Mieter) besorgt?
- Wenn mehrere Mieter die Wohnung anmieten wollen: Sind Ihnen alle Mieter namentlich bekannt?
- Wird die Wohnung im Mietvertrag genau bezeichnet?
- Sind eventuell mitvermietete Nebenräume und Freiflächen im Mietvertrag mit aufgeführt?
- Ist im Mietvertrag festgehalten, welche und wie viele Schlüssel der Mieter bekommt?
- Ergibt sich aus dem Mietvertrag eindeutig, ob es sich um ein befristetes oder unbefristetes Mietverhältnis handelt?
- Nennt der Mietvertrag die Nettokaltmiete?
- Soll im Mietvertrag eine Staffelmiete oder eine Indexmiete vereinbart werden?
- Ist im Mietvertrag eindeutig und unmissverständlich geregelt, dass der Mieter sämtliche Betriebskosten gemäß Anlage 3 zu § 27 der II. Berechnungsverordnung zu zahlen hat?
- Nennt der Mietvertrag einen bestimmten monatlichen Vorauszahlungsbetrag für die Heizkosten?
- Ist der Mieter zur Zahlung einer Mietkaution verpflichtet?
- Enthält die Kleinreparaturklausel die doppelte Begrenzung (Höchstbetrag pro Einzelfall und Obergrenze pro Jahr)?
- Haben Sie die Schönheitsreparaturen auf Ihren Mieter übertragen, und nennt der Mietvertrag einen Fristenplan?
- Sollen in den Mietvertrag noch zusätzliche Vereinbarungen (zum Beispiel Wegereinigung und Streupflicht, Gartennutzung und -pflege) aufgenommen werden?

3. Wie Sie Ihre Interessen in typischen Alltagssituationen durchsetzen

Für Sie als Vermieter lohnt es sich nicht, die eigene Rechtsposition überzubetonen. Unternehmerisch denkende Vermieter sehen in Ihren Mietern Geschäftspartner. Und eine gute Geschäftsbeziehung zum Mieter zahlt sich naturgemäß auch für Sie als Vermieter aus. Die Devise lautet: Zufriedene Dauermieter können den Vermieteralltag erleichtern, indem sie weniger Zeitaufwand und Ärger verursachen. Danach zu handeln, bedeutet auch ein Stück mehr Rechtssicherheit.

Es gibt bestimmte Themenbereiche, die in der Vermietungspraxis besonders häufig Fragen aufwerfen. Auf den nächsten Seiten finden Sie eine Zusammenstellung typischer Alltagssituationen, die nicht bereits in den anderen Kapiteln dieses Ratgebers dargestellt werden.

Ihr Mieter will den Garten mitbenutzen

Ohne ausdrückliche vertragliche Regelung gilt ein Garten nur dann als mitvermietet, wenn es sich bei dem Mietobjekt um ein Einfamilienhaus handelt oder beispielsweise um die Parterrewohnung in einem Mehrfamilienhaus, zu dem ein kleiner Hinter- oder Vorgarten gehört, der auch nur von dieser Wohnung aus betreten werden kann. In allen anderen Fällen, also insbesondere für den Garten eines Mehrfamilienhauses, gilt Folgendes: Die Mieter der Wohnungen im Haus dürfen den Garten nur benutzen, wenn dieser mitvermietet ist oder allen Hausbewohnern zur Verfügung steht. Im letzteren Fall handelt es sich dann um eine Gemeinschaftseinrichtung, deren Nutzung allen Mietern offen steht. Ausnahme: In den Mietverträgen ist geregelt, dass der Garten grundsätzlich nicht betreten werden darf.

! **Achtung:** Ist im Mietvertrag nichts geregelt und haben Sie über Jahre hinweg vorbehaltlos und widerspruchslos die Benutzung des Gartens durch Ihren Mieter geduldet, nehmen die Gerichte vielfach an, dass der Mietvertrag insoweit stillschweigend erweitert wurde. In einem solchen Fall können Sie von Ihrem Mieter nicht verlangen, dass dieser für die Benutzung des Gartens zusätzlich Miete zahlt.

Wenn Ihr Mieter den Garten benutzen darf, dann ist er auch berechtigt, im üblichen Umfang Blumen zu säen oder Sträucher zu pflanzen. Als Faustregel gilt: Der Mieter ist zu solchen Umgestaltungen berechtigt, die er bei Beendigung des Mietverhältnisses ohne weiteres wieder rückgängig machen kann, um den alten Zustand wieder herzustellen. Die Veränderung von wesentlichen Teilen des Gartens, wie etwa die Beseitigung von Bäumen und größeren Sträuchern, ist Ihrem Mieter dagegen nur erlaubt, wenn Sie als Vermieter dem ausdrücklich zustimmen.

Ihr Mieter nutzt die Wohnung auch beruflich

Solange eine gewerbliche Nutzung weder für Sie als Vermieter noch für die anderen Mitbewohner zu unzumutbaren Störungen führt, kann sie nicht als vertragswidrig eingestuft werden. Dies gilt beispielsweise für die Erledigung von Büroarbeiten in der Wohnung an Wochenenden oder in den Abendstunden. Ob und in welchem Umfang Ihr Mieter seine Wohnung auch gewerblich nutzen darf, ergibt sich in erster Linie immer aus dem Mietvertrag selbst. Nutzt Ihr Mieter die Wohnung in einem solchen Umfang, dass die vertraglich gezogenen Grenzen überschritten werden, rechtfertigt dies die fristlose Kündigung wegen vertragswidrigen Gebrauchs. Handelt es sich allerdings nur um Buchhaltungs- und Bürotätigkeiten per PC, können Sie ihm seine Heimarbeit nicht verwehren.

Oftmals enthalten die Mietverträge insoweit auch widersprüchliche Regelungen. Während die gewerbliche Nutzung nach der einen Klausel ausgeschlossen ist, soll sie nach einer anderen Klausel wiederum zulässig sein, sofern der Vermieter die Heimarbeit erlaubt hat. Ein solches Verbot mit Erlaubnisvorbehalt hat folgende Bedeutung: Sie als Vermieter sind verpflichtet, die Erlaubnis zu erteilen, wenn folgende Voraussetzungen erfüllt sind:

- Eine Beeinträchtigung Dritter, wie insbesondere der anderen Bewohner des Hauses, ist ausgeschlossen.
- Die Beschaffenheit der Wohnung wird nicht verändert.
- Die Gefahr einer Beschädigung der Wohnung, des Hauses und des Grundstücks ist ausgeschlossen.

Liegen diese Voraussetzungen vor, können Sie Ihrem Mieter eine Heimarbeit grundsätzlich nicht verwehren. Gegen die gewerbliche Nutzung beispielsweise eines Telefaxgeräts und eines Computers ist dann nichts einzuwenden. Der Mieter ist auch nicht verpflichtet, eine Gewerbeerlaubnis nachzuweisen.

! **Achtung:** Soweit Sie eine teilgewerbliche Nutzung der Mietwohnung dulden müssen, können Sie hierfür einen Mietzuschlag verlangen. Voraussetzung ist allerdings, dass Sie dies bereits bei Abschluss des Mietvertrags mit Ihrem Mieter vereinbart haben. Und: Gibt Ihr Mieter seine teilgewerbliche Tätigkeit wieder auf, fällt der Mietzuschlag automatisch wieder weg.

Ihr Mieter beauftragt Handwerker, Sie sollen zahlen

Grundsätzlich gilt: Als Vermieter sind Sie verpflichtet, die Mieträume in einem zum vertragsgemäßen Gebrauch geeigneten Zustand zu überlassen und sie während der Mietzeit in diesem Zustand zu erhalten. Treten in der Wohnung Mängel auf, sind zunächst Sie als Vermieter berechtigt, Abhilfe zu schaffen. Und Ihr Mieter ist verpflichtet, Sie auf die Mängel hinzuweisen, damit Sie überhaupt tätig werden. Nur wenn eine unmittelbare, nicht unerhebliche Gefahr (beispielsweise beim Rohrbruch) droht und Sie nicht erreichbar sind, darf Ihr Mieter selbst handeln. In allen anderen Fällen ist er nicht berechtigt, in Ihrem Namen Handwerker zu bestellen.

So weit zur rechtlichen Seite der Medaille; die wirtschaftliche stellt sich ganz anders dar: Wenn die Reparatur objektiv erforderlich war, handelt es sich um Sowieso-Kosten. Mit anderen Worten: Die Kosten wären auch dann entstanden, wenn Sie Ihrerseits einen Handwerker gerufen hätten. Trotzdem müssen Sie es nicht zulassen, dass Ihr Mieter die Handwerker beauftragt.

Praxis-Tipp: Teilen Sie Ihren Mietern bei Abschluss des Mietvertrags mit, an welche Handwerker sie sich »im Falle eines Falles« wenden können und müssen – entweder generell oder jedenfalls dann, wenn Sie selbst nicht erreichbar sind. Mit den Handwerkern wiederum schließen Sie eine Rahmenvereinbarung ab, wonach diese auf Anforderung eines Mieters tätig werden dürfen, wenn eine bestimmte Kostengrenze nicht überschritten wird.

In allen anderen Fällen müssen die Handwerker vorab mit Ihnen Rücksprache halten. Auf diese Art und Weise haben Sie das Kostenrisiko im Griff und zugleich sichergestellt, dass Sie informiert sind, wenn größere Handwerkerarbeiten anfallen. Ihren eigenen Zeit- und Arbeitsaufwand halten Sie gleichzeitig möglichst gering.

Hausmusik darf zeitlich begrenzt werden

Schon Wilhelm Busch wusste: »Oft wird es einem sehr verdacht, wenn man Geräusch nach Noten macht.« Grundsätzlich gehört musizieren zum normalen Mietgebrauch einer Wohnung. Dabei muss aber auf die übrigen Hausbewohner Rücksicht genommen werden. Sie dürfen nicht gestört werden.

Achtung: Das gilt vor allem während der üblichen Ruhezeiten von 13.00 bis 15.00 Uhr und von 22.00 bis 8.00 Uhr. In den Ruhezeiten muss auf jeden Fall Zimmerlautstärke eingehalten werden. In einem hellhörigen Haus kann auch verlangt werden, dass zu den üblichen Ruhezeiten überhaupt nicht musiziert wird.

Überhaupt ist Hausmusik nur mit Zeitlimit erlaubt. Für das Klavierspielen etwa begrenzen einige Gerichte die Höchstdauer auf ein bis eineinhalb Stunden täglich. Andere Gerichte gewähren eine Spieldauer von zwei bis drei Stunden. Saxophon- und Klarinettenspiel sind werktags auf zwei Stunden und sonntags auf eine Stunde beschränkt.

Dass die tägliche Spieldauer begrenzt werden darf, bedeutet aber nicht, dass hierfür zugleich auch starre Zeiten festgelegt werden können. Vielmehr kann für das Musizieren immer nur ein zeitlicher Rahmen vorgegeben werden. Der Grund dafür besteht darin, dass Berufstätige häufig nur abends und am Wochenende Zeit haben, der Hausmusik zu frönen.

Was in der Hausordnung geregelt werden kann

Hausordnungen haben den Zweck, ein möglichst reibungsloses Zusammenleben aller Hausbewohner zu gewährleisten. Über die Notwendigkeit einer Hausordnung lässt sich trefflich streiten. Eine Hausordnung beinhaltet lediglich, was Ihr Mieter nach dem Mietvertrag ohnehin zu respektieren hat. Anordnungen in der Hausordnung, die Ihren Mieter in der vertragsgemäßen Benutzung seiner Wohnung beschränken (zum Beispiel Besuch nach 22.00 Uhr) oder ihm sonstige Verpflichtungen auferlegen, sind unzulässig.

Wenn Sie (und Ihr Mieter) nicht ganz auf eine Hausordnung verzichten wollen, sollten Sie die Hausordnung auf ein Mindestmaß an Regelungen beschränken. In der Regel dürfte es ausreichend sein, Anordnungen zur Vermeidung von Lärmstörungen, zur Sicherheit und zur Reinhaltung zu treffen. Üblich sind beispielsweise folgende Formulierungen:

- **Vermeidung von Lärmstörungen**

»Störende Geräusche und solche Tätigkeiten, die die häusliche Ruhe beeinträchtigen, sind in der Zeit von 13.00 bis 15.00 Uhr und von 22.00 bis 7.00 Uhr, an Sonn- und Feiertagen bis 9.00 Uhr zu unterlassen. Insbesondere hat das Musizieren in dieser Zeit zu unterbleiben. Rundfunk-, Fernseh- und vergleichbare Geräte sind grundsätzlich auf Zimmerlautstärke zu beschränken.«

- **Sicherheit**

»Zum Schutz der Hausbewohner ist die Haustür in der Zeit von 22.00 bis 6.00 Uhr verschlossen zu halten. Fahrräder, Mofas und ähnliche Fahrzeuge dürfen in Hauseingängen, Treppen und Fluren nicht abgestellt werden. In den Wohnungen, im Keller, im Treppenhaus und auf dem Boden dürfen Vorräte an feuergefährlichen Gegenständen und Stoffen nicht gelagert werden.«

- **Reinigung**
»Die Mieträume sind frei von Ungeziefer zu halten. Abfall und Unrat sind in den dafür vorgesehenen Müllbehältern zu entsorgen. Treppen und Flure, die beim Transport von Sachen verunreinigt wurden, sind umgehend zu säubern.«

Wenn es Streit um Lärm gibt

Musik- und Partylärm bis tief in die Nacht, nächtliches Baden oder ein dröhnender Fernsehapparat – die Anlässe für Beschwerden über Lärm- und Geräuschbelästigungen aus Nachbarwohnungen sind ebenso zahlreich wie vielschichtig. Grundsätzlich gilt: Ihr Mieter hat ein Recht darauf, in seiner Wohnung ungestört zu leben. Verständlich ist aber auch, dass nicht gleich jedes Geräusch verboten werden kann. Hinzu kommt, dass Lärm und Lärm zweierlei sind. Was dem einen gefällt, kann für den anderen bereits unerträglich sein.

Als grobe Faustregel gilt: Lärm- und Geräuschbelästigungen, die das Wohlbefinden oder sogar die Gesundheit erheblich beeinträchtigen, braucht kein Mieter zu dulden. Ortsübliche und unvermeidliche Lärm- und Geräuschbelästigungen müssen aber hingenommen werden. Subjektive Empfindungen und etwaige Überempfindlichkeiten spielen hierbei keine Rolle.

Kommt es zu einem Rechtsstreit, wird gegebenenfalls ein unabhängiger Sachverständiger damit beauftragt, Messungen durchzuführen und ein Schallgutachten zu erstellen. Der Lärmpegel wird dann nach DIN- und VDI-Richtlinien ermittelt.

Um bei Ärger wegen Lärms nicht gleich in Rechtsstreitigkeiten verwickelt zu werden, kann man sich an einer Reihe von Einzelfällen aus der Praxis orientieren. Die folgende Übersicht zeigt, wie Gerichte bei Lärm- und Geräuschbelästigungen entschieden haben:

- Die beim **Baden und Duschen** mit dem Zu- und Ablaufen des Wassers verbundenen Geräusche gehören zu den normalen Wohngeräuschen, die von den Mitbewohnern des Hauses hingenommen werden müssen. Auch nach 22.00 Uhr kann sich ein Mieter unter die Dusche stellen oder ein Vollbad nehmen.

- **Familienfeiern** und **Tanzpartys** dürfen nicht zu einer Belästigung des Nachbarn führen. Dabei ist es unerheblich, ob der Mieter selbst oder seine Besucher den Lärm verursachen. Der Mieter ist für seine Gäste verantwortlich. Die Annahme, einmal in der Woche dürfe man ohne Rücksicht auf die Nachbarn »auf die Pauke hauen«, ist weit verbreitet, aber nicht richtig. Ganz im Gegenteil: Mietern, die gegen den erklärten Willen des Vermieters ständig Partys feiern, kann gekündigt werden, unter Umständen sogar fristlos. Es ist aber niemandem verwehrt, gelegentlich aus besonderem Anlass daheim zu feiern. Und zwar selbst dann nicht, wenn der Nachbar dadurch einmal gestört werden sollte. Solche Feiern – dazu zählen beispielsweise Verlobung, Konfirmation, Kindstaufe – müssen aber die Ausnahme bleiben. Außerdem sollten solche Feiern den Nachbarn vorher besser angekündigt werden.
- **Kinder** dürfen auch dann in der Wohnung herumlaufen und spielen, wenn das Getrampel in der Nachbarwohnung vernehmbar ist. Der Lärm spielender Kinder muss in gewissem Umfang von jedem Hausbewohner hingenommen werden. Das gilt erst recht für das Lachen, Schreien und Weinen von Kleinkindern, weil es sich dabei um ganz natürliches Verhalten der Kinder handelt.
- Ob **Radio, Stereoanlage** oder **Fernsehapparat** – die Geräte müssen stets in Zimmerlautstärke laufen. So schreiben es die Immissionsschutzgesetze der Länder vor. Zimmerlautstärke bedeutet, dass die Geräusche beim Nachbarn nicht störend vernehmbar sein dürfen. Das gilt besonders bei geöffnetem Fenster und während der üblichen Ruhezeiten. Aber auch außerhalb der Ruhezeiten dürfen die Geräte nur so laut gestellt werden, dass diese in der Nachbarwohnung nicht oder lediglich kaum noch zu hören sind. Und das Dröhnen von Phonogeräten mit einer solchen Lautstärke, dass sogar nachträglich durchgeführte schalldämmende Maßnahmen keine wirksame Abhilfe gegen die Lärmbelästigungen schaffen, muss auf gar keinen Fall hingenommen werden.

Wenn Ihr Mieter Einbauten vornimmt

Es kommt regelmäßig vor, dass Mieter während der Mietzeit innerhalb der Wohnung bauliche Veränderungen vornehmen oder Einrichtungen anbringen, um sich die Mieträume zweckmäßiger und bequemer zu gestalten. Bei Beendigung des Mietverhältnisses ist Ihr Mieter dann verpflichtet, die von ihm vorgenommenen Veränderungen wieder zu beseitigen, wenn Sie das verlangen. Dies gilt beispielsweise für Holzvertäfelungen, Fußbodenbeläge, abgehängte Decken, Duschkabinen, Rollläden oder Markisen.

Wenn Sie als Vermieter Einbauten nicht übernehmen wollen, hat Ihr Mieter aber nicht nur die Pflicht, sondern auch das Recht, seine eigenen Einrichtungen und Einbauten beim Auszug mitzunehmen. Tritt der Fall ein, dass Sie daran interessiert sind, die Einrichtungen und Einbauten Ihres Mieters in der Wohnung zu erhalten, gilt Folgendes:

Das Recht Ihres Mieters, die Einrichtungen und Gegenstände mitzunehmen, ist ausgeschlossen, wenn Sie als Vermieter ihm eine angemessene Entschädigung anbieten. Kalkulationsgrundlage ist jeweils der Zeitwert der betreffenden Gegenstände.

Die Entschädigung muss aber nicht unbedingt in Geld geleistet werden. Es genügt, wenn Sie beispielsweise in Höhe der mit Ihrem Mieter vereinbarten Entschädigungsleistung auf Renovierungsansprüche verzichten. Stattdessen können Sie mit Ihrem Mieter beispielsweise aber auch vereinbaren, dass Sie ihn schon vor Ablauf der Kündigungsfrist aus dem Mietvertrag entlassen, wenn er bestimmte Einrichtungen oder Einbauten zurücklässt.

! **Wichtig:** Selbst durch Zahlung einer angemessenen Entschädigung können Sie Ihren Mieter nicht daran hindern, seine Einrichtungen und Einbauten mitzunehmen, wenn er ein berechtigtes Interesse daran hat. Das ist etwa der Fall, wenn die Gegenstände im Handel nicht mehr erhältlich sind oder eine anderweitige Neuanschaffung unwirtschaftlich ist.

X **Das ist neu ab 1. September 2001:** Ihr Mieter kann von Ihnen die Zustimmung zu baulichen Veränderungen oder sonstigen Einrichtungen verlangen, die für eine behindertengerechte Nutzung der Wohnung oder den Zugang zu ihr erforderlich sind, wenn er ein berechtigtes Interesse daran hat. Als Vermieter können Sie Ihre Zustimmung verweigern, wenn Ihr Interesse an der unveränderten Erhaltung der Wohnung und des Hauses das Interesse des Mieters an einer behindertengerechten Nutzung der Wohnung überwiegt. Dabei sind auch die berechtigten Interessen anderer Mieter im Haus zu berücksichtigen. Außerdem können Sie Ihre Zustimmung von der Zahlung einer angemessenen zusätzlichen Sicherheit für die Wiederherstellung des ursprünglichen Zustands abhängig machen.

Wenn Ihr Mieter eine »Schüssel« installieren will

Ihr Mieter kann gegebenenfalls auch gegen Ihren Willen verlangen, dass er eine Parabolantenne am Haus installieren darf. Der Grund dafür ist sein Grundrecht auf freien Zugang zu allen allgemein üblichen Informationsquellen.

Die grundrechtlich geschützte Informations- und Meinungsfreiheit umfasst nach einer Entscheidung des Bundesverfassungsgerichts auch alle fremdsprachigen Programme. Im Einzelfall ist zwischen Ihrem Eigentumsrecht als Vermieter einerseits und dem Grundrecht Ihres ausländischen Mieters auf Information andererseits eine Interessenabwägung vorzunehmen.

Dabei kommt dem Interesse Ihres Mieters am Zugang zu allgemeinen Informationsquellen ein hoher Stellenwert zu. Ein absoluter Vorrang besteht jedoch nicht. Ohne triftige, sachbezogene Gründe dürfen Sie sich allerdings nicht weigern, Ihrem Mieter Einrichtungen zu gestatten, die ihm den Zugang zu sonst nicht erreichbaren Informationsquellen ermöglichen. Das gilt insbesondere für Parabolantennen.

! **Achtung:** Diese Grundsätze finden auch dann Anwendung, wenn zwar ein Kabelanschluss im Haus vorhanden ist, über diesen jedoch nicht die vom Mieter gewünschten fremdsprachigen Programme angeboten werden.

Die Gerichte haben im Einzelnen die Voraussetzungen aufgelistet, die vorliegen müssen, damit ausländische Mieter gegebenenfalls trotz Breitbandkabelanschluss zusätzlich eine Parabolantenne installieren dürfen. Im Einzelnen müssen folgende Voraussetzungen erfüllt sein:

- Der vorhandene Breitbandkabelanschluss befriedigt das Bedürfnis Ihres Mieters auf Empfang von Fernsehprogrammen aus seinem Heimatland derzeit und in absehbarer Zukunft nicht.
- Dem Anbringen der Antennenanlage dürfen Vorschriften des Baurechts und des Denkmalschutzes ebenso wenig entgegenstehen wie Rechte Dritter.
- Die Parabolantenne wird an einem für den Empfang von Satellitenprogrammen tauglichen Ort installiert, an dem sie nach Ihrer Einschätzung als Vermieter am wenigsten stört.
- Die Antenne wird zur weitergehenden Sicherung vor denkbaren Schäden von einem Fachmann angebracht.
- Erhebliche nachteilige Eingriffe in die Bausubstanz müssen ausgeschlossen sein.

➡ **Praxis-Tipp:** Sie können verlangen, dass Ihr Mieter Sie von allen im Zusammenhang mit der Installation entstehenden Kosten und Gebühren freistellt. Gleiches gilt hinsichtlich der Haftung für Schäden, die durch die Antenne verursacht werden und den Aufwand für die Beseitigung der gesamten Antennenanlage bei seinem Auszug aus der Wohnung. Ferner können Sie darauf bestehen, dass Ihr Mieter das Haftungsrisiko durch Abschluss einer Versicherung und den Beseitigungsaufwand in sonstiger Weise (zum Beispiel durch eine Kaution) absichert.

! **Achtung:** Für den Fall, dass mehrere Mieter jeweils eine eigene Parabolantenne installieren wollen, können Sie Ihre Mieter im Rahmen der technischen Möglichkeiten auf die Nutzung einer gemeinsam anzubringenden und zu finanzierenden Parabolantennenanlage verweisen.

Handelt Ihr Mieter eigenmächtig und montiert er eine Parabolantenne, ohne zuvor mit Ihnen zu sprechen, muss er sie gegebenenfalls wieder entfernen. Sind allerdings nur unerhebliche Beeinträchtigungen entstanden, darf die Antenne bleiben.

Gewisse optische Beeinträchtigungen müssen Sie als Vermieter hinnehmen, wobei es allerdings immer auf den optischen Gesamteindruck und das Umfeld des Hauses ankommt. Stellt Ihr Mieter die Parabolantenne beispielsweise in einem mitvermieteten Gartenteil so auf, dass keine ästhetischen Beeinträchtigungen für die Umwelt entstehen, müssen Sie dies akzeptieren. Das gilt auch für das Aufstellen einer Parabolantenne in dem sichtgeschützten Bereich eines zur Wohnung gehörenden Balkons.

Ein Thema mit Streitpotenzial: Tierhaltung

Die Haltung von Tieren führt immer wieder zu Meinungsverschiedenheiten zwischen Mietern und Vermietern wie auch zwischen Hausbewohnern. Ob und in welchem Umfang Haustiere gehalten werden dürfen, kommt immer auf den konkreten Einzelfall an. Beachten Sie aber folgende allgemeine Grundsätze:

- Der Mietvertrag erlaubt die Tierhaltung: In diesem Fall darf sich Ihr Mieter übliche Haustiere wie Hunde, Katzen und Vögel anschaffen. »Exoten« wie Gift- oder Würgeschlangen gehören – selbstverständlich – nicht dazu.
- Der Mietvertrag verbietet die Tierhaltung: Das uneingeschränkte Verbot jeglicher Tierhaltung in einem Formularmietvertrag ist unwirksam. Nach Auffassung des Bundesgerichtshofs erfasst ein solches Verbot unterschiedslos sämtliche Tiere, die Menschen zu ihrem Nutzen oder Vergnügen halten können. Selbst Zierfische in einem Aquarium würden von diesem Verbot erfasst. Das stellt aber eine unangemessene Benachteiligung des Mieters dar.

➡ **Praxis-Tipp:** Die Haltung von Kleintieren, die in einem Käfig leben, können Sie Ihrem Mieter nicht verbieten. Dazu zählen insbesondere Ziervögel, Hamster, Meerschweinchen und Zwergkaninchen.

Wenn der Mietvertrag die Tierhaltung davon abhängig macht, dass Sie ihr zustimmen, gilt Folgendes: In diesem Fall steht es Ihnen als Vermieter frei, ob Sie die Tierhaltung genehmigen möchten oder nicht. Ohne triftige, sachlich motivierte Gründe dürfen sie die Tierhaltung aber nicht verbieten.

Und auch dann, wenn Sie bereits über einen längeren Zeitraum geduldet haben, dass Ihr Mieter beispielsweise einen Hund hält, dürfen Sie die Hundehaltung nicht ohne triftigen Grund verbieten. In einem solchen Fall müssen Sie nach Auffassung mehrerer Gerichte zusätzlich berücksichtigen, dass sich Ihr Mieter zwischenzeitlich an das Tier gewöhnt hat.

In folgenden Fällen sind Sie berechtigt, die Tierhaltung zu verbieten beziehungsweise von Ihrem Mieter zu verlangen, dass er sein Haustier wieder abschafft:

- Ein Nachbar hat eine Tierallergie, wobei eine konkrete Gefährdung vorliegen muss.
- Ihr Mieter will in einem Mehrfamilienhaus einen Rottweiler halten.
- Ihr Mieter hat eine Ratte angeschafft.
- Ihr Mieter will in einer Zweizimmerwohnung eine Dackelzucht betreiben.

! **Achtung:** Halten bereits mehrere Mieter im Haus einen Hund oder eine Katze, können Sie einem (weiteren) Mieter im Haus nur dann die Tierhaltung verbieten, wenn Sie wichtige Gründe dafür haben. Andernfalls kann Ihnen Rechtsmissbrauch entgegengehalten werden. Andererseits gilt aber auch: Erlauben Sie Ihrem Mieter, einen Hund zu halten, ist dieser nicht berechtigt, sich deshalb auch noch einen zweiten Hund anzuschaffen.

Wenn sich Mieter trennen oder scheiden lassen

Der Fall ist alltäglich: Eheleute oder Partner einer nichtehelichen Lebensgemeinschaft trennen sich. Ist der Mietvertrag mit beiden (Ehe-) Partnern abgeschlossen, bleibt auch derjenige Ehepartner zur Mietzahlung verpflichtet, der aus der Wohnung ausgezogen ist. Er kann aus dem Mietvertrag nur dann wirksam ausscheiden, wenn die (ehemals) »bessere Hälfte« damit einverstanden ist und der Vermieter zustimmt. Solange dies nicht geschehen ist, haftet auch der ausgezogene Ehepartner weiterhin für die Mietzahlung.

Können sich die Ehepartner anlässlich der Ehescheidung nicht einigen, wer von ihnen künftig die Wohnung allein bewohnen soll, so entscheidet hierüber auf Antrag das Familiengericht. Das Gericht kann anordnen, dass ein von beiden eingegangenes Mietverhältnis von einem Ehepartner allein fortgesetzt wird oder dass ein Ehepartner anstelle des anderen in ein von diesem eingegangenen Mietverhältnis eintritt. Das Gericht kann den Mietvertrag entsprechend umgestalten. Ist derjenige Ehepartner, dem die Wohnung zugewiesen werden soll, nicht Mietvertragspartei, kann das Gericht zugunsten dieses Ehepartners ein Mietverhältnis gründen. Der Ehepartner, dem die Wohnung zugewiesen wird, tritt mit der Gerichtsentscheidung als Alleinmieter in den Mietvertrag ein. Der andere Ehepartner, der bisher Mit- oder Alleinmieter war, ist von diesem Zeitpunkt an von seinen mietvertraglichen Verpflichtungen befreit.

Sie als Vermieter sind an dem Verfahren vor dem Familiengericht beteiligt. Durch die Anordnungen des Gerichts sollen Sie nicht schlechter gestellt werden als zuvor. Deshalb kann das Gericht beispielsweise anordnen, dass der ausgezogene Ehepartner eine Sicherheitsleistung zugunsten des in der Wohnung verbleibenden Ehepartners erbringt.

Wenn Sie die Wohnung besichtigen wollen

Gesetzlich ist nicht geregelt, ob und bei welchen Gelegenheiten Sie als Vermieter die Wohnung Ihres Mieters besichtigen dürfen. Grundsätzlich gilt: Der Vermieter hat kein Recht, die Wohnung zu betreten. Ein Besichtigungsrecht des Vermieters erkennen die Gerichte allerdings ausnahmsweise dann an, wenn er hierauf angewiesen ist, um seine Pflichten zu erfüllen und seine Rechte wahrnehmen zu können. Danach steht Ihnen als Vermieter insbesondere in folgenden Fällen ein Besichtigungsrecht zu:

- In der Wohnung des Mieters sind Schäden aufgetreten (beispielsweise Wasserrohrbruch, Frostschäden).
- Sie wollen die Wohnung des Mieters routinemäßig auf ihren vertragsgemäßen Zustand hin überprüfen (zulässig im Abstand von etwa zwei Jahren).
- Sie wollen die Notwendigkeit oder den Umfang von Instandsetzungsarbeiten feststellen.
- Das Mietverhältnis ist gekündigt und Sie wollen den ordnungsgemäßen Zustand der Wohnung überprüfen oder die Wohnung Mietinteressenten zeigen.
- Sie wollen Ihr Mietshaus verkaufen und die Wohnung des Mieters mit einem Kaufinteressenten besichtigen.

Sie müssen Ihre Besichtigungsabsicht rechtzeitig anzeigen und auf die Belange des Mieters Rücksicht nehmen. Dies gilt vor allem dann, wenn der Mieter berufstätig ist. Eine Frist von mindestens zehn bis 14 Tagen sollten Sie im Allgemeinen einhalten. Eine Ausnahme gilt in Eilfällen, etwa bei einem drohenden oder bereits eingetretenen Wasserrohrbruch. Hier kann die Ankündigung selbstverständlich kurzfristig erfolgen.

➡ **Praxis-Tipp:** Sie haben das Recht, sich von solchen Personen begleiten zu lassen, deren Sachkunde Sie in Anspruch nehmen wollen. Sie können sowohl einen Sachverständigen als auch einen Handwerker, der die Arbeiten in der Wohnung des Mieters ausführen soll, mitnehmen.

Das Besichtigungsrecht darf nur zur so genannten Besuchszeit ausgeübt werden, also wochentags von 10 bis 13 Uhr und von 15 bis 18 Uhr sowie ausnahmsweise auch an Sonn- und Feiertagen von 11 bis 13 Uhr. Verweigert Ihnen Ihr Mieter den Zutritt zu seiner Wohnung, dürfen Sie Ihr Besichtigungsrecht nicht mit Gewalt erzwingen. Vielmehr müssen Sie zunächst die Verurteilung des Mieters zur Duldung der Besichtigung erwirken. In eilbedürftigen Fällen können Sie Ihr Besichtigungsrecht auch mit einer einstweiligen Verfügung bei Gericht durchsetzen.

4. Wie Sie bei Beendigung des Mietverhältnisses kostspielige Fehler vermeiden

Dass ein Mieter die Kündigung seines Mietvertrags akzeptiert, ist eher die Ausnahme als die Regel. Immer häufiger sind Vermieter darauf angewiesen, ihren (vermeintlichen) Räumungsanspruch nach einer Kündigung gerichtlich durchzusetzen. Dabei erlebt manch ein Vermieter eine böse Überraschung: Obwohl er meinte, einen triftigen Kündigungsgrund zu haben, wird seine Räumungsklage abgewiesen.

Ein solcher Prozessausgang ist für Sie als Vermieter doppelt ärgerlich: Zum einen bleiben Sie auf den Prozesskosten sitzen. Diese können einen ansehnlichen Betrag ausmachen. Im Einzelfall können die Prozesskosten die Höhe einer Jahresmiete erreichen. Hinzu kommt: Da die bereits ausgesprochene Kündigung unwirksam ist, müssen Sie das Mietverhältnis erneut kündigen, wenn Sie das Mietverhältnis weiterhin beenden wollen. Sie müssen erneut die Kündigungsfristen beachten und für den Fall, dass der Mieter dann wieder nicht aus der Wohnung auszieht, erneut einen unter Umständen monatelangen Prozess in Kauf nehmen.

Für Sie als Vermieter kommt es deshalb darauf an, besonders sorgfältig vorzugehen, wenn Sie das Mietverhältnis beenden wollen.

! **Achtung:** Aus Platzgründen können die gesetzlichen Regelungen über die Kündigungsgründe nicht detailliert dargestellt werden. Das würde den Rahmen dieses Ratgebers sprengen. Auf den nächsten Seiten finden Sie aber wichtige Hinweise und Praxis-Tipps zu den Kündigungsgründen, die für die Vermietungspraxis erfahrungsgemäß eine besondere Rolle spielen.

Wann eine Kündigung ausgeschlossen ist

Das Kündigungsrecht kann vertraglich ausgeschlossen sein. Dies ist beispielsweise der Fall, wenn Sie mit Ihrem Mieter einen Zeitmietvertrag abgeschlossen haben. Für die Dauer der Befristung ist eine ordentliche Kündigung ausgeschlossen. Ausnahme: Sie oder Ihr Mieter wollen fristlos kündigen.

Beispiel: Wie wohnen in München und haben eine Eigentumswohnung in Hamburg vermietet. Der Zeitmietvertrag läuft bis 31. Dezember 2002. Ihre Tochter kehrt vorzeitig von einem Auslandsaufenthalt zurück, um im Frühjahr 2002 in Hamburg ein Studium zu beginnen. Es war von vornherein geplant, dass sie in die vermietete Wohnung einzieht. Wenn Sie ihr die Wohnung bereits vor dem 1. Januar 2003 überlassen möchten, ist dies nur möglich, wenn sich Ihr Mieter auf eine vorzeitige Beendigung des Mietverhältnisses einlässt.

Dass die Kündigung des Mietverhältnisses ausgeschlossen ist, ergibt sich oftmals auch aus anderen vertraglichen Regelungen. Dies ist etwa der Fall, wenn Sie mit Ihrem Mieter vereinbart haben, dass er Mietvorauszahlungen oder Finanzierungsbeiträge leistet. Dann ist eine ordentliche Kündigung des Mietverhältnisses durch den Vermieter zumindest so lange ausgeschlossen, bis die Mietvorauszahlungen beziehungsweise Finanzierungsbeiträge »abgewohnt« sind.

Beispiel: Der Mieter leistet eine Mietvorauszahlung, die in den ersten vier Jahren auf die Miete angerechnet wird. Dann können Sie den Mietvertrag während dieser Zeit nicht kündigen.

! **Achtung:** Bei der Vermietung von Wohnraum kann nur die ordentliche Kündigung vertraglich ausgeschlossen werden, nicht auch die fristlose Kündigung. Lediglich bei der Vermietung von Gewerberaum ist es möglich, die fristlose Kündigung vertraglich ebenfalls auszuschließen.

Die Kündigung muss stets schriftlich erfolgen

Eine Kündigung muss schriftlich erfolgen. Das gilt für Mieter und Vermieter in gleicher Weise. Die Kündigung muss eigenhändig unterschrieben werden. Deshalb ist eine Kündigung per E-Mail oder Telefax unzulässig. Denn auf diesen Schriftstücken befindet sich in beiden Fällen keine Originalunterschrift des Absenders.

Für den Fall, dass Sie einen Bevollmächtigten wie beispielsweise einen Rechtsanwalt mit der Kündigung des Mietverhältnisses beauftragen, muss dieser eine Originalvollmacht beifügen. Das gilt im umgekehrten Fall für den Mieter in gleicher Weise. Spricht ein Bevollmächtigter die Kündigung aus, ohne eine Originalvollmacht beizufügen, so kann der Empfänger die Erklärung schon aus diesem Grund zurückweisen. Das gilt gerade auch dann, wenn die Vollmacht in Form einer Faxkopie vorgelegt wird. Die Folge ist, dass die Kündigung unwirksam wird.

! **Achtung:** Die Zurückweisung muss unverzüglich erfolgen; das heißt innerhalb von höchstens 14 Tagen.

Achten Sie auf die Kündigungsfristen

Bei einer ordentlichen Kündigung des Mietverhältnisses müssen sowohl Ihr Mieter als auch Sie selbst bestimmte Fristen einhalten.

Direktvergleich: alte und neue Kündigungsfristen			
Regelung bis 31. August 2001		**Regelung ab 1. September 2001**	
Mietdauer	**Einheitliche Frist**	**Frist für Vermieter**	**Frist für Mieter**
bis zu 5 Jahre	3 Monate	3 Monate	3 Monate
mehr als 5 Jahre	6 Monate	6 Monate	3 Monate
mehr als 8 Jahre	9 Monate	9 Monate	3 Monate
mehr als 10 Jahre	12 Monate	9 Monate	3 Monate

Das ist neu ab 1. September 2001: Für Mieter gilt – unabhängig von der Dauer des Mietverhältnisses – eine einheitliche Kündigungsfrist von nur drei Monaten. Die Kündigungsfrist für Sie als Vermieter verlängert sich nach fünf Jahren auf sechs Monate und nach acht Jahren auf neun Monate. Gestaffelte Fristen für Vermieter und Mieter sind ab dem 1. September 2001 unwirksam.

Achtung: Grundsätzlich unzulässig ist eine Vereinbarung, die besagt, dass Sie als Vermieter berechtigt sein sollen, mit einer kürzeren als der im Gesetz genannten Frist zu kündigen. Eine Ausnahme gilt für Wohnraum, der nur zu vorübergehendem Gebrauch (bis zu sechs Monaten) vermietet ist. Hier kann auch für die Kündigung durch Sie als Vermieter eine kürzere als die gesetzliche Frist vereinbart werden.

Eine Sonderregelung gilt außerdem für die Vermietung eines möblierten Zimmers an eine Einzelperson innerhalb der vom Ihnen oder Ihrem Mieter selbst bewohnten Räume. In diesen Fällen richtet sich die Kündigungsfrist nach dem vereinbarten Zahlungszeitraum der Miete. Ist die Miete, wie allgemein üblich, monatlich zu zahlen, kann das Mietverhältnis regelmäßig zum fünfzehnten eines Monats zum Ende desselben Monats gekündigt werden.

Praxis-Tipp: Es ist nicht unbedingt erforderlich, dass im Kündigungsschreiben ein bestimmtes Datum genannt wird, zu dem die Kündigung wirksam werden soll. Es reicht aus, wenn sich aus dem Kündigungsschreiben ergibt, dass das Mietverhältnis nach Ablauf der gesetzlichen Kündigungsfrist beendet werden soll. Der Klarheit halber empfiehlt es sich aber dringend, auf die Angabe des Kündigungsdatums nicht zu verzichten.

Weisen Sie Ihren Mieter auf sein Widerspruchsrecht hin

Selbst wenn Sie eine wirksame Kündigung aussprechen, bedeutet dies nicht automatisch das Ende des Mietverhältnisses. Ihrem Mieter bleibt Ihnen dann immer noch die Widerspruchsmöglichkeit nach der Sozialklausel.

Das bedeutet: Ihr Mieter kann einer ansonsten rechtswirksamen ordentlichen fristgemäßen Kündigung widersprechen und von Ihnen die Fortsetzung des Mietverhältnisses verlangen, wenn die Beendigung des Mietverhältnisses für ihn, seine Familie oder einen anderen Angehörigen seines Haushalts eine Härte bedeuten würde, die auch unter Würdigung Ihrer berechtigten Interessen nicht zu rechtfertigen ist.

Eine unzumutbare Härte liegt besonders dann vor, wenn der Mieter keine angemessene Ersatzwohnung zu zumutbaren Bedingungen findet. Ob eine Ersatzwohnung angemessen ist, richtet sich wesentlich nach den bisherigen Bedürfnissen und Wohnverhältnissen. Ist die Ersatzwohnung von der Größe her angemessen und preislich tragbar, kann dem Mieter sowohl wirtschaftlich als auch persönlich zugemutet werden, in die Ersatzwohnung einzuziehen.

Außerdem kommen folgende Umstände für den Mieter als spezielle Härtegründe in Betracht. Das gilt erst recht dann, wenn mehrere dieser Aspekte zusammenwirken. Härtegründe für den Mieter können vorliegen bei:

- hohem Alter,
- Gebrechlichkeit/Pflegebedürftigkeit,
- schwerer Krankheit,
- Schwangerschaft,
- kinderreicher Familie,
- besonderen schulischen und beruflichen Verhältnissen,
- kurzfristig bevorstehendem Zwischenumzug, etwa nach begonnenem Bau eines Eigenheims oder bei Zusage einer Ersatzwohnung sowie
- besonderen Aufwendungen für die Wohnung (Instandsetzung, bauliche Veränderungen).

Die Sozialklausel gilt für alle Wohnraummietverhältnisse. Der Widerspruch Ihres Mieters muss Ihnen spätestens zwei Monate vor Beendigung des Mietverhältnisses vorliegen. Dies gilt aber nur dann, wenn Sie Ihren Mieter im Kündigungsschreiben auf seine Rechte nach der Sozialklausel hingewiesen haben. Versäumen Sie diesen Hinweis, erfolgt der Widerspruch immer noch rechtzeitig, wenn er spätestens im ersten Termin des Räumungsprozesses erklärt wird.

Praxis-Tipp: Um keine unnötige Zeit zu verlieren, empfiehlt es sich dringend, bereits im Kündigungsschreiben auf die Widerspruchsmöglichkeit hinzuweisen. So zwingen Sie Ihren Mieter zugleich auch, »Farbe zu bekennen«. Sie können sich dann rechtzeitig darauf einstellen, ob er lediglich »auf Zeit spielen« will oder erhebliche Einwände geltend macht. Im letzteren Fall können Sie flexibel reagieren und gemeinsam mit dem Mieter nach einer anderen Lösung suchen. Auf diese Weise vermeiden Sie einen Prozess, der Sie kein Stück weiterbringt.

Widersprechen Sie der Gebrauchsfortsetzung

Bleibt Ihr Mieter nach einer Kündigung und nach Ablauf der Kündigungsfrist nach wie vor in der Wohnung, verlängert sich das Mietverhältnis auf unbestimmte Zeit, wenn Sie als Vermieter der Fortsetzung des Mietverhältnisses nicht binnen zwei Wochen widersprechen. So ist das gesetzlich ausdrücklich geregelt. In den meisten Formularmietverträgen wird diese Vorschrift ausgeschlossen. Eine solche Vertragsklausel ist grundsätzlich zulässig. Sollte Sie in Ihrem Mietvertrag fehlen, können Sie in das Kündigungsschreiben beispielsweise noch folgende Erklärung mit aufnehmen: *»Abschließend erkläre ich ausdrücklich, dass ich einer Verlängerung des Mietverhältnisses durch Fortsetzung des Mietgebrauchs über den Kündigungstermin hinaus widerspreche.«*

Ordentliche fristgemäße Kündigung

Sofern die Kündigung nicht vertraglich ausgeschlossen ist (zum Beispiel beim befristeten Mietvertrag), kann Ihr Mieter jederzeit ohne Angabe von Gründen unter Beachtung der gesetzlichen Kündigungsfristen kündigen. Für Sie kommt eine Kündigung nur dann in Betracht, wenn Sie ein berechtigtes Interesse an der Beendigung des Mietverhältnisses haben. Das ist der Fall, wenn Ihr Mieter seine vertraglichen Verpflichtungen schuldhaft nicht unerheblich verletzt hat, Sie Eigenbedarf geltend machen oder Sie durch die Fortsetzung des Mietverhältnisses an einer angemessenen wirtschaftlichen Verwertung gehindert werden und dadurch erhebliche Nachteile erleiden.

Außerordentliche fristlose Kündigung

Die fristlose Kündigung, die bereits beim Zugang der Kündigungserklärung sofort wirksam wird, setzt erhebliche Vertragsverletzungen des Mieters beziehungsweise Vermieters voraus. Diese müssen so schwerwiegend sein, dass es für den kündigenden Vertragspartner unzumutbar ist, das Vertragsverhältnis mit dem anderen Vertragspartner fortzusetzen. Die fristlose Kündigung ist nur bei Vorliegen besonderer, im Gesetz geregelter Gründe zulässig.

Für Ihren Mieter sind die Gründe für eine fristlose Kündigung die gänzliche oder teilweise Nichtgewährung des vertragsmäßigen Wohngebrauchs, eine erhebliche Gesundheitsgefährdung durch die Mietsache und eine nachhaltige erhebliche schuldhafte Vertragsverletzung durch Sie als seinen Vermieter. Sie sind in folgenden Fällen berechtigt, fristlos zu kündigen:

- der trotz Abmahnung fortgesetzte vertragswidrige Gebrauch der Wohnung durch Ihren Mieter oder
- der Zahlungsverzug Ihres Mieters und eine nachhaltige und erhebliche schuldhafte Vertragsverletzung durch Ihren Mieter.

Wenn Sie als Vermieter das Mietverhältnis wegen vertragswidrigen Gebrauchs der Wohnung oder wegen erheblicher Vertragsverletzung außerordentlich fristlos kündigen wollen, müssen Sie Ihren Mieter zuvor in der Regel vergeblich abgemahnt haben. Eine Abmahnung ist die mündliche oder schriftliche Aufforderung an den Mieter, den vertragswidrigen Gebrauch der Wohnung künftig zu unterlassen.

Die Abmahnung muss inhaltlich eindeutig erkennen lassen, welche Vertragsverletzung(en) Sie dem Mieter vorwerfen. Dass Sie den Mieter nur allgemein an die Einhaltung seiner Pflichten erinnern, genügt nicht. Sind mehrere Personen Mieter, so muss die Abmahnung allen Mietern namentlich zugehen, und zwar auch dann, wenn nur einem von mehreren Mietern ein vertragswidriges Verhalten vorgehalten werden kann.

Ab 1. September 2001 ist jetzt ausdrücklich geregelt, dass als weitere Voraussetzung für die fristlose Kündigung grundsätzlich eine Abmahnung oder Fristsetzung zur Abhilfe erforderlich ist. Lediglich in folgenden Fällen ist eine Abmahnung entbehrlich:

- Eine Frist oder Abmahnung verspricht offensichtlich keinen Erfolg,
- die sofortige Kündigung ist aus besonderen Gründen unter Abwägung der beiderseitigen Interessen gerechtfertigt oder
- der Mieter befindet sich in Zahlungsverzug.

Setzt der Mieter den vertragswidrigen Gebrauch der Wohnung oder die Vertragsverletzung trotz Abmahnung fort, sind Sie berechtigt, die außerordentliche fristlose Kündigung auszusprechen. Erforderlich ist allerdings, dass seit der Abmahnung ein angemessener Zeitraum verstrichen ist, den der Mieter nicht genutzt hat, um sich vertragstreu zu verhalten.

Achtung:
Eine fristlose Kündigung muss schriftlich erfolgen.

Ab 1. September 2001 gilt: Der zur Kündigung führende wichtige Grund muss bereits im Kündigungsschreiben angegeben werden. Bisher war es möglich, die Begründung im Prozess nachzuschieben.

Zwei Fälle, denen in der Praxis besondere Bedeutung zukommen, sind die fristlose Kündigung wegen Zahlungsverzugs beziehungsweise wegen vertragswidrigen Verhaltens.

Ihr Mieter ist mit der Miete im Rückstand

Sie als Vermieter können auch fristlos kündigen, wenn Ihr Mieter beträchtliche Mietrückstände auflaufen lässt. Im Einzelnen ist eine fristlose Kündigung in folgenden Fällen möglich:

- Ihr Mieter befindet sich mit der gesamten Miete für mindestens zwei aufeinander folgende Zahlungstermine in Verzug.
  Beispiel: Ihr Mieter zahlt die Miete für die Monate August und September nicht.
- Ihr Mieter befindet sich mit einem »nicht unerheblichen Teil« der Miete für mindestens zwei aufeinander folgende Zahlungstermine in Verzug, wobei bei der Vermietung von Wohnraum der Rückstand

nur dann als »nicht unerheblich« gilt, wenn er die Miete für einen Monat überschreitet.

Beispiel: Im August zahlt Ihr Mieter überhaupt keine Miete, und im September lediglich 50 Prozent des vereinbarten Betrags.

- Ihr Mieter ist in einem Zeitraum, der sich über mehr als zwei Zahlungstermine erstreckt, mit der Entrichtung der Miete in Höhe eines Betrags in Verzug gekommen, der die Miete für zwei Monate erreicht.

  Beispiel: Die Miete beträgt 600 Euro. Im August zahlt Ihr Mieter keine Miete, im September und Oktober überweist er die Miete in voller Höhe, im November zahlt er 300 Euro und im Dezember wiederum keine Miete.

Die Miete umfasst alle regelmäßig wiederkehrenden Zahlungsverpflichtungen des Mieters. Dazu gehören die Nettokaltmiete und die Vorauszahlungen für Betriebskosten sowie Heiz- und Warmwasserkosten. Auch ein etwaiger Untermietzuschlag ist hier zu berücksichtigen. Demgegenüber bleiben Nachzahlungsbeträge aus einer Betriebskostenabrechnung ebenso unberücksichtigt wie ein rückständiger Kautionsbetrag oder offene Schadensersatzzahlungen.

Es reicht nicht aus, dass erhebliche Mietrückstände aufgelaufen sind. Erforderlich ist jeweils zusätzlich, dass sich Ihr Mieter mit den jeweiligen Zahlungen auch in Verzug befindet. Das bedeutet, dass er es schuldhaft unterlassen haben muss, für den rechtzeitigen Eingang der Miete bei Ihnen zu sorgen.

Das Verschulden des Mieters als Schuldner wird gesetzlich vermutet. Deshalb ist es Aufgabe des Mieters nachzuweisen, dass er ohne sein Verschulden nicht rechtzeitig die Miete zahlen konnte. Dass er kein Geld hatte, um die Miete zahlen zu können, kann er in diesem Zusammenhang grundsätzlich nicht einwenden. Verspätungen bei der Auszahlung von Arbeitslohn, Arbeitslosengeld oder Sozialhilfe schließen deshalb eine Kündigung wegen Zahlungsverzugs nicht aus.

Zahlt Ihr Mieter nur unter Vorbehalt, um beispielsweise seine Ansprüche wegen Mängel der Wohnung zu wahren, gerät er nicht in Verzug. Das gilt auch, wenn er irrtümlich einen höheren als den tatsächlich angemessenen Minderungsbetrag annimmt. Beruft sich Ihr Mieter dagegen auf ein angebliches Minderungsrecht, obwohl dieses offensichtlich überhaupt nicht besteht, ist die fristlose Kündigung wegen

Mietrückstands möglich, sobald die oben genannten Voraussetzungen gegeben sind.

! **Wichtig:** Eine fristlose Kündigung wegen Mietrückstands setzt nicht voraus, dass Ihr Mieter zuvor abgemahnt wird. Dies gilt grundsätzlich auch dann, wenn er über einen längeren Zeitraum jeweils mit kleineren Beträgen säumig ist und die Höhe des Mietrückstands schließlich einen Betrag erreicht, der zur Kündigung berechtigt.

Die Kündigung wegen Mietrückstands wird unwirksam, wenn sich Ihr Mieter von seiner Schuld durch Aufrechnung befreien kann und unverzüglich nach der Kündigung die Aufrechnung erklärt. Das Recht zur Aufrechnung muss bereits vor Zugang der Kündigung bestanden haben. Es genügt nicht, wenn die Gegenforderung Ihres Mieters erst nach der Kündigung entstanden ist.

Bei Mietvertrag über Wohnraum wird die Kündigung zusätzlich auch dann unwirksam, wenn der Mieter innerhalb eines Monats (**ab 1. September 2001:** innerhalb von zwei Monaten) nach Erhebung der Räumungsklage die gesamte rückständige Miete bezahlt. Das Gleiche gilt, wenn sich eine öffentliche Stelle, wie beispielsweise das Sozialamt, zur Zahlung verpflichtet.

! **Ausnahme:** Ihr Mieter war vor nicht mehr als zwei Jahren schon einmal mit der Miete im Rückstand und hat eine damals ausgesprochene Kündigung wegen Mietrückstands durch nachträgliche Zahlung unwirksam werden lassen. Dann kann er das jetzt nicht noch einmal wiederholen, es sei denn, Sie lassen sich darauf ein.

Ihr Mieter verhält sich vertragswidrig

Eine Kündigung des Mietverhältnisses kommt auch dann in Betracht, wenn Ihr Mieter seine vertraglichen Verpflichtungen in ganz erheblichem Maß verletzt. Das ist vor allem bei schwerwiegenden Belästigungen und sonstigen Störungen des Hausfriedens der Fall.

Allerdings rechtfertigen Verstöße gegen die Hausordnung nur in schweren Fällen eine Kündigung. Voraussetzung ist ein beharrliches und rücksichtsloses Verhalten Ihres Mieters. Hierzu zählen andauernde Verstöße gegen die Hausordnung ebenso wie fortwährende Belästigungen der anderen Hausbewohner. Auch Beleidigungen, tätliche Angriffe und sonstige Straftaten gegen andere Hausbewohner oder gegen Sie als Vermieter selbst können eine Kündigung rechtfertigen.

! **Achtung:** Bei besonders schwerwiegenden Belästigungen und Störungen kommt auch eine fristlose Kündigung in Betracht.

X **Ab 1. September 2001** heißt es dazu im Gesetz klarstellend: Ein wichtiger Grund für eine fristlose Kündigung liegt vor, wenn eine Vertragspartei den Hausfrieden nachhaltig stört, sodass dem Kündigenden unter Berücksichtigung aller Umstände des Einzelfalls, insbesondere eines Verschuldens der Vertragsparteien und unter Abwägung der beiderseitigen Interessen die Fortsetzung des Mietverhältnisses bis zum Ablauf der Kündigungsfrist oder bis zur sonstigen Beendigung des Mietverhältnisses nicht zugemutet werden kann.

Ob die Voraussetzungen für eine Kündigung vorliegen, kann immer nur im konkreten Einzelfall beurteilt werden. Als Orientierungshilfe können aber folgende Fälle dienen, in denen die Gerichte die Kündigung des Vermieters für begründet erachtet haben:

- massive Beleidigung des Vermieters durch den Mieter,
- Beleidigung des Hausverwalters durch den Mieter,
- Verunreinigung des Treppenhauses durch die Kinder der Mieter infolge der Verletzung der elterlichen Aufsichtspflicht,
- Anprangerung des Vermieters auf einem Transparent,
- ehrverletzende und objektiv falsche Angriffe gegen Mitbewohner des Mietshauses und
- lautstarker Krach durch streitende Eheleute oder Paare.

Zu den schwerwiegenden Vertragsverletzungen gehört auch der Fall, dass der Mieter die Miete fortwährend unpünktlich zahlt.

Beispiel: Die Miete geht entgegen der vertraglichen Vereinbarung nicht spätestens am dritten eines Monats, sondern erst im weiteren Verlauf des Monats auf dem Konto des Vermieters ein. Bei einer Kündigung wegen vertragswidrigen Verhaltens muss in der Regel eine Abmahnung des Mieters vorausgehen.

Achtung: Setzt Ihr Mieter den vertragswidrigen Gebrauch der Wohnung oder die Vertragsverletzungen trotz Abmahnung fort, sind Sie berechtigt, gegebenenfalls auch die außerordentliche fristlose Kündigung auszusprechen. Erforderlich ist allerdings, dass seit der Abmahnung ein angemessener Zeitraum verstrichen ist, den Ihr Mieter nicht genutzt hat, um sich vertragstreu zu verhalten.

Die Abmahnung kann allenfalls dann entbehrlich sein, wenn Ihr Mieter vollendete Tatsachen geschaffen hat, die kurzfristig nicht rückgängig gemacht werden können und die Abmahnung deshalb lediglich Formsache wäre. Da die Gerichte einen Verzicht auf die Abmahnung nur unter sehr strengen Voraussetzungen zulassen, kann in der Regel davon ausgegangen werden, dass eine fristlose Kündigung ohne vorherige Abmahnung nicht anerkannt wird.

Kündigung des Mietverhältnisses in besonderen Fällen

- **Teilkündigung:** An sich sind Sie als Vermieter nicht berechtigt, einzelne Räume der Wohnung oder mitvermietete Nebenräume und Nebenflächen getrennt zu kündigen. Ausnahme: Sie kündigen nicht zum Wohnen bestimmte Nebenräume sowie mitvermietete Vorgärten, Stellplätze oder Garagen, weil sie diese zur Schaffung von neuem Wohnraum benötigen. Die Kündigungsfrist beträgt drei Monate.
- **Tod des Mieters:** Stirbt der Mieter, können Sie das Mietverhältnis mit einer Frist von drei Monaten kündigen, wenn in der Person desjenigen, der in das Mietverhältnis eingetreten ist oder dieses fortsetzt (zum Beispiel Haushaltsangehörige) ein wichtiger Grund vorliegt. Dies ist beispielsweise bei persönlicher Feindschaft oder Zahlungsunfähigkeit der Fall.

  Das ist neu ab 1. September 2001: Es gilt ein erweitertes Eintritts- und Fortsetzungsrecht. Es wird erweitert auf eingetragene Lebenspartner und Personen, die mit dem Mieter in einem auf Dauer angelegten gemeinsamen Haushalt leben.
- **Fortsetzung des Mietverhältnisses mit den Erben:** Treten nach dem Tod des Mieters keine Familien- oder Haushaltsangehörige in den Mietvertrag ein, so wird das Mietverhältnis mit den Erben fortgesetzt. In diesem Fall sind Sie berechtigt, das Mietverhältnis innerhalb eines Monats mit einer Frist von drei Monaten zu kündigen, nachdem Sie vom Tod des Mieters erfahren haben und davon, dass ein Eintritt in das Mietverhältnis oder dessen Fortsetzung nicht erfolgt sind.

Das ist neu ab 1. September 2001: Sie können das Mietverhältnis kündigen, ohne dass Sie ein berechtigtes Interesse darlegen müssen.

- **Mieterhöhung:** Verlangen Sie von Ihrem Mieter die Zustimmung zu einer Mieterhöhung auf die ortsübliche Vergleichsmiete, ist er berechtigt, am Ende der ihm zustehenden Überlegungsfrist zum übernächsten Monat zu kündigen.
- **Modernisierung:** Haben Sie Ihren Mieter über eine bevorstehende Modernisierungsmaßnahme informiert, ist er berechtigt, das Mietverhältnis bis zum Ablauf des Monats, der dem Zugang des Ankündigungsschreibens folgt, für den Ablauf des nächsten Monats zu kündigen.

  Nach Zugang einer Mieterhöhungserklärung wegen Modernisierung sind Mieter ebenfalls berechtigt, das Mietverhältnis zu kündigen, und zwar bis zum dritten Werktag des Kalendermonats, von dem an die Miete erhöht werden soll, für den Ablauf des übernächsten Monats.

Ab 1. September 2001 gilt folgende Änderung: Ihr Mieter kann das Mietverhältnis bis zum Ablauf des zweiten Monats (bisher: bis zum Ablauf des dritten Monats) nach Zugang Ihrer Mieterhöhungserklärung zum Ablauf des übernächsten Monats kündigen.

Wenn Ihr Mieter vorzeitig »aussteigen« will

Mieter sind offensichtlich durch nichts von ihrer Meinung abzubringen, jeder Mieter brauche nur drei Nachmieter zu benennen, und schon könne er verlangen, aus einem Zeitmietvertrag entlassen zu werden. Das Mietverhältnis endet dann automatisch. So weit verbreitet diese Meinung ist, so falsch ist sie auch.

Grundsätzlich gilt: Verträge sind einzuhalten. Ausnahmen gelten im Wesentlichen nur, wenn dies im Gesetz ausdrücklich geregelt ist, der Mietvertrag einen entsprechenden Passus enthält oder ein Härtefall vorliegt. Einen Anspruch auf Stellung eines Nachmieters hat Ihr Mieter zunächst einmal nur dann, wenn diese Möglichkeit in Form einer echten Nachmieterklausel im Mietvertrag ausdrücklich und eindeutig vereinbart ist. Eine derartige Klausel könnte wie folgt lauten: *»Der Mie-*

ter kann einen Ersatzmieter bestimmen, mit dem ein neuer Mietvertrag abzuschließen ist.«

In diesem Fall ist Ihr Mieter verpflichtet, Ihnen einen geeigneten und zumutbaren Nachmieter zu stellen. Den vom bisherigen Mieter vorgeschlagenen Nachmieter müssen Sie also nicht ohne Wenn und Aber akzeptieren. Selbst bei Vereinbarung einer echten Nachmieterklausel können Sie einem Mieterwechsel aber dann widersprechen, wenn ein wichtiger Grund vorliegt. Das ist beispielsweise dann der Fall, wenn der von Ihrem bisherigen Mieter vorgeschlagene Nachmieter keine mit ihm vergleichbare wirtschaftliche Sicherheit bietet.

Enthält der Mietvertrag dagegen keine Nachmieterklausel, sind Sie als Vermieter in Ihrer Entscheidung völlig frei. Sie können also insbesondere auch darauf bestehen, dass Ihr Mieter den Mietvertrag erfüllt. Schließlich wird Ihr Mieter Ihnen nicht das Risiko abnehmen wollen, dass es Ihnen gelingt, die Wohnung kurzfristig neu zu vermieten. Es ist gegenwärtig alles andere als selbstverständlich, dass sich Vor- und Nachmieter »die Klinke in die Hand geben«.

Beachten Sie außerdem noch Folgendes: Für den Fall, dass Sie der vorzeitigen Beendigung des Mietverhältnisses zustimmen möchten, können Sie mit dem Mieter in einem Mietaufhebungsvertrag individuell vereinbaren, dass dieser eine Aufwendungspauschale zu zahlen hat. Folgende Klausel ist wirksam: *»Für den erhöhten Verwaltungs- und Vermietungsaufwand seiner vorzeitigen Vertragsauflösung bezahlt der Mieter eine pauschale Abgeltung in Höhe von einer Monatsmiete – netto/kalt – ohne besonderen Nachweis des Vermieters.«*

Wenn Ihr Mieter Räumungsschutz beantragt

Verurteilt das Gericht den Mieter zur Räumung der Wohnung, kann es eine Räumungsfrist bewilligen. Der Mieter kann aber auch später nach Erlass des Urteils immer noch eine Räumungsfrist beantragen.

Die Räumungsfrist hindert den beauftragten Gerichtsvollzieher an der Durchführung der Zwangsräumung. Die Gewährung der Räumungsfrist setzt voraus, dass die Interessen des Mieters an einem zeitweiligen Verbleib in der Wohnung gegenüber den Interessen des Vermieters an einer sofortigen Räumung überwiegen.

Beispiel: Steht dem Mieter keine Ersatzunterkunft zur Verfügung und machen Sie als Vermieter keine besonderen Gründe geltend, die über das normale Räumungsbegehren hinausgehen, überwiegt grundsätzlich das Schutzbedürfnis des Mieters. Üblich sind Räumungsfristen zwischen drei und sechs Monaten.

Auf Antrag des Mieters kann das Gericht die gewährte Räumungsfrist verlängern. Ebenso ist es möglich, dass die Räumungsfrist auf Ihren Antrag hin verkürzt wird. Insgesamt darf die Räumungsfrist nicht mehr als ein Jahr betragen, gerechnet ab Rechtskraft des Räumungsurteils. Eine Verkürzung oder Aufhebung der gewährten Räumungsfrist kommt aber nur ausnahmsweise bei Vorliegen neuer wesentlicher Umstände in Betracht.

Beispiel: Der Mieter lehnt eine bezugsfertige Ersatzwohnung grundlos ab.

Kommt eine Verlängerung der Räumungsfrist nicht mehr in Betracht, weil sie voll ausgeschöpft ist oder der Verlängerungsantrag nicht rechtzeitig gestellt wurde, kann der Mieter noch Vollstreckungsschutz beantragen. Die Gewährung von Vollstreckungsschutz ist allerdings an besonders strenge Voraussetzungen geknüpft.

Ob und in welchem Maß Vollstreckungsschutz gewährt wird, hängt von einer Abwägung der gegensätzlichen Interessen ab. Dabei ist das Schutzbedürfnis des Vermieters voll zu würdigen. Das Gericht muss davon ausgehen, dass der Vermieter grundsätzlich schutzwürdiges Interesse an der Räumung der Wohnung hat, sobald er ein Urteil erstritten hat. Es ist nicht Sache des Vermieters, Aufgaben der Sozialhilfebehörden zu übernehmen. Beruft sich der Mieter auf fehlenden Ersatzwohnraum, so muss er seine Bemühungen um eine andere Wohnung im Einzelnen darlegen. Ferner muss die begründete Aussicht bestehen, dass seine Bemühungen in absehbarer Zeit Erfolg haben werden. Eine unbillige Härte ist beispielsweise anzunehmen, wenn die Zwangsräumung dazu führen würde, dass der Mieter innerhalb kurzer Zeit zweimal umziehen müsste.

! **Achtung:** Bei der Interessenabwägung wird zu Ihren Gunsten als Vermieter berücksichtigt, ob Zahlungsrückstände bestehen, die noch anwachsen würden, wenn der Mieter weiterhin in der Wohnung verbleibt. Soweit Vollstreckungsschutz gewährt wird, kann das Gericht eine laufende Nutzungsentschädigung festlegen.

Elegante Lösung: Mietverhältnis einvernehmlich beenden

Ihr finanzielles und wirtschaftliches Interesse als Vermieter besteht eindeutig darin, das Mietverhältnis sicher und schnell abzuwickeln. Eine Möglichkeit dazu bietet der Mietaufhebungsvertrag. Er muss keine bestimmte Form haben. Wie bei allen vertraglichen Regelungen sollten Sie aber die Vereinbarung über die Aufhebung des Mietvertrags in allen wesentlichen Punkten schriftlich festhalten. Nur so haben Sie für den Fall späterer Meinungsverschiedenheiten auch einen Beweis für die getroffenen Regelungen. Die einvernehmliche Beendigung des Mietverhältnisses setzt voraus, dass sich die Vertragsparteien auch tatsächlich über alle wichtigen Punkte einigen. Unverbindliche Gespräche mit dem Ziel, das Mietverhältnis zu beenden, sind rechtlich nichts wert.

Vereinbaren Sie mit Ihrem Mieter die Aufhebung des Mietvertrags, dann hat das zur Folge, dass das Mietverhältnis zum vereinbarten Zeitpunkt beendet ist. Der Mietaufhebungsvertrag ersetzt die sonst erforderliche Kündigung.

Zieht Ihr Mieter dann zum vereinbarten Zeitpunkt trotzdem nicht aus, gilt Folgendes: Wie bei einer Kündigung müssen Sie dann auch hier Räumungsklage erheben. Trotzdem bietet der Abschluss eines Mietaufhebungsvertrags erhebliche Vorteile für Sie. Der Grund: Die gerichtliche Durchsetzung des Räumungsverlangens ist für Sie einfacher möglich als bei einer Räumungsklage nach einer Kündigung. Bei Vorliegen eines Mietaufhebungsvertrags kann der Mieter dann insbesondere nicht einwenden, dass es Ihnen als Vermieter an einem berechtigten Interesse für die Räumung der Wohnung fehlt.

Er kann sich auch nicht auf die Sozialklausel berufen, selbst dann nicht, wenn die vertragsgemäße Räumung der Wohnung für ihn und seine Familie eine unbillige Härte darstellt. Dem Mieter bleibt dann nur noch die Möglichkeit, eine Räumungsfrist beziehungsweise einen Vollstreckungsaufschub zu beantragen. Aber auch dabei wird berücksichtigt, dass sich der Mieter vertraglich verpflichtet hat, die Wohnung bis zu einem bestimmten Zeitpunkt zu räumen.

Wenn das Gericht eine Räumungsfrist gewährt, wird diese in der Regel kürzer ausfallen als in den Fällen, in denen Sie als Vermieter das Mietverhältnis gekündigt haben. Dies gilt zusätzlich auch für einen etwaigen Vollstreckungsaufschub.

Mietverhältnisse über Wohnraum werden in den meisten Fällen unbefristet abgeschlossen. Das bedeutet: Will der Vermieter oder der Mieter den Mietvertrag beenden, ist eine Kündigung erforderlich.

Vor allem bei lang andauernden Mietverhältnissen können die entsprechend langen Kündigungsfristen für Sie als Vermieter einer kurzfristigen Beendigung des Mietverhältnisses im Weg stehen. Zwar kann Ihr Mieter auf die Einhaltung der Kündigungsfristen verzichten, diesen Verzicht können Sie jedoch nicht erzwingen. Wollen Sie das Mietverhältnis vorzeitig beenden, ist dies nur einvernehmlich möglich.

➡ **Praxis-Tipp:** Um Missverständnissen vorzubeugen, empfiehlt es sich, am Anfang der Vereinbarung noch einmal ausdrücklich festzuhalten, um welche Wohnung es geht und zu welchem Zeitpunkt die Aufhebung des Mietverhältnisses erfolgen soll. Die Formulierung kann beispielsweise wie folgt lauten: *»Der Vermieter hat durch Mietvertrag vom 1. Oktober 1995 an den Mieter auf dem Grundstück Mövenweg 17, 23568 Lübeck, zur Benutzung als Wohnung folgende Räume vermietet: Erdgeschoss rechts, bestehend aus 3 Zimmern, 1 Küche, 1 Flur, 1 Bad/WC, 1 Kellerraum. Die Vertragsparteien sind sich darüber einig, dass das Mietverhältnis zum 31. Dezember 2001 endet.«*

Vielfach ist der Mieter daran interessiert, gegebenenfalls auch schon zu einem früheren Zeitpunkt auszuziehen, wenn er schneller als geplant eine neue Wohnung findet. In diesem Fall kann beispielsweise noch folgende Formulierung in den Mietaufhebungsvertrag mit hineingenommen werden: *»Der Mieter ist berechtigt, auch bereits zu einem früheren Zeitpunkt aus der Wohnung auszuziehen. In diesem Fall endet das Mietverhältnis am Tag des Auszugs.«*

Über die Abrechnung der Vorauszahlungen für die Heiz- und Betriebskosten ist eine Vereinbarung zu treffen. Grundsätzlich gilt: Endet das Mietverhältnis im Verlauf einer Abrechnungsperiode und zieht der Mieter aus, so hat er keinen Anspruch auf Erteilung einer Zwischenabrechnung. Allerdings kann er verlangen, dass bei verbrauchsabhängigen Betriebskosten die jeweiligen Zählerstände abgelesen werden.

Schönheitsreparaturen führen oftmals zu erheblichen Meinungsverschiedenheiten zwischen Vermietern und Mietern. Jedenfalls dann, wenn es um eine einvernehmliche Aufhebung des Mietvertrags geht, lassen beide Seiten eher mit sich reden, als es sonst der Fall ist. Je nach der Situation im konkreten Einzelfall bieten sich für die zwei häufigsten Fallvarianten in der Praxis folgende Formulierungen an: *»Vom Mieter sind in den Mieträumen keine Schönheitsreparaturen auszuführen.«* oder *»Der Mieter führt bis zum ... folgende Renovierungsarbeiten in der Wohnung aus: ...«*

Im Interesse einer umfassenden Regelung aller klärungsbedürftigen Punkte sollte immer auf eine Vereinbarung über die Rückzahlung der Mietkaution getroffen werden. Dazu bietet sich beispielsweise folgende Formulierung an: *»Der Vermieter verpflichtet sich, bis zum ... über die Mietkaution abzurechnen und den nicht verwerteten Teil der Mietkaution an den Mieter zurückzuzahlen.«*

Schützen Sie Ihre Forderungen vor Verjährung

Vermietern gehen immer wieder beträchtliche Forderungen dadurch verloren, dass sie die Verjährungsfristen nicht einhalten. Die Verjährung gibt dem Schuldner das Recht, die geschuldete Leistung zu verweigern. Die normale Verjährungsfrist beträgt 30 Jahre. Von dieser Regel gibt es aber wichtige Ausnahmen. Ein wichtiger Stichtag ist jedes Jahr der 31. Dezember. Dann laufen die kurzen zwei- und vierjährigen Verjährungsfristen ab.

Ihre Ansprüche als Vermieter gegen Ihren Mieter auf rückständige Miete verjähren nach vier Jahren. Das gilt auch für die Heiz- und Betriebskosten. Die Verjährungsfrist beginnt jeweils am Ende des Jahres, in dem Ihr Anspruch gegen den Mieter entstanden ist. Mit Ablauf des Jahres 2001 verjähren also zum Beispiel alle aus dem Jahre 1997 stammenden Ansprüche auf rückständigen Mietzins, wie auch Heiz- und Betriebskostennachforderungen aus jenem Jahr. Entscheidender Zeitpunkt ist der Tag, an dem Ihr Mieter die Heiz- oder Nebenkostenforderung erhält, denn am Schluss des betreffenden Jahres beginnt die Verjährung zu laufen.

Beispiel: Ihr Mieter hat die Abrechnung für die Heizperiode 1. Januar bis 31. Dezember 1996 im Juli 1997 erhalten und bis heute nicht gezahlt. Ihr Zahlungsanspruch ist dann am 1. Januar 2002 verjährt.

Noch wesentlich kürzer ist die Verjährungsfrist für die Ersatzansprüche des Vermieters wegen Veränderungen oder Verschlechterungen der überlassenen Räume. Ein typischer Fall aus der Vermietungspraxis: Das Mietverhältnis ist beendet. Ihr Mieter zieht aus, ohne die erforderlichen Schönheitsreparaturen durchzuführen. Ihre Schadensersatzansprüche wegen unterlassener Renovierung verjähren schon nach sechs Monaten, und zwar nicht zum Jahresende, sondern jeweils genau nach Fristablauf.

Beispiel: Ihr Mieter ist am 30. Mai 2001 ausgezogen, ohne die erforderlichen Schönheitsreparaturen durchzuführen. Ihr Ersatzanspruch gegen den früheren Mieter ist dann am 1. Dezember 2001 verjährt.

Egal, ob vierjährige oder sechsmonatige Verjährungsfrist: Der Ablauf der Verjährung kann unterbrochen werden durch

- ein Anerkenntnis Ihres Mieters (zum Beispiel durch Abschlagszahlung, Sicherheitsleistung oder Stundungsgesuch) oder
- die gerichtliche Geltendmachung des Anspruchs.

Das ist neu ab 1. September 2001: Auch der Antrag des Vermieters oder Mieters auf Durchführung des selbständigen Beweisverfahrens unterbricht jetzt die Verjährung. In der Praxis spielen bisher die Klageerhebung und der Mahnbescheid die weitaus größte Rolle.

Vorsicht: Eine außergerichtliche Zahlungsaufforderung allein reicht nicht aus, um die Verjährung zu unterbrechen. Das gilt auch dann, wenn Sie Ihre Zahlungsaufforderung per Einschreiben/Rückschein angemahnt haben. Liegt erst einmal ein rechtskräftiger Titel wie beispielsweise ein Urteil oder ein Vollstreckungsbescheid vor, dann können Sie aus diesem noch 30 Jahre lang vollstrecken.

Praxis-Tipp: Was die wenigsten Vermieter wissen: Die Verjährung ihrer eigenen Ansprüche gegen den Mieter schließt nicht aus, dass sie ihre Schadenersatzforderung mit der Forderung des Mieters auf Rückzahlung der Mietkaution verrechnen. Verjährung bedeutet lediglich, dass Sie selbst nicht mehr Klage erheben können. Sie sind aber nicht gehindert, Ihre verjährten Schadenersatzansprüche wegen unterlassener Renovierungsarbeiten einer Klage des Mieters auf Rückzahlung der Mietkaution entgegenzuhalten.

5. Wie Sie einen Mieterwechsel zeit- und arbeitssparend managen

Die Fluktuation unter den Mietern ist so groß wie nie zuvor. Experten schätzen, dass rund 15 Prozent aller Mieter eine neue Wohnung suchen oder zumindest beabsichtigen, innerhalb der nächsten zwölf Monate umzuziehen. Entscheidend dafür sind längst nicht immer Gründe wie Trennung, Scheidung oder Arbeitsplatzwechsel. Mehr denn je sind Mieter »auf dem Sprung«, weil sie mit den gegenwärtigen Wohnverhältnissen schlicht unzufrieden sind. Wer immer wieder in der Tageszeitung lesen kann, dass die Mieten stark gesunken sind, ist früher oder später der Meinung, dass er selbst zu viel Miete zahlt. Selbst wenn dies objektiv nicht zutreffen mag: Subjektive Empfindungen sind in solchen Fällen ausschlaggebend. Das gilt erst recht dann, wenn die Mieter mit ihrem gegenwärtigen Wohnumfeld nicht zufrieden sind, weil es beispielsweise ständig Ärger mit den Nachbarn gibt oder das Mietshaus schon länger nicht gepflegt wurde.

Die Neigung zu einem Wohnungswechsel wird durch die augenblickliche Situation auf dem Wohnungsmarkt stark begünstigt. Der Leerstand ist vor allem in den Großstädten noch beachtlich. Allerdings ist der Trend eindeutig rückläufig. Wohnungen sind wieder leichter zu vermieten, als dies noch vor einem Jahr der Fall war. Dass sich Vor- und Nachmieter »die Klinke in die Hand geben«, können Sie aber – noch – nicht erwarten.

Für Sie als Vermieter bedeutet dies: Nehmen Sie einen Mieterwechsel genauso ernst wie etwa den Kauf oder Verkauf eines Mietobjekts. Dabei kommt es für Sie darauf an, Ihren Zeitaufwand möglichst gering zu halten und finanzielle Nachteile, beispielsweise durch unerledigte Schönheitsreparaturen oder einen vorübergehenden Leerstand, möglichst zu vermeiden.

Ihr Mieter kündigt: So können Sie reagieren

Damit fängt alles an: Ihr Mieter teilt Ihnen beispielsweise telefonisch mit, dass er das Mietverhältnis beendigen möchte. Nutzen Sie diesen Telefonanruf, um die Weichen für den Mieterwechsel richtig zu stellen. Völlig unangemessen wäre es beispielsweise, auf den Anruf in der Weise zu reagieren, dass Sie Ihren Mieter schroff auf die Notwendigkeit einer schriftlichen Kündigung hinweisen und das Gespräch beenden.

Die Erfahrung zeigt eindeutig: Wenn ein Mieter zwecks Beendigung des Mietverhältnisses anruft, ist dies Ausdruck eines intakten Mietverhältnisses. Bei einem solchen Mieter können Sie in der Regel davon ausgehen, dass er seinen Pflichten bei Beendigung des Mietverhältnisses nachkommt, insbesondere also etwa die Schönheitsreparaturen durchführt.

Damit kein Missverständnis entsteht: Mit einer mündlichen Kündigung sollten Sie sich nie zufrieden geben, sondern stattdessen immer auf eine schriftliche Kündigung bestehen. Doch auch hier gilt eben – wie immer im Leben – »der richtige Ton macht's«.

➡ **Praxis-Tipp:** Bitten Sie Ihren Mieter im Lauf des Gesprächs eher beiläufig, aber gleichwohl bestimmt, die telefonische Kündigung kurz schriftlich zu bestätigen und vereinbaren Sie mit ihm am besten gleich einen Termin für eine Vorabnahme.

In der Praxis hat es sich bewährt, etwaigen Einwänden des Mieters gegen eine Vorabnahme wie folgt zu begegnen: *»Wenn ich mir Ihre Wohnung vorab einmal ansehe, können Sie Ihren Renovierungsaufwand viel besser abschätzen. Es kann ja auch gut sein, dass die erforderlichen Schönheitsreparaturen viel geringer sind, als Sie selbst annehmen. Es wäre doch ärgerlich, wenn wir die Wohnungsbesichtigung erst unmittelbar vor Ihrem Auszug durchführen und sich dann herausstellt, dass noch diese oder jene Schönheitsreparaturen erforderlich sind. Sie möchten sich dann doch viel lieber um Ihre neue Wohnung kümmern und ein neuer Mieter kann in Ihre bisherige Woh-*

nung noch nicht einziehen. Das gibt dann nur unnötige Komplikationen.«

Übrigens, ob und bei welcher Gelegenheit Sie als Vermieter die Wohnung Ihres Mieters besichtigen dürfen, ist gesetzlich nicht geregelt. Grundsätzlich gilt: Als Vermieter haben Sie kein Recht, die Wohnung zu betreten.

Ein Besichtigungsrecht des Vermieters erkennen die Gerichte allerdings ausnahmsweise dann an, wenn er hierauf angewiesen ist, um seine Pflichten aus dem Mietvertrag zu erfüllen und seine Rechte wahrnehmen zu können. Danach steht Ihnen als Vermieter insbesondere dann ein Besichtigungsrecht zu, wenn das Mietverhältnis gekündigt ist und Sie den ordnungsgemäßen Zustand der Wohnung überprüfen oder die Wohnung Mietinteressenten zeigen wollen. Weitere Gründe für ein Besichtigungsrecht:

- In der Wohnung des Mieters sind Schäden aufgetreten, zum Beispiel Wasser- oder Frostschäden.
- Sie wollen die Notwendigkeit oder den Umfang von Instandsetzungsarbeiten feststellen.

Verweigert Ihnen Ihr Mieter den Zutritt zu seiner Wohnung, dürfen Sie Ihr Besichtigungsrecht nicht mit Gewalt erzwingen. Sie sind darauf angewiesen, Ihr Recht vor Gericht durchzusetzen. Das dürfte in den meisten Fällen aber völlig übertrieben sein.

Gerade in einer solchen Situation kommt es für Sie darauf an, kaufmännisch sinnvoll zu handeln. Und das bedeutet: Wenn Ihr Mieter eine Vorbesichtigung ablehnt, dann akzeptieren Sie dies wohl oder übel. Für Sie ist letztlich wichtiger, dass Sie zumindest etwaigen Mietinteressenten die Wohnung zeigen können, um eine lückenlose Anschlussvermietung sicherzustellen.

➡ **Praxis-Tipp:** Teilen Sie Ihrem Mieter mit, dass Sie seinem Wunsch nachkommen, die Wohnung nicht vorab zu besichtigen. Bestehen Sie aber darauf, dass etwaige Mietinteressenten in Ihrer Gegenwart die Wohnung besichtigen können. Sichern Sie Ihrem Mieter dabei ausdrücklich zu, dass Sie die Besichtigungstermine nicht dazu missbrauchen werden, im Anschluss daran etwa eine Vorabnahme durchzuführen.

Auch hier zeigt die Erfahrung in der Praxis, dass sich die Mieter fast immer darauf einlassen. Das gilt umso mehr dann, wenn Sie die Besichtigungstermine mit den Mietern abstimmen und nicht etwa einseitig vorgeben. Letzteres muss ohnehin kein Mieter mitmachen.

Und: Die Besichtigung der Wohnung mit Mietinteressenten ermöglicht es Ihnen dann letztlich doch noch, sich vor Ablauf der Kündigungsfrist vom Zustand der Wohnung einen Eindruck zu verschaffen. Sie wissen dann zumindest, welche Schönheitsreparaturen in etwa erforderlich sein werden, und können sich rechtzeitig darauf einstellen.

Wie Sie bei der Vorabnahme am besten vorgehen

In den meisten Fällen dient die Vorbesichtigung der Wohnung dazu, die Schönheitsreparaturen zu bestimmen, die der Mieter bis zum Auszug durchzuführen hat. Aber gerade auch in den Fällen, in denen der Nachmieter bereits feststeht und bereit ist, anstelle des Vormieters die Wohnung zu renovieren, erweist sich die Vorabnahme der Wohnung als außerordentlich zweckmäßig.

Die gemeinsam getroffenen Feststellungen verhindern, dass es später Auseinandersetzungen über Art und Umfang erforderlicher Renovierungen gibt. Das setzt allerdings voraus, dass die erforderlichen Renovierungen und sonstigen Arbeiten in einem Protokoll festgehalten werden, das dann alle Anwesenden unterschreiben.

➡ **Praxis-Tipp:** Notieren Sie immer auch, wer die Kosten für die Durchführung der jeweiligen Arbeiten trägt. In jedem Fall ist davon abzuraten, die Renovierungsarbeiten unter Vor- und Nachmieter aufzuteilen. Bestehen Sie auf einer klaren Regelung.

Ansonsten gilt für die Vorabnahme nichts anderes als für die Wohnungsabnahme selbst:

- Halten Sie den Zeitpunkt der Besichtigung schriftlich fest.
- Notieren Sie sich die Namen aller anwesenden Personen.
- Gehen Sie die einzelnen Räume nacheinander ab, vermeiden Sie, zwischen den Räumen hin- und herzulaufen.

- Das müssen Sie in allen Räumen überprüfen: Wie ist der Zustand der Wände und Decken, Fenster, Türen, Heizkörper und Fußböden?
- Prüfen Sie in der Küche zusätzlich noch folgende Installationen und Einrichtungen: Spüle, Mischbatterie, Herd, Schränke, Kühlschrank.
- Achten Sie in Bad/WC außerdem auf den Zustand folgender Installationen und Einrichtungen: Badewanne, Duschbecken, Waschbecken, Toilettenbecken, Toilettensitz und -deckel, Spiegel (falls vorhanden).
- Sehen Sie sich auch die Nebenräume an: Abstellkammer, Kellerraum, Bodenraum, Garage.
- Sind Renovierungsarbeiten durchzuführen? In welchen Räumen? Bezeichnen Sie Art und Umfang der erforderlichen Arbeiten ganz genau.
- Haben Sie in der Wohnung Schäden festgestellt? Auch hier gilt: Geben Sie Ihre Beanstandungen detailliert an.
- Will Ihr Mieter die Renovierungs- und Reparaturarbeiten selbst durchführen?

Wann Schönheitsreparaturen »dran sind«

In praktisch allen heute gebräuchlichen Mietverträgen ist formularmäßig geregelt, dass der Mieter Schönheitsreparaturen durchführen muss. Aber längst nicht jede Formularklausel ist auch wirksam. Da es sich bei den Klauseln um Allgemeine Geschäftsbedingungen handelt, gelten wiederum die Regelungen des AGB-Gesetzes.

Mit anderen Worten: Vertragsklauseln über die Durchführung von Schönheitsreparaturen, die unklar sind oder den Mieter unangemessen benachteiligen, sind unzulässig. Dies hat dann wiederum zur Folge, dass an die Stelle der unwirksamen vertraglichen Vereinbarung die gesetzliche Regelung tritt. Mit anderen Worten: Sie als Vermieter sind dann wieder zuständig.

Der Teufel steckt – wie so oft – im Detail. In der Praxis kursieren eine Vielzahl von Vertragsklauseln über die Durchführung von Schönheitsreparaturen. Der folgenden Schnellübersicht können Sie entnehmen, was die häufigsten Vertragsklauseln im Klartext bedeuten:

Was typische Vertragsklauseln im Klartext bedeuten

Hier finden Sie eine Zusammenstellung der häufigsten Klauseln über Schönheitsreparaturen, wie sie in den üblichen Formularmietverträgen enthalten sind. Sehen Sie in Ihren Mietvertragsformularen nach, ob eine der nachgenannten Klauseln dort enthalten ist. Sollten Sie feststellen, dass »Ihre« Klausel nicht besonders vorteilhaft ist, wissen Sie jetzt wenigstens, woran Sie sind, können Ihre Rechtsposition zuverlässig einschätzen – und Ihr Verhalten gegenüber Ihrem Mieter darauf einstellen.

Typische Vertragsklauseln über Schönheitsreparaturen	
Diese Klausel …	**… bedeutet im Klartext**
»Rückgabe in einem bezugsfertigen/ bezugsgeeigneten Zustand«	Die Wohnung muss nicht frisch renoviert werden. Es genügt, dass der Mieter die Wohnung beim Auszug in einem Zustand zurückgibt, der dem üblichen Gebrauch entspricht. Das ist der Fall, wenn die Wohnung anschließend von einem Nachmieter benutzt werden kann, ohne dass dieser in nächster Zeit Schönheitsreparaturen ausführen muss.
»Rückgabe in vertragsgemäßem Zustand«	Vertragsgemäß bedeutet nicht renoviert. Es reicht aus, wenn der Mieter während der Mietzeit in angemessenen Abständen die erforderlichen Schönheitsreparaturen ausgeführt hat. Dann kann er die Wohnung in dem Zustand zurückgeben, der sich bei normaler Abnutzung seit der letzten Schönheitsreparatur ergibt.
»Rückgabe in ordnungsgemäßem Zustand«	Hier können Sie von Ihrem Mieter Schönheitsreparaturen nur erwarten, wenn Sie ihm die Wohnung bei Mietbeginn im renovierten Zustand übergeben haben. Und die laufenden Schönheitsreparaturen muss Ihr Mieter nur durchführen, wenn dies wirksam in den Mietvertrag aufgenommen wurde.

Diese Klausel …	… bedeutet im Klartext
»Rückgabe in neuwertigem Zustand«	Der Mieter muss sämtliche Abnutzungserscheinungen der Mieträume beseitigen, auch wenn diese noch so gering sind. Ob eine solche Klausel, die in Gewerbemietverträgen üblich ist, bei Vermietung einer Wohnung wirksam vereinbart werden kann, ist allerdings eher zweifelhaft.
»Rückgabe wie übernommen«	Nach dieser Klausel muss Ihr Mieter nur die laufenden Schönheitsreparaturen übernehmen; vorausgesetzt natürlich, dass diese wirksam in den Mietvertrag aufgenommen wurden.
»Rückgabe wie bei Beginn des Mietverhältnisses«	Ihr Mieter hat die Räume in dem Zustand zu übergeben, wie er sie bei Übergabe angetroffen hat. Das gilt auch dann, wenn der Vormieter ohne Ihre Kenntnis der Renovierungspflicht nicht nachgekommen ist.
»Rückgabe in erneuertem Zustand«	Diese Klausel verpflichtet Ihren Mieter, alle Abnutzungsspuren zu beseitigen, die er verursacht hat. Er braucht die Mieträume jedoch nicht vollständig neu zu renovieren. Die Erneuerung bezieht sich nur auf die Schönheitsreparaturen.
»Rückgabe neuwertig dekoriert«	Diese Klausel bedeutet, dass sich die Wohnung in einem bezugsfertigen Zustand befinden muss.
»Wiederherstellung des ursprünglichen Zustands«	Ihr Mieter muss nur solche Schäden an den Mieträumen beseitigen, die die Bezugsfertigkeit beeinträchtigen und die von ihm zu verantworten sind. Zusätzliche Schönheitsreparaturen muss er nicht vornehmen.

Oft besser: Kostenbeteiligung des Mieters

In den neueren Formularmietverträgen sind so genannte Quotenhaftungsklauseln weit verbreitet. Auch das Mietvertragsformular, das Sie als Abonnent des »Immobilien-Berater« kostenlos anfordern können, enthält eine solche Klausel. Sinn und Zweck dieser Klauseln ist es, die Schönheitsreparaturen auch dann auf den Mieter abzuwälzen, wenn der Fristenplan bei Beendigung des Mietverhältnisses noch nicht abgelaufen ist. Typisch ist beispielsweise folgende Regelung: *»Liegen die letzten Schönheitsreparaturen für die Nassräume während der Mietzeit länger als ein Jahr zurück, so zahlt der Mieter 33 Prozent der Kosten, liegen sie länger als zwei Jahre zurück, so zahlt der Mieter 66 Prozent der Kosten. Liegen die letzten Schönheitsreparaturen für die sonstigen Räume während der Mietzeit länger als ein Jahr zurück, so zahlt der Mieter 20 Prozent der Kosten, liegen sie länger als zwei Jahre zurück 40 Prozent, länger als drei Jahre 60 Prozent, länger als vier Jahre 80 Prozent.«*

Eine solche Klausel ist zulässig. Das hat der Bundesgerichtshof so entschieden. Voraussetzung ist allerdings, dass dem Mieter durch eine entsprechende Formulierung in der Klausel selbst die Chance eingeräumt werden muss, seiner anteiligen Zahlungsverpflichtung dadurch zu entgehen, dass er vor dem Auszug aus der Wohnung Schönheitsreparaturen in kostensparender Eigenarbeit durchführt.

Die Praxis sieht so aus: Sind die turnusmäßigen Schönheitsreparaturen bei Beendigung des Mietverhältnisses noch nicht fällig, sehen die meisten Mieter nicht ein, weshalb sie sich dann kostenmäßig an Arbeiten beteiligen sollen, zu denen sie zum betreffenden Zeitpunkt nicht verpflichtet sind. Als Vermieter kalkulieren Sie natürlich anders: Kommt es in schneller Folge zu Mieterwechseln, ohne dass jeweils schon turnusmäßige Schönheitsreparaturen fällig sind, zahlen Sie als Vermieter eindeutig drauf. Das gilt es zu verhindern – und exakt das ist Sinn und Zweck der Quotenhaftungsklausel. Bleibt der Mieter uneinsichtig, haben Sie immer noch die Möglichkeit, den sich nach der Klausel ergebenden Betrag mit der Mietkaution nebst Zinsen zu verrechnen.

Anders stellt sich die Situation dar, wenn die Vorabnahme ergibt, dass der Mieter Schönheitsreparaturen ausführen muss. Hier neigen überraschend viele Mieter dazu, von sich aus Ihrem Vermieter anzubieten, die Arbeiten finanziell abzugelten und mit der Mietkaution zu verrechnen. Dass es dann letztlich doch nicht zu einer Vereinbarung darüber kommt, liegt an den oftmals völlig unrealistischen »Preisvorstellungen« der Mieter.

Praxis-Tipp: Orientieren Sie sich auch bei freiwilligen Zahlungen des Mieters immer an der vertraglich vereinbarten Kostenbeteiligung. Ob Sie sich dann mit einem geringeren Betrag zufrieden geben, hängt immer von den konkreten Umständen des Einzelfalls ab.

Vorsicht: Lassen Sie sich nicht voreilig darauf ein, die Kostenbeteiligung des Mieters mit der Mietkaution zu verrechnen. Prüfen Sie sorgfältig, ob die Mietkaution ganz oder teilweise nicht schon für andere Zwecke »verbraucht« ist. Das ist beispielsweise der Fall, wenn Mietrückstände bestehen oder Heiz- und Betriebskostenabrechnungen noch ausstehen und mit einer Nachzahlung des Mieters zu rechnen ist.

Was bei der Endabnahme zusätzlich wichtig ist

Haben Sie eine Vorbesichtigung durchgeführt und dabei ein Protokoll erstellt, haben Sie bei der Endabnahme »leichtes Spiel«. Das gilt jedenfalls dann, wenn das Vorabnahmeprotokoll einverständlich erstellt wurde. Anhand der damaligen Feststellungen kann schnell und nachvollziehbar ermittelt werden, ob die Schönheitsreparaturen durchgeführt wurden.

Anders als bei der Vorabnahme müssen Sie sich bei der Endabnahme aber zusätzlich noch um weitere Punkte kümmern. Stellen Sie sich immer die nachfolgenden Fragen, um nichts zu vergessen:

- Haben Sie sämtliche Zählerstände abgelesen (Strom, Gas, Wasser)?
- Haben Sie in allen Räumen die Wärmemessgeräte an den Heizkörpern abgelesen beziehungsweise einen Wärmemessdienst damit beauftragt?
- Hat Ihr Mieter alle Schlüssel zurückgegeben?
- Haben Sie sich von Ihrem Mieter dessen neue Adresse geben lassen?
- Haben Sie mit Ihrem Mieter eine Vereinbarung über die Abrechnung der Betriebskosten und die Rückzahlung der Mietkaution getroffen (muss nicht sein, erleichtert aber das Prozedere)?

Die Einbauten des Mieters: Entfernen oder Übernehmen?

Allein in Deutschland gibt es mehr als 20 Zeitschriften, die Ihren Lesern Tipps und Anregungen geben, wie sie ihr Haus oder ihre Wohnung noch attraktiver und noch gemütlicher gestalten können. Gleichzeitig erleben die Heimwerkermärkte einen ungeheuren Zulauf. Tendenz: weiter steigend – und das hat auch mietrechtliche Auswirkungen. Denn zahlreiche Mieter verschönern ihre Wohnung eigenhändig oder beauftragen Handwerker damit.

Mietereinbauten sind deshalb immer zweimal ein Thema. Einmal dann, wenn die Einbauten erfolgen und ein zweites Mal eben dann, wenn das Mietverhältnis endet. Die Frage lautet dann, müssen die Einbauten wieder entfernt werden?

Grundsätzlich gilt: Nach Beendigung des Mietverhältnisses können Sie als Vermieter verlangen, dass Ihr Mieter den ursprünglichen Zustand der Wohnung auf seine eigenen Kosten wieder herstellt. Er ist also verpflichtet, die von ihm während der Mietzeit vorgenommenen baulichen Veränderungen, Einbauten und Einrichtungen wieder zu beseitigen. Diese Verpflichtung besteht selbst dann, wenn Sie ihm die Zustimmung für die Einbauten erteilt haben.

! **Achtung:** Die Wiederherstellungspflicht umfasst auch die Entfernung von Fußbodenbelägen und Holzverkleidungen. Auch Dübellöcher müssen verschlossen, Nägel und Haken entfernt werden.

➡ **Praxis-Tipp:** Angebohrte Kacheln in Bad und Küche und sonstigen Räumen in der Wohnung muss Ihr Mieter nur dann erneuern, wenn diese übermäßig beschädigt wurden oder er ersichtlich mehr Dübellöcher als erforderlich und üblich gebohrt hat. »Erforderlich« und »üblich« sind zwei Begriffe, an denen sich schon ganze Juristengenerationen die Zähne ausgebissen haben. Es kommt, wie so häufig, auf die konkreten Umstände des Einzelfalls an.

! **Achtung:** In keinem Fall können Sie aber verlangen, dass Ihr Mieter die Einbauten von Vormietern entfernt, es sei denn, Ihr jetziger Mieter hat sich mietvertraglich dazu verpflichtet.

Beispiel: Der Vormieter hat im Flur einen Einbauschrank errichtet. Sie verlangen, dass Ihr Mieter diesen entfernt. Der Nachmieter möchte ihn aber gern übernehmen. Sie sind damit einverstanden, wenn sich der Nachmieter verpflichtet, den Einbauschrank dann seinerseits bei seinem Auszug zu entfernen. Der Nachmieter sagt dies zu.

➡ **Praxis-Tipp:** Jeder Mieter freut sich, wenn er bei Mietbeginn in der Wohnung nützliche Einbauten vorfindet. Da wird schon schnell einmal eine Verpflichtung übernommen, an die er sich dann bei Mietende nicht mehr erinnern mag. Regeln Sie die Verpflichtung zur Entfernung der Einbauten deshalb unbedingt immer schriftlich im Mietvertrag.

Auch das kommt vor: Sie sind von den Einbauten Ihres Mieters so angetan, dass Sie diese übernehmen möchten. In diesem Fall muss Ihr Mieter nur dann darauf eingehen, wenn Sie ihm zugleich eine angemessene Entschädigung anbieten. Andernfalls ist der Mieter berechtigt, seine Einbauten mitzunehmen, ohne dies etwa begründen zu müssen.

➡ **Praxis-Tipp:** Die Entschädigung muss nicht etwa darin bestehen, dass Sie Ihrem Mieter einen bestimmten Geldbetrag zahlen. Stattdessen können Sie auch jede andere geldwerte Leistung vereinbaren.
Beispiel: Sie vereinbaren mit Ihrem Mieter, dass Sie die Einbauten übernehmen dürfen und im Gegenzug auf die Durchführung der erforderlichen Schönheitsreparaturen verzichten. Oder aber Sie entlassen Ihren Mieter beispielsweise vorzeitig aus dem Mietvertrag.

Eine Erstattung von Aufwendungen, die Ihr Mieter für die Wohnung getätigt hat, kann er nur verlangen, wenn diese notwendig oder nützlich waren. »Notwendig« sind solche Aufwendungen, die darauf abzielen, den Zustand der Wohnung zu erhalten oder ihren bisherigen Zustand wieder herzustellen, um drohende Gefahren abzuwenden.

Beispiel: Ihr Mieter hat einen Wasserrohrbruch oder die Verstopfung in einem Abflussrohr beseitigen lassen. Auch der Austausch einer gefahrenträchtigen Elektro- und Sanitärinstallation zählt zu den notwendigen Verwendungen. In diesen Fällen kann Ihr Mieter verlangen, dass Sie ihm seine Aufwendungen in voller Höhe erstatten. Das gilt auch dann, wenn er Handwerker mit der Durchführung der Arbeiten beauftragt hat. Voraussetzung ist allerdings, dass es sich um objektiv erforderliche Aufwendungen handelt.

! **Wichtig:** Abgesehen von Notfällen, muss sich Ihr Mieter darauf beschränken, Ihnen etwaige Mängel oder bereits eingetretene Schäden mitzuteilen. Ob und in welcher Weise Sie dann reagieren, liegt allein bei Ihnen. Das bedeutet: Beauftragt Ihr Mieter voreilig einen Handwerker, riskiert er, dass er auf seinen Kosten »sitzen bleibt«. Sie sind dann nicht etwa zur Übernahme der Kosten verpflichtet, nur weil Sie Vermieter der Wohnung sind.

Um nützliche Aufwendungen handelt es sich, wenn diese der Verbesserung der Wohnung und ihrer besseren Nutzungsmöglichkeit dienen. Umbau-, Renovierungs-, Verschönerungs- und Erweiterungsmaßnahmen in der Wohnung gehören in der Regel stets zu den nützlichen Verwendungen.

Beispiel: Ihr Mieter verputzt Wände, nimmt Sanitärinstallationen vor, hängt eine Decke ab oder verkleidet eine Wand mit Holz, bringt im Bad eine Spiegelwand an oder verlegt auf dem Balkon einen Rasenteppich.
Achtung: Derartige Aufwendungen müssen Sie nur dann akzeptieren, wenn Sie die betreffenden Aufwendungen des Mieters genehmigt haben oder sie zumindest Ihrem Interesse entsprechen. Sind Sie danach im Einzelfall nicht zur Kostenerstattung verpflichtet, hat Ihr Mieter das Recht, die Einbauten bei Mietende mitzunehmen. Das bedeutet dann aber zugleich auch, dass er in diesem Fall den ursprünglichen Zustand wieder herstellen muss.

Wer die Wohnungsschlüssel bekommt

Zieht Ihr Mieter aus seiner Wohnung aus, muss er Ihnen alle Schlüssel zurückgeben, auch solche, die er selbst hat anfertigen lassen. Hierfür kann er von Ihnen allerdings die dafür aufgewandten Kosten ersetzt verlangen. Falls Sie die Kosten der Zusatzschlüssel nicht zahlen wollen, kann Ihr Mieter diese Schlüssel in Ihrem Beisein unbrauchbar machen. Fehlen beim Auszug Ihres Mieters Schlüssel, muss er Ihnen zumindest die Kosten für Ersatzschlüssel erstatten. Hat Ihr Mieter einen Schlüssel verloren, so können Sie von ihm auch die Kosten für den Einbau eines neuen Schlosses verlangen, sofern damit gerechnet werden kann, dass der verloren gegangene Schlüssel missbräuchlich verwendet wird. Das kann insbesondere bei einer Zentralschlüsselanlage für Ihren Mieter teuer werden, da in einem solchen Fall sämtliche Schlösser/Schlüssel erneuert werden müssen.

Beispiel: Ein Missbrauch erscheint möglich, wenn Ihr Mieter beispielsweise seinen Schlüssel in einem Etui aufbewahrt, in dem sich sein Name und seine Anschrift befinden.

Manche Mietverträge enthalten eine Formularklausel, wonach der Vermieter bei Verlust von Schlüsseln berechtigt ist, die betreffenden Schlösser oder die Schließanlage nebst Schlüsseln auf Kosten des Mieters ändern oder ersetzen zu lassen. Es ist sehr umstritten, ob eine solche Klausel wirksam ist. Dies wird von einigen Mietrechtsexperten verneint, weil den Mietern durch eine derartige Klausel der Einwand abgeschnitten wird, dass der Einbau eines neuen Schlosses nicht erforderlich sei. Andere Experten wiederum halten die Klausel für zulässig, weil es der Mieter ist, der die Ursache für den Austausch der Schlösser gesetzt hat. Veröffentlichte Gerichtsentscheidungen gibt es zu dieser Frage – soweit ersichtlich – noch nicht.

Anders sieht es dagegen aus, wenn eine missbräuchliche Verwendung des verlorenen Schlüssels offensichtlich nicht zu befürchten ist. Dann wäre es unverhältnismäßig, wenn Sie von Ihrem Mieter trotzdem die Änderung des Schlosses oder der ganzen Schließanlage fordern würden.

Gelingt Ihnen eine direkte Anschlussvermietung, kann sich die »Schlüsselfrage« in ganz anderem Zusammenhang stellen. Immer wieder kommt es vor, dass der bisherige Mieter mehrere Tage oder Wochen vor dem eigentlichen Kündigungstermin auszieht. Der Nachmieter seinerseits würde oftmals gern ein bis zwei Wochen vor dem eigentlichen Mietbeginn »in die Wohnung gehen«, um sie nach seinen Vorstellungen zu renovieren beziehungsweise zu tapezieren.

Beachten Sie dabei den kleinen, aber feinen Unterschied bei der Verpflichtung des bisherigen Mieters zur Mietzahlung: Wenn Sie sich an Ihren bisherigen Mieter wenden und ihn bitten, die Schlüssel schon vor dem eigentlichen Kündigungstermin zurückzugeben, damit der Nachmieter Gelegenheit erhält, die Wohnung entsprechend seinen Vorstellungen zu renovieren, kann dies für Sie teuer werden: Entspricht der Mieter Ihrem Wunsch und gibt er die Schlüssel vorzeitig zurück, bedeutet dies rechtlich eine vorzeitige Beendigung des Mietvertrags. Der Mieter braucht dann nur bis zum Tag der Rückgabe der Schlüssel Miete zu bezahlen.

Beispiel: Die Wohnung ist bis zum 30. November 2001 vermietet, der Mieter ist aber schon Anfang des Monats ausgezogen. Der Nachmieter möchte zum 20. November 2001 in die Wohnung, um sie entsprechend seinen Vorstellungen zu tapezieren. Sie bitten Ihren bisherigen Mieter um vorzeitige Rückgabe der Wohnungsschlüssel, die Sie am 19. November 2001 bekommen. Dann endet an diesem Tag das Mietverhältnis. Ihr Mieter kann ein Drittel der November-Miete zurückverlangen.

Anders verhält es sich dagegen, wenn Sie dem Nachmieter die neue Adresse des Vormieters geben und der dann direkt beim Vormieter anruft und der Vormieter dem Nachmieter die Schlüssel aushändigt. In diesem Fall bleibt der Vormieter zur Mietzahlung verpflichtet.

! **Vorsicht:** Bei dieser Variante laufen Sie Gefahr, dass es später Streit darüber gibt, ob der Vormieter sämtliche Schlüssel zurückgegeben und der Nachmieter sämtliche Schlüssel erhalten hat. Bestehen Sie deshalb immer darauf, dass Ihnen der bisherige Mieter die Schlüssel zurückgibt.

➡ **Praxis-Tipp:** Um dies nun nicht unnötig kompliziert zu gestalten, indem Sie die Schlüssel von dem bisherigen Mieter verlangen, der sie seinerseits dann erst wieder von dem Nachmieter anfordern müsste, entschließen Sie sich am besten zu einer Schlüsselübergabe vor Ort. In einem von Ihnen vorbereiteten Schlüsselübergabeprotokoll quittieren Sie dem bisherigen Mieter, dass er die Schlüssel zurückgegeben hat, während der neue Mieter zugleich Ihnen quittiert, dass er sämtliche Schlüssel erhalten hat. Lassen Sie dieses Protokoll auch immer vom alten Mieter mit unterzeichnen.

Ihr Vorteil: Falls der neue Mieter später einmal behaupten sollte, nicht alle Schlüssel erhalten zu haben, haben Sie nicht nur einen schriftlichen Beweis, sondern zugleich auch einen »sicheren« Zeugen.

Selbst wenn sich der alte Mieter dann nicht mehr daran erinnern kann, dass der neue Mieter alle Schlüssel erhalten hat, so wird er nicht umhinkommen, einzuräumen, dass es so gewesen sein muss, weil er ein unrichtiges Protokoll sicherlich nicht unterschrieben hätte.

Erstellen Sie ein Übergabeprotokoll

Im Vermietungsalltag hat es sich bewährt, zu Beginn des Mietverhältnisses ein Wohnungsübergabeprotokoll zu erstellen. Das ist im Wesentlichen einem Wohnungsabnahmeprotokoll nachgebildet.

Wenn Sie bei der Wohnungsübergabe den Zustand der Wohnung schriftlich festhalten, gibt es später beim Auszug des Mieters weniger Meinungsverschiedenheiten. Der häufigste Streitpunkt, ob bestimmte Mängel oder Schäden bereits bei Mietbeginn vorhanden waren, entfällt dann praktisch völlig.

Praxis-Tipp: Lassen Sie sich deshalb vor Abschluss des Mietverhältnisses ein Wohnungsabnahmeprotokoll von Ihrem neuen Mieter unterschreiben. Nehmen Sie in ein derartiges Protokoll jeden Mangel der Wohnung auf. Beschreiben Sie diese Mängel jeweils detailliert. Denken Sie immer daran: Als Vermieter müssen Sie beweisen, dass ein Schaden, der durch ein schuldhaftes Verhalten Ihres Mieters im Mietshaus entstanden ist, nicht bereits zu Beginn des Mietverhältnisses vorgelegen hat.

Achtung: Die Erstellung eines Übergabeprotokolls ist zusätzlich auch deshalb wichtig, weil Sie nicht bereits im Mietvertrag regeln können, dass sich die Mietwohnung in einem ordnungsgemäßen Zustand befindet. Die Aufnahme einer derartigen formularmäßigen Klausel ist nämlich grundsätzlich unwirksam. Wird dagegen im Rahmen eines Übergabeprotokolls festgestellt, dass die Wohnung keinerlei Mängel aufweist, ist dies bindend.

C.

Steuern & Versicherungen

Wie Sie mit Ihrem Haus- und Wohnungsbesitz optimal Steuern sparen

Investitionen in Immobilien eignen sich nicht nur als hervorragende Altersvorsorge, sie bieten Ihnen auch die Möglichkeit, Ihre Steuerlast auf ein Minimum zu drücken. Die Aussicht auf immer noch attraktive Steuervorteile darf Ihnen aber nicht den Blick für kaufmännisch sinnvolle Investitionen verstellen. Unter Hinweis auf vermeintliche Steuerersparnisse werden immer wieder renditeschwache Objekte angepriesen.

Allein eine sorgfältige Steuerkalkulation und eine umsichtige Objektauswahl geben Ihnen die erforderliche Sicherheit bei Ihrer Anlageentscheidung. Selbst eine Qualitätsimmobilie in guter Lage wird Ihnen als Anleger wenig Freude bereiten, wenn die Renditekalkulation nicht aufgeht. Lassen Sie sich deshalb nicht zu übereiltem Handeln verleiten.

Mit der richtigen steuerlichen Gestaltung können Sie erhebliche Steuervorteile erzielen. Der Grund: Von den Mieteinnahmen können Sie die Werbungskosten abziehen. Gemeint sind damit die Aufwendungen, die zum Erwerb, zur Sicherung und zum Erhalt der Mieteinnahmen dienen. Das sind alle Kosten, die mit der Vermietung in einem unmittelbaren wirtschaftlichen Zusammenhang stehen.

Zu den Werbungskosten, die Sie als Vermieter geltend machen können, gehören insbesondere Abschreibungen, Betriebskosten, Finanzierungskosten, Verwaltungskosten, Instandhaltungs- und Instandsetzungskosten. Abschreibungen sind dabei ein Thema für sich. Wie Sie von den Abschreibungsmöglichkeiten optimal profitieren, lesen Sie in einem eigenen Kapitel ab Seite 247.

Ihre Steuerersparnis durch ein Mietobjekt

Dass Sie die Werbungskosten von den Mieteinnahmen abziehen können, bedeutet im Klartext: Werbungskosten mindern – steuerlich gesehen – die Mieteinnahmen und damit auch die zu zahlende Einkommensteuer. Übersteigen die Werbungskosten die Mieteinnahmen, entstehen negative Einkünfte.

Beispiel:

Mieteinnahmen	12 465 Euro
– Werbungskosten	48 282 Euro
= negative Einkünfte (steuerlicher Verlust)	35 817 Euro

Ein solcher steuerlicher Verlust aus Vermietung führt dazu, dass sich Ihr übriges zu versteuerndes Einkommen entsprechend verringert. Dadurch erzielen Sie eine zusätzliche Steuerersparnis.

Was zu den Mieteinnahmen gehört

Miet- und Pachteinnahmen erzielen Sie insbesondere in folgenden Fällen:

- Sie haben ein bebautes Grundstück, ein Ein- oder Mehrfamilienhaus, oder eine Eigentumswohnung vermietet,
- Sie haben in einem sonst selbst genutzten eigenen Haus oder in Ihrer Wohnung einzelne Räume vermietet,
- Sie haben unbebaute Grundstücke wie beispielsweise Parkplätze vermietet,
- es bestehen Einkünfte aus der Vermietung von Rechten (beispielsweise Kiesausbeuterecht),
- Sie haben gemietete Räume untervermietet oder
- Sie erzielen aus Beteiligungen (beispielsweise an Grundstücks- oder Erbengemeinschaften) Einkünfte.

Zu den Einnahmen aus Vermietung und Verpachtung gehört alles, was Ihnen im jeweiligen Kalenderjahr als Vermieter beziehungsweise Verpächter zugeflossen ist. Hierzu zählen insbesondere folgende Einnahme-Positionen:

- Nettokaltmiete,
- Pachtzins,
- Umlagen für Heiz- und Betriebskosten,
- Nachzahlungen der Mieter/Pächter für Heiz- und Betriebskosten bei Überschuss der tatsächlichen Betriebskosten über die Vorauszahlungen (Erstattungen werden von den Umlagen abgezogen),
- Miete für Garagen, Stellplätze, Werbeflächen, unbebaute Grundstücke,
- Mietrückstände, die Sie mit der Mietkaution verrechnet haben,
- auf das Veranlagungsjahr entfallende Mietvorauszahlungen aus Baukostenzuschüssen,
- im Veranlagungsjahr erstattete Aufwendungen, wie zum Beispiel zurückgezahlte Grundsteuer und Versicherungsprämien,
- vom Mieter/Pächter gezahlte Entschädigungen,
- Abstandszahlungen, die der Mieter/Pächter anlässlich der (vorzeitigen) Beendigung des Miet- beziehungsweise Pachtvertrags gezahlt hat,
- vereinnahmte Vorsteuern (wenn Sie zur Umsatzsteuer optiert haben),
- vom Finanzamt erstattete Vorsteuer,
- Guthabenzinsen aus Bausparverträgen und
- vereinnahmte Entgelte für die Bestellung eines Nutzungsrechts.

Was zu den Werbungskosten zählt

Von den Miet- beziehungsweise Pachteinnahmen können Sie die Werbungskosten abziehen. »Werbungskosten« haben mit Werbung nichts zu tun. Es handelt sich lediglich um einen steuertechnischen Begriff. Gemeint sind damit die Aufwendungen, die zum Erwerb, zur Sicherung und zum Erhalt der Einnahmen dienen. Bei den Einkünften aus Vermietung und Verpachtung sind dies alle Kosten, die mit der Vermietung in einem unmittelbaren wirtschaftlichen Zusammenhang stehen.

Als Vermieter können Sie alle mit Ihren Mieteinnahmen zusammenhängenden Ausgaben als Werbungskosten geltend machen. Das umfasst zunächst auch die Kosten, die Ihnen als Vermieter durch »das Eigentum am Grundstück oder durch den bestimmungsgemäßen Gebrauch des Gebäudes oder der Wirtschaftseinheit, der Nebengebäude, Anlagen, Einrichtungen und des Grundstücks laufend entstehen«.

In den Formularmietverträgen werden die Betriebskosten fast immer auf die Mieter abgewälzt, die diese Kosten anteilig zusätzlich zur Miete bezahlen müssen. Aber nicht jede Vertragsklausel ist wirksam. Die Folge ist dann, dass der Vermieter die Kosten tragen muss, und gerade bei älteren Mietverträgen stellt sich immer wieder heraus, dass derartige Regelungen gänzlich fehlen.

Ihre Steuerersparnis durch Finanzierungskosten

Unterscheiden Sie bei den Finanzierungskosten am besten zwischen Geldbeschaffungskosten und Schuldzinsen. Zu den Geldbeschaffungskosten gehören insbesondere:

- Schätzgebühren,
- Gebühren für Ausfallbürgschaften,
- Gebühren für die Vermittlung eines Darlehens,
- Bereitstellungszinsen,
- Notarkosten und Gerichtsgebühren für Bestellung von Hypotheken und Grundschulden,
- Kosten einer Umschuldung,
- alle sonst entstandenen Kreditgebühren und
- im Zusammenhang mit der Geldbeschaffung entstandene Reisekosten.

Zinsen für Schulden, die im wirtschaftlichen Zusammenhang mit Ihrem Mietobjekt stehen, sind im Jahr der Zahlung als Werbungskosten abzugsfähig. Schuldzinsen können bestehen aus:

- Hypothekenzinsen,
- Bausparzinsen,
- Zinsen für Baudarlehen oder
- Zinsen für private Darlehen.

Erbbauzinsen werden wie Schuldzinsen behandelt. Ebenso gehört ein Disagio zu den Schuldzinsen. Beachten Sie zum Disagio Folgendes: Hypothekendarlehen können Sie sich zu 100 Prozent auszahlen lassen. Sie können aber auch dieselbe Auszahlungssumme (Nettodarlehen) bei höherer Darlehenssumme (Bruttodarlehen) erreichen.

Die Differenz zwischen Brutto- und Nettodarlehen stellt Ihren Auszahlungsverlust oder Ihr Disagio dar. Das Disagio ist für Sie praktisch eine Vorschusszahlung auf die zu zahlenden Zinsen und wird von Ihrer Bank bei der Auszahlung Ihres Darlehens gleich einbehalten.

Ein hohes Disagio (zehn Prozent der Darlehenssumme) führt zu einem hohen steuerlichen Verlust in der Finanzierungsphase. Sie erzielen also einen kurzfristigen Steuervorteil. Langfristig lohnt sich für Sie als Vermieter ein Disagio dagegen nicht. Der Grund: In der Vermietungsphase sinken die Zinszahlungen und damit die abzugsfähigen Werbungskosten. Sie erzielen also in den Vermietungsjahren geringere Steuerersparnisse und sitzen gleichzeitig auf höheren Schulden.

Wie sich die Betriebskosten steuerlich auswirken

Zu den sofort abziehbaren Werbungskosten gehören auch die Betriebskosten, die Sie nicht auf Ihren Mieter umlegen dürfen. Hierzu zählen insbesondere die Verwaltungskosten. Diese Ausgaben-Position umfasst im Wesentlichen:

- Kosten für den Haus- und Wohnungsverwalter,
- Instandhaltungsrücklage bei Vermietung einer Eigentumswohnung,
- Büromaterial,
- Fahrtkosten,
- Prozesskosten,
- Telefonkosten und
- Zeitungsinserate.

Auch die Verwaltergebühren helfen Steuern sparen

Beachten Sie dazu im Einzelnen noch Folgendes: Vermieten Sie eine Eigentumswohnung, können Sie die Gebühren für den Verwalter als Werbungskosten abziehen. Dasselbe gilt bei einem Hausverwalter für ein Mehrfamilienhaus. Dabei macht es keinen Unterschied, ob es sich um einen professionellen Hausverwalter handelt oder beispielsweise einen nahen Angehörigen, den Sie mit der Hausverwaltung beauftragt haben. Verwalten Sie das Haus in Eigenregie, können Sie allerdings keine Verwaltungskosten ansetzen.

Die Beiträge zur Instandhaltungsrücklage sind Teil des Hausgelds, das der einzelne Wohnungseigentümer an die Hausverwaltung zu leisten hat. Dabei führt nicht bereits die Zahlung der Instandhaltungsrücklage an den Verwalter zum Werbungskostenabzug, sondern erst die tatsächliche Verwendung der Rücklage für konkrete Instandsetzungsarbeiten. Erst wenn der Hausverwalter die Kosten für die Instandsetzungsarbeiten bezahlt, kommt für Sie als Wohnungseigentümer und Vermieter ein Werbungskostenabzug in Betracht.

Beteiligen Sie das Finanzamt an Ihren Fahrtkosten

Kosten für Reisen zwischen Ihrem Wohnort und dem Mietobjekt sind als Werbungskosten abzugsfähig, wenn sie der Erhaltung und Sicherung der Mieteinnahmen dienen. Das ist etwa der Fall, wenn Sie:

- einen neuen Mietvertrag abschließen,
- Reparaturen am Haus durchführen,
- Baumaterial besorgen,
- mit Sachverständigen oder Handwerkern Besichtigungstermine im Mietobjekt durchführen oder
- im Fall einer vermieteten Eigentumswohnung eine Eigentümerversammlung besuchen.

Fahrtkosten sind in der nachgewiesenen Höhe abzugsfähig. Benutzen Sie Ihren eigenen Pkw, so sind sämtliche Kosten im Einzelnen durch Belege nachzuweisen. Sie können aber auch auf den Einzelnachweis verzichten und die Fahrtkosten in Höhe eines

Pauschbetrags geltend machen. Dieser beträgt 0,58 DM je gefahrenem Kilometer.

Praxis-Tipp: Die Finanzämter und Finanzgerichte prüfen sehr kritisch, ob die von Ihnen angegebenen Reisekosten angemessen sind. Das gilt insbesondere dann, wenn Sie überdurchschnittlich oft zu einem eher weit entfernt gelegenen Mietobjekt gefahren sind. Am besten notieren Sie sich jeweils Datum und Anlass der Fahrt.

Die steuerliche Bedeutung der 800-DM-Grenze

Die Kosten für Möbelstücke und Elektrogeräte, die Sie im Zusammenhang mit Ihren Einkünften aus Vermietung und Verpachtung für die Wohnung anschaffen, können Sie als Werbungskosten von den Mieteinnahmen abziehen. Sobald die Anschaffungskosten für den einzelnen Gegenstand den Betrag von 800 DM (ohne Mehrwertsteuer) nicht übersteigen, können Sie diese Kosten gleich im Jahr der Anschaffung in voller Höhe absetzen.

Beispiel: Zu der Einbauküche, mit der Sie die Wohnung ausstatten, gehört ein Kühlschrank. Er hat 920 DM gekostet. Da der Kaufpreis nach Abzug der Mehrwertsteuer unter 800 DM liegt, handelt es sich hier um sofort abziehbare Werbungskosten.

Die 800-DM-Grenze versteht sich grundsätzlich ohne Mehrwertsteuer, unabhängig davon, ob Sie die Mehrwertsteuer als Vorsteuer abziehen können oder nicht.

Liegt der Anschaffungspreis dagegen über der 800-DM-Grenze, ist er auf die voraussichtliche Nutzungsdauer der Möbelstücke und Elektrogeräte zu verteilen. Für Möbelstücke wird im Allgemeinen eine Nutzungsdauer von zehn Jahren angenommen. Das bedeutet, dass Sie beispielsweise die Anschaffungskosten für einen Einbauschrank in der Küche zehn Jahre lang mit zehn Prozent pro Jahr als Werbungskosten absetzen können.

Für Elektrogeräte gilt ein verkürzter Abschreibungszeitraum von vier bis fünf Jahren. So können Sie beispielsweise einen Gefrierschrank, der 1200 DM gekostet hat, fünf Jahre lang mit jeweils 240 DM abschreiben.

Im Jahr der Anschaffung können Sie nur dann den vollen Abschreibungsbetrag ansetzen, wenn Sie das Möbelstück oder das Elektrogerät im ersten Halbjahr erworben haben. Andernfalls können Sie nur 50 Prozent des Abschreibungsbetrags geltend machen.

Beispiel: Haben Sie den 1200 DM teuren Gefrierschrank im Juli erworben, können Sie im Jahr der Anschaffung 240 DM absetzen. Haben Sie den Gefrierschrank dagegen erst im August des Jahres erworben, können für das Anschaffungsjahr lediglich 120 DM abgesetzt werden.

Nicht vergessen: die sonstigen Werbungskosten

Und auch diese Ausgaben zählen noch zu den Werbungskosten, die Sie bei Einkünften aus Vermietung und Verpachtung geltend machen können:

- **Büromaterial:** Zu den sofort abziehbaren Werbungskosten gehören auch Ihre Aufwendungen für Büromaterial, das Sie für die Verwaltung Ihres Mietobjekts benötigen. In Betracht kommen hier insbesondere Ausgaben für Ordner, Disketten, Mappen, Papier, Briefumschläge, Porto, Kugelschreiber, Büroklammern.
- **Garten:** Kosten für die gärtnerische Gestaltung und Pflege eines Gartens, den die Mieter mitbenutzen dürfen, sind als Werbungskosten abzugsfähig. Dasselbe gilt für Vorgärten, wenn sie für die Mieter zugänglich sind.
- **Instandhaltungsrücklage:** Es ist gesetzlich vorgeschrieben, dass Wohnungseigentümergemeinschaften Instandhaltungsrücklagen bilden. Die Beiträge zur Instandhaltungsrücklage sind Teil des Hausgelds, das der einzelne Wohnungseigentümer an die Hausverwaltung zu leisten hat. Allerdings führt nicht bereits die Zahlung der Instandhaltungsrücklage an den Verwalter zum Werbungskostenabzug, sondern immer erst die tatsächliche Verwendung der Rücklage für konkrete Instandsetzungsarbeiten.
- **Kontoführungsgebühren:** Bankgebühren, die mit den Mieteinnahmen oder mit den Bewirtschaftungskosten des Mietshauses im Zusammenhang stehen, sind Werbungskosten. Die Finanzämter er-

kennen im Allgemeinen eine Pauschale von 30 DM jährlich an, wenn Sie keine höheren Kosten nachweisen.

- **Prozesskosten:** Anwalts- und Gerichtskosten können Sie als Werbungskosten abziehen, wenn der Rechtsstreit im unmittelbaren Zusammenhang mit Einnahmen aus Vermietung und Verpachtung steht. Dies gilt nicht nur für Prozesse gegen Mieter wegen rückständiger Mietzahlungen, sondern beispielsweise auch für Prozesskosten im Rahmen einer Räumungsklage, wenn Sie anschließend wieder neu vermieten wollen.
- **Schönheitsreparaturen:** Wenn Sie in der vermieteten Wohnung Schönheitsreparaturen auf eigene Kosten durchführen, können Sie die jeweiligen Aufwendungen als Werbungskosten abziehen. Erstattet Ihnen der Mieter die Kosten ganz oder teilweise, gehört die Zahlung zu den Mieteinnahmen. Übernimmt dagegen der Mieter die Schönheitsreparaturen und Sie beteiligen sich an seinen Kosten, stellt Ihr Zuschuss Werbungskosten dar.
- **Steuerberatungskosten:** Aufwendungen für Steuerberatungen können Sie als Werbungskosten abziehen, soweit sie bei der Ermittlung der Einkünfte aus Vermietung und Verpachtung entstanden sind. Im Übrigen stellen die Steuerberatungskosten voll abzugsfähige Sonderausgaben dar. Betragen die Steuerberatungskosten insgesamt nicht mehr als 1000 DM jährlich, können Sie diese Aufwendungen nach eigenem Belieben als Werbungskosten oder als Sonderausgaben geltend machen.
- **Zwangsvollstreckung:** Haben Sie gegen Ihren Mieter ein Räumungsurteil erwirkt und zieht er auch dann noch nicht freiwillig aus der Wohnung aus, müssen Sie gegebenenfalls die Zwangsräumung der Wohnung mithilfe eines Gerichtsvollziehers betreiben. Bleiben Sie mit den Kosten der Zwangsräumung belastet, weil der Mieter als Schuldner zahlungsunfähig ist, können Sie diese Kosten als Werbungskosten geltend machen. Voraussetzung für die steuerliche Anerkennung dieser Kosten ist jedoch, dass Sie die Wohnung erneut vermieten.

Wie Sie sich sofort mehr Liquidität sichern

Durch die Eintragung von Freibeträgen auf der Lohnsteuerkarte können Sie sich einen sofortigen Liquiditätsvorteil sichern. Sie sparen dann bereits beim Lohnsteuerabzug während des laufendes Jahres diejenigen Steuerbeträge, die Sie sich sonst über die Steuererklärung zurückholen müssten. Entsprechendes gilt für die vierteljährliche Einkommensteuer-Vorauszahlung. Wenn Sie diese herabsetzen lassen, verfügen Sie ebenfalls bereits im laufenden Jahr über mehr Liquidität.

Achten Sie bei der Geltendmachung von Verlusten aus Vermietung und Verpachtung aber immer auf Folgendes: Diese können erst beim Lohnsteuerabzug beziehungsweise bei den Vorauszahlungen für das Kalenderjahr berücksichtigt werden, das auf das Jahr der Anschaffung oder Fertigstellung folgt.

Im Klartext bedeutet das: Für alle Mietobjekte, die Sie beispielsweise bis Ende 2001 anschaffen oder fertig stellen, können Sie ab Anfang 2002 Freibeträge eintragen beziehungsweise die Einkommensteuer-Vorauszahlung herabsetzen lassen.

Die Finanzämter halten für die Eintragung von Freibeträgen besondere Vordrucke bereit. Je früher Sie den Antrag stellen, desto größer ist Ihr sofortiger Steuervorteil.

Stellen Sie den Antrag bis spätestens Ende Januar eines Jahres, dann wirken sich die Steuervorteile von Anfang des Jahres aus. Bei später gestellten Anträgen verteilt das Finanzamt Freibeträge gleichmäßig auf den Rest des Jahres.

Den Antrag auf Herabsetzung der Einkommensteuer-Vorauszahlungen müssen Sie ebenfalls schriftlich stellen. Das kann aber formlos geschehen.

! **Achtung:** Wenn Sie keine Freibeträge eintragen lassen und auch keinen Antrag auf Herabsetzung der Einkommensteuer-Vorauszahlung stellen, bekommen Sie Ihr Geld erst im Rahmen der Einkommensteuererklärung zurück.

Sofort mehr Liquidität durch weniger Steuern

Wenn Sie steuerliche Verluste aus Vermietung und Verpachtung (VuV) geltend machen können, rechnet sich Ihr Steuervorteil, den Sie durch die Eintragung eines Freibetrags oder Ermäßigung der Einkommensteuer-Vorauszahlung ab 1. Januar 2000 geltend machen können, wie in dem Beispiel mit folgenden Werten:

Mietobjekt: Neubau-Eigentumswohnung

Kaufpreis (anteilige Gebäudekosten)	120 000 Euro
Abschreibung (5 Prozent vom Anschaffungspreis)	6 000 Euro
Mieteinnahmen pro Jahr	5 400 Euro
Zinsaufwand	6 200 Euro
Nicht umlagefähige Bewirtschaftungskosten	600 Euro
Steuersatz (inkl. Soli)	42 %

Den Verlust aus Vermietung und Verpachtung ermitteln Sie durch den Überschuss der Werbungskosten über die Mieteinnahmen:

Abschreibung: 5 % von 120 000 Euro	6 000 Euro
Zins- und Bewirtschaftungskosten	7 200 Euro
Werbungskosten insgesamt	13 200 Euro
Mieteinnahmen	–5 400 Euro
jährlicher Mietverlust	**7 800 Euro**

Wenn Sie diesen Verlust bei Ihrem Finanzamt geltend machen, erzielen Sie folgende Steuerersparnis:

- **Antrag auf Lohnsteuerermäßigung** (mit Eintragung eines Freibetrags auf der Lohnsteuerkarte): 7800 Euro : 12 Monate = 650 Euro monatlich. Bei einem Steuersatz von 42 % bedeutet das monatlich 273 Euro mehr im Portemonnaie.
- **Änderung des Vorauszahlungsbescheids** (mit Herabsetzung der Einkommensteuer-Vorauszahlung): 7800 Euro : 4 Quartale = 1950 Euro. Bei einem Steuersatz von 42 % bringt das eine Steuerersparnis von 819 Euro vierteljährlich.

2. Wie Sie von Ihren Abschreibungsvorteilen optimal profitieren

Die Gebäudeabschreibung ist die Basis für Ihre Steuervorteilsrechnung als Vermieter. Denn neben den Finanzierungskosten sind es vor allem die Abschreibungsmöglichkeiten, die Ihnen die Chance bieten, Ihre persönliche Steuerlast deutlich zu senken. Die Anschaffungs- oder Herstellungskosten Ihre Mietobjekts können Sie nicht in voller Höhe auf einmal, sondern immer nur zeitanteilig über die gewöhnliche Nutzungsdauer des Hauses beziehungsweise der Eigentumswohnung abziehen. Die Abschreibung, auch als Absetzung für Abnutzung (AfA) bezeichnet, bedeutet also, dass Sie für Ihr Mietobjekt jedes Jahr immer nur einen bestimmten Prozentsatz der jeweiligen Anschaffungs- beziehungsweise Herstellungskosten von den Mieteinnahmen abziehen können.

Wie der Kaufpreis aufgeteilt wird

Abschreibungen können Sie immer nur für die Kosten vornehmen, die auf das Gebäude entfallen. Die anteiligen Grundstückskosten bleiben stets unberücksichtigt. Das liegt daran, dass der Grund und Boden keiner Abnutzung unterliegt. Deshalb kann es bei Erwerb eines Mietobjekts also nur in Ihrem Interesse liegen, den Kaufpreisanteil für den Grund und Boden möglichst niedrig und den für das Gebäude möglichst hoch anzusetzen.

Achtung: Die Kaufpreisaufteilung gilt dann nicht nur für den Kaufpreis selbst, sondern auch für die Kaufnebenkosten, wie beispielsweise die Notargebühren oder die Grunderwerbsteuer.

Beispiel: Sie erwerben ein Mietobjekt aus zweiter Hand zum Kaufpreis von 500 000 Euro. Zusätzlich entstehen Ihnen folgende Kaufnebenkosten:

Grunderwerbsteuer	17 500 Euro
Notarkosten	4 175 Euro
Gebühren des Grundbuchamts	3 325 Euro
Kaufnebenkosten insgesamt	**25 000 Euro**

Entsprechend der Kaufpreisaufteilung des Finanzamts beträgt der Anteil für den Grund und Boden 20 Prozent. Die Höhe der Ihnen zustehenden Abschreibung errechnen sie dann folgendermaßen:

Anschaffungskosten insgesamt	525 000 Euro
–20 % Grundstückskosten	105 000 Euro
Gebäudeanteil	420 000 Euro
Abschreibung (2 % von 420 000 Euro)	**8 400 Euro**

Diese jährliche Abschreibung von 8400 Euro bringt Ihnen – je nach Höhe Ihres persönlichen Steuersatzes – eine Steuerersparnis bis zu 4000 Euro im Jahr. Gelingt es Ihnen nun, den Grundstücksanteil beispielsweise auf 15 Prozent zu senken, verändert sich Ihre Rechnung wie folgt:

Anschaffungskosten insgesamt	525 000 Euro
–15 % Grundstücksanteil	78 750 Euro
Gebäudeanteil	446 250 Euro
Abschreibung (2 % von 446 250 Euro)	**8 925 Euro**

Ihr Abschreibungsbetrag erhöht sich jährlich um 525 Euro. Das bringt Ihnen eine Steuerersparnis von bis zu 250 Euro jährlich, und das 50 Jahre lang. Einfacher können Sie keine Steuern sparen.

Was Sie bereits im Kaufvertrag regeln können

Meist wird ein einheitlicher Kaufpreis für das Mietobjekt vereinbart, ohne zwischen anteiligem Gebäude- und Grundstückspreis zu unterscheiden. Und: Wie der Kaufpreis aufgeteilt werden muss, ist gesetzlich nirgends geregelt. Das kommt immer mal wieder vor: Im Notarvertrag wird ausdrücklich festgehalten, welcher Teil des Kaufpreises auf das Gebäude und auf das Grundstück entfällt. Dass die anteiligen Gebäudekosten in derartigen Fällen meist überproportional hoch ausfallen, wird niemanden wundern. Andernfalls würden die Kosten nicht extra aufgeschlüsselt werden. Schließlich kommt es dem Käufer eben gerade darauf an, einen besonders hohen Anteil an Gebäudekosten durchzusetzen.

Die Finanzämter erkennen vertragliche Regelungen zur Kaufpreisaufteilung durchaus an. Voraussetzung ist allerdings, dass die Aufteilung des Kaufpreises im konkreten Einzelfall auch realistisch ist. Was viele Investoren nicht wissen: Die Finanzämter sind an die Angaben im Notarvertrag nicht gebunden und können insbesondere auch eigene Ermittlungen anstellen.

➡ **Praxis-Tipp:** Die Finanzämter erkennen eine vertragliche Kaufpreisaufteilung meist an, wenn auf die Gebäudekosten nicht mehr als 80 Prozent der Gesamtkosten entfallen. Das ist nämlich der Prozentsatz, den die Finanzämter meist auch dann pauschal zugrunde legen, wenn im Notarvertrag keine Kaufpreisaufteilung enthalten ist.

Beispiel: Sie erwerben ein kleines Mehrfamilienhaus zum Preis von 420 000 Euro. Die anteiligen Grundstückskosten werden pauschal mit 20 Prozent, also mit 84 000 Euro angesetzt. Dann belaufen sich die anteiligen Gebäudekosten auf 336 000 Euro. Das ist der Betrag, der die Bemessungsgrundlage für die Abschreibung bildet.

Was das Finanzamt besonders kritisch prüft

Will das Finanzamt die vertraglich vereinbarte Kaufpreisteilung nicht ungeprüft oder die 80/20-Methode nicht pauschal übernehmen, treten die Bausachverständigen der Finanzverwaltung auf den Plan. Deren Aufgabe ist es, den Kaufpreis nach objektiven Gesichtspunkten aufzuteilen. Dazu ermitteln sie die Verkehrswerte des Grundstücks und des Gebäudes. Die Aufteilung des Kaufpreises erfolgt dann nach dem Verhältnis der Verkehrswerte zueinander.

Gelangt das Finanzamt zu einem Ihrer Meinung nach zu geringen Gebäudewert, können Sie versuchen, eine Korrektur »nach oben« zu erreichen. Ein Erhöhung des Gebäudewerts kommt insbesondere bei einer sehr guten, über das übliche Maß hinausgehenden Ausstattung in Betracht. Merkmale hierfür sind

- mehr als ein Bad je Wohnung,
- Badezimmer mit hochwertiger Ausstattung wie Whirlpool oder Designerausstattung,
- Schwimmbad und Sauna im Haus,
- Fußboden- oder Wandheizung und Kamin,
- wertvolle Einbauküche oder
- Alarmanlage, Sicherheitsverglasung oder Videoüberwachung.

In diesen Fällen erhöhen sich die Normalherstellungskosten, was zu einem höheren Anteil an den gesamten Kosten führt. Machen Sie im Bedarfsfall den Bausachverständigen auf diese besonderen Ausstattungsmerkmale aufmerksam. Jede Werterhöhung führt zu einem höheren Abschreibungsbetrag und damit zu einer höheren Steuerersparnis.

Wenn es Ihnen darauf ankommt, den Wert des Grundstücks zu »drücken«, bleiben Ihnen nur wenige Möglichkeiten. Das kann sich wertmindernd auswirken:

- ungünstiger Zuschnitt des Grundstücks,
- Belästigungen durch Lärm, Rauch, Schmutz,
- Verunreinigung des Bodens.

! **Achtung:** Haben Sie lediglich das Grundstück erworben und dann selbst bebaut, entfällt eine Aufteilung in anteilige Grundstücks- und Gebäudekosten. In diesem Fall können Sie stets sämtliche Herstellungskosten des Gebäudes in voller Höhe als Bemessungsgrundlage für die Abschreibung berücksichtigen.

Wie Sie mit der linearen Abschreibung kalkulieren

Nach erfolgter Feststellung der Bemessungsgrundlage für die Abschreibung sollten Sie genau prüfen, welche Abschreibung für Sie am günstigsten ist. Gerade bei der Gebäude-Abschreibung sind viele Möglichkeiten zu beachten. Unterscheiden Sie zunächst immer zwischen der linearen und der degressiven Abschreibung.

Bei der linearen Abschreibung bleibt der Betrag stets gleich. Die degressive Abschreibung ist dagegen ein sich verändernder Betrag; hier ist der Abschreibungssatz zunächst höher als bei der linearen Abschreibung, sinkt aber nach einigen Jahren auf einen niedrigeren Betrag.

Die lineare Abschreibung im Überblick		
Gebäudeart	**Zeitliche Voraussetzungen**	**Abschreibungssatz**
Wirtschaftsgebäude	Bauantrag nach dem 31. März 1985	4 % pro Jahr
Wohn- und andere Gebäude	Fertigstellung nach dem 31. Dezember 1924	2 % pro Jahr
Wohn- und andere Gebäude	Fertigstellung vor dem 1. Januar 1925	2,5 % pro Jahr

Wirtschaftsgebäude sind Gebäude, die zu einem Betriebsvermögen gehören und nicht eigenen oder fremden Wohnzwecken dienen. Wohn- und andere Gebäude sind danach die Wohngebäude und andere privat vermietete Gebäude, zum Beispiel Werkhallen.

! **Achtung:** Diese Unterscheidung gilt auch für einzelne Gebäudeteile, die Sie unterschiedlich vermieten.

Beispiel: Ihnen gehört ein Gebäude mit einem Kaffeegeschäft im Erdgeschoss und einer Zahnarztpraxis im ersten Geschoss. Im zweiten

Obergeschoss befinden sich zwei vermietete Wohnungen. Vermieten Sie dieses Gebäude als Privatperson, handelt es sich insgesamt um ein Wohn- und anderes Gebäude. Gehört dieses Gebäude zu Ihrem Betriebsvermögen, so handelt es sich bei dem Erdgeschoss und dem ersten Stock um ein Wirtschaftsgebäudeteil, für den Sie die höhere Abschreibung erhalten. Für die Wohnungen erhalten Sie nur die geringere Abschreibung.

Die genannten Abschreibungssätze gelten immer dann, wenn Sie eine Immobilie erwerben. Dabei kommt es für die Höhe der Abschreibung nicht auf den Zeitpunkt des Erwerbs an, sondern entscheidend sind die oben genannten zeitlichen Voraussetzungen.

Beispiel: Sie erwerben im Oktober 2001 eine Eigentumswohnung aus dem Bestand, die 1984 fertig gestellt worden ist. Die Abschreibung beträgt immer zwei Prozent der von Ihnen gezahlten Anschaffungskosten ohne Grund und Boden.

Ihre Steuerersparnis durch die degressive Abschreibung

Die degressive Abschreibung können Sie zum einen immer dann nutzen, wenn Sie Bauherr des Neubauobjekts sind. Aber auch dann, wenn Sie ein Neubauobjekt »nur« erwerben, können Sie die degressive Abschreibung geltend machen. Voraussetzung ist allerdings, dass Sie das Gebäude im Jahr der Fertigstellung erwerben.

Beispiel: Eine Neubau-Eigentumswohnung ist im Juli 2001 fertig gestellt worden. Im Oktober 2001 unterschreiben Sie den Kaufvertrag. In diesem Fall können Sie die degressive Abschreibung geltend machen.

Die degressive Abschreibung im Überblick		
Gebäudeart	**Zeitliche Voraussetzungen**	**Abschreibungssatz**
Wirtschaftsgebäude	Bauantrag oder Kaufvertrag vor dem 1. Januar 1994	4 Jahre je 10 % 3 Jahre je 5 % 18 Jahre je 2,5 %
Wohn- und andere Gebäude	Bauantrag oder Kaufvertrag vor dem 1. Januar 1995	8 Jahre je 5 % 6 Jahre je 2,5 % 36 Jahre je 1,25 %
Wohngebäude	Bauantrag oder Kaufvertrag nach dem 28. Februar 1989 und vor dem 1. Januar 1996	4 Jahre je 7 % 6 Jahre je 5 % 24 Jahre je 1,25 %
Wohngebäude	Bauantrag oder Kaufvertrag nach dem 31. Dezember 1995	8 Jahre je 5 % 6 Jahre je 2,5 % 36 Jahre je 1,25 %

Eine Wohnung ist dann fertig gestellt, wenn sie nach objektiven Gesichtspunkten zu Wohnzwecken genutzt werden kann. Hierzu ist erforderlich, dass die wesentlichen Bauarbeiten abgeschlossen sind und der Bezug der Wohnung zumutbar ist. Ob dies der Fall ist, kann immer nur im konkreten Einzelfall entschieden werden. Fehlende geringfügige Restarbeiten schließen die Fertigstellung nicht aus, und zwar unabhängig davon, welchen Kostenanteil sie an den Gesamtkosten der Wohnung haben.

Beispiel: Fehlen noch der Innenputz, die Innentüren und der Teppichboden, ist die Wohnung noch nicht fertig gestellt.

! Achtung: Als Erwerber erhalten Sie die degressive Abschreibung nur, wenn der Bauherr, von dem Sie das Gebäude erworben haben, keine degressive Abschreibung in Anspruch genommen hat.

Beispiel: Die Eigentumswohnung wurde im Herbst 2001 fertig gestellt, sie schließen den Kaufvertrag aber erst im Januar 2002. Dann ist die degressive Abschreibung verloren. Anderes Beispiel: Sie erwerben im Jahr 2001 eine Eigentumswohnung, die bereits 2000 fertig gestellt wurde und für die der Bauherr und Verkäufer die degressive Abschreibung bereits in Anspruch genommen hat. Dann können Sie als Erwerber nicht mehr von der degressiven Abschreibung profitieren. Sie erhalten dann nur die lineare Abschreibung in Höhe von zwei Prozent.

Praxis-Tipp: Lassen Sie sich bei Erwerb einer Neubau-Eigentumswohnung im notariellen Kaufvertrag schriftlich die Voraussetzungen bestätigen, die erfüllt sein müssen, damit Sie von der degressiven Abschreibung profitieren können. Bestehen Sie darauf, dass das Fertigstellungsdatum des Neubaus mit in den Vertrag aufgenommen wird. Auch die Erklärung des Bauherrn/Bauträgers, bisher keine Abschreibungen vorgenommen zu haben, darf nicht fehlen.

Wie Sie bei einem Wohn-/Geschäftshaus kalkulieren

Die Anschaffungs- oder Herstellungskosten für ein Gebäude, das unterschiedlich genutzt wird, können Sie der Nutzung entsprechend auch unterschiedlich abschreiben. Das bedeutet also, dass ein und dasselbe Objekt, wie speziell ein Geschäfts- und Mehrfamilienhaus, in mehrere Einheiten »unterteilt« sein kann. Das hängt unter anderem von den beiden folgenden Kriterien ab:

- Art der Nutzung,
- Zuordnung des Objekts teils zu Ihrem Privat- oder Betriebsvermögen.

Jede unterschiedlich genutzte Einheit ist ein besonderes Wirtschaftsgut, weil das Gebäude in verschiedenen Nutzungs- und Funktionszusammenhängen steht. Das bedeutet, dass jede Einheit steuerlich als eigenständiges Objekt behandelt wird. Für jede Einheit gelten deshalb auch eigene Abschreibungsregeln. Dabei bleiben Einheiten, die von Ihnen zu Wohnzwecken oder privat genutzt werden, bei der Gebäudeabschreibung außen vor: Aus den Gesamtkosten des Objekts müssen Sie den privaten Nutzungsanteil herausrechnen. Er ist nicht bei den Einkünften aus Vermietung und Verpachtung abziehbar. Den nicht abzugsfähigen Privatanteil ermitteln Sie auf der Basis der jeweiligen Nutz- beziehungsweise Wohnflächen.

! Achtung: Dies gilt nicht nur für Ihre Abschreibungen, sondern auch für alle anderen Kosten des Gesamtgebäudes.

Beispiel: Finanzierungskosten, laufende Kosten oder Reparaturen.

Für eigengenutzte selbständige Gebäudeteile, die zum so genannten notwendigen Betriebsvermögen gehören, kommt gegebenenfalls die Steuerförderung nach der Eigenheimzulage in Betracht. Wie Sie die Herstellungskosten für ein gemischt genutztes Haus abschreiben, zeigt folgendes Beispiel.

Beispiel: Sie bauen ein viergeschossiges Haus. Die einzelnen Geschosse werden wie folgt genutzt: Im Erdgeschoss zieht ein Lebensmittel-Discounter ein. Im 1. Obergeschoss richtet ein Steuerberater sein Büro ein. Im 2. Obergeschoss befinden sich vermietete Wohnungen. Das 3. Obergeschoss bewohnen Sie selbst.

Die Herstellungskosten für dieses Gebäude haben insgesamt 1,1 Millionen Euro betragen. Alle vier Stockwerke sind gleich groß. Demzufolge entfallen auf jede unterschiedlich genutzte Einheit 25 Prozent der Herstellungskosten. Das sind jeweils 275 000 Euro. Für jede Einheit, also für jedes Stockwerk, können Sie im ersten Jahr folgende Abschreibungsbeträge geltend machen:

Gebäudeteil	**Nutzungsart**	**Abschreibungssatz**	**Abschreibung im ersten Jahr**
Erdgeschoss	Lebensmittel-Discounter	linear 4 % jährlich	11 000 Euro
1. Obergeschoss	Steuerberaterbüro	linear 4 % jährlich	11 000 Euro
2. Obergeschoss	Wohnungen	degressiv 5 % jährlich	13 750 Euro
3. Obergeschoss	Eigennutzung	Eigenheimzulage	5 000 DM

! Achtung: Sind die einzelnen Stockwerke zu unterschiedlichen Terminen fertig gestellt, können Sie auch für jedes Stockwerk ab dem Zeitpunkt der Fertigstellung die Abschreibung in Anspruch nehmen.

Die lineare Abschreibung von 4 Prozent ist im Jahr der Fertigstellung nur zeitanteilig, also monatsweise zu berücksichtigen. Die degressive Abschreibung von 5 Prozent kann im Jahr der Fertigstellung sofort in voller Höhe geltend gemacht werden.

Wann bei einem Altbau Steuernachteile drohen

Führen Sie im Anschluss an den Erwerb eines Gebrauchtobjekts umfangreiche Instandhaltungs- und Instandsetzungsarbeiten durch, ist ein Streit mit dem Finanzamt programmiert. Die Frage in diesen Fällen lautet: Handelt es sich um sofort abziehbare Instandhaltungskosten, oder liegen Herstellungskosten vor, die lediglich im Rahmen der Gebäudeabschreibung berücksichtigt werden können?

Ob so genannter anschaffungsnaher Aufwand vorliegt, prüfen die Finanzämter immer dann, wenn die Kosten für Instandsetzungsarbeiten in den ersten drei Jahren nach Erwerb insgesamt 15 Prozent der Anschaffungskosten des Gebäudes übersteigen. Anschaffungsnaher Aufwand kann ausnahmsweise aber auch noch nach Ablauf von drei Jahren seit dem Erwerb des Hauses vorliegen. Damit müssen Sie dann rechnen, wenn bereits bei Erwerb ersichtlich war, dass erhebliche Instandsetzungsarbeiten erforderlich sind, die von Ihnen nach und nach durchgeführt werden.

Haben Sie ein Mietshaus erworben, das einen erheblichen Reparaturstau aufweist, und haben Sie deshalb einen besonders günstigen Kaufpreis ausgehandelt, können Sie die Reparaturkosten nur über die normale Abschreibung geltend machen. Die Begründung des Bundesfinanzhofs: Ein Käufer, der anschaffungsnahe Aufwendungen geltend macht, darf nicht besser behandelt werden als ein Erwerber, der ein bereits instandgesetztes oder modernisiertes Haus kauft und die dadurch höheren Anschaffungskosten auch nur über die normale Abschreibung nutzen kann.

Praxis-Tipp: Möglicherweise ändert sich die Rechtsprechung des Bundesfinanzhofs demnächst. Deutschlands höchstes Finanzgericht muss über einen Fall entscheiden, der anschaffungsnahe Herstellungskosten betrifft. Experten rechnen mit einer neuen Grundsatzentscheidung.

Wenn Sie in einer solchen Frage »Stress« mit dem Finanzamt haben, empfiehlt es sich, das Ruhen des Verfahrens zu beantragen und die höchstrichterliche Entscheidung abzuwarten. Fällt diese im Sinne der Steuerzahler positiv aus, können Sie in Ihrer eigenen Angelegenheit ebenfalls davon profitieren. Wie Sie am besten vorgehen, lesen Sie auf Seite 263. Wie der Bundesfinanzhof entschieden hat, erfahren Sie aktuell im Internet unter www.vogel-news.de.

Klarheit herrscht dagegen bereits heute in folgendem Punkt: Wenn Sie einzelne Bauteile Ihres Objekts durch zeitgemäße neue Teile, Anlagen oder Einrichtungen ersetzen, handelt es sich bei den damit verbundenen Ausgaben um sofort abzugsfähige Werbungskosten. Das gilt insbesondere auch dann, wenn sich durch derartige Arbeiten der Wert des Mietobjekts erhöht.

In folgenden Beispielfällen handelt es sich um Instandhaltungs- und Modernisierungsarbeiten, deren Kosten sofort abzugsfähig sind:

- Sie ersetzen Holzfenster durch Fenster aus Aluminium oder Kunststoff.
- Sie tauschen einfachverglaste Fenster durch doppelverglaste Fenster aus.
- Sie lassen eine Zentralheizungsanlage erstmals an die Fernwärmeversorgung anschließen.
- Sie stellen eine Einzelofenheizung auf Zentralheizung um.
- Sie lassen messtechnische Anlagen zur verbrauchsabhängigen Abrechnung von Heiz- und Wasserkosten einbauen.

3. Wie Sie sich gegen einen nachteiligen Steuerbescheid erfolgreich wehren

Mehr als zwei Millionen Steuerzahler legen Jahr für Jahr gegen ihren Steuerbescheid Einspruch ein. Die Gründe dafür sind längst nicht immer mehr oder weniger tief greifende Meinungsverschiedenheiten zwischen dem betroffenen Steuerzahler und seinem Finanzamt über die steuerliche Anerkennung bestimmter Ausgaben. Häufig enthalten die angefochtenen Steuerbescheide lediglich kleine Fehler. Ob es sich nun um falsche Berechnungen, vertauschte Angaben, vergessene Daten oder schlichte »Zahlendreher« handelt: Angesichts des Zeit- und Arbeitsdrucks, der in den Finanzämtern herrscht, sind solche Fehler menschlich und lassen sich schnell wieder »ausbügeln«.

Prüfen Sie den Steuerbescheid sorgfältig

Mit der Abgabe der Einkommensteuererklärung ist es noch nicht getan. Ebenso sorgfältig, wie Sie die Steuerformulare ausgefüllt haben, müssen Sie später auch Ihren Steuerbescheid überprüfen. Dazu vergleichen Sie am besten die Angaben im Steuerbescheid mit Ihren eigenen Angaben in der Steuererklärung. Für den Fall, dass das Finanzamt ohne ausreichende Begründung von Ihren Angaben abgewichen ist, verlangen Sie am besten sofort eine Aufklärung. Das ist Ihr gutes Recht. Bei Abweichungen von eingereichten Steuererklärungen ist das Finanzamt verpflichtet, Ihnen eine nachvollziehbare Begründung zu liefern.

Praxis-Tipp: Am besten suchen Sie das direkte Gespräch mit dem Sachbearbeiter. Eine persönliche Erörterung der Angelegenheit bringt fast immer mehr als ein zeitraubender Schriftwechsel. Das setzt natürlich voraus, dass Sie sich auf den Termin gut vorbereiten und auch alle gegebenenfalls erforderlichen Unterlagen mitnehmen.

Weigert sich das Finanzamt dann aber weiterhin, bestimmte Ausgaben steuerlich anzuerkennen, geht es nicht anders: Dann müssen Sie förmlich werden. Und das nehmen Sie am besten wörtlich.

Wie Sie Einspruch einlegen

Den Einspruch müssen Sie innerhalb eines Monats nach Bekanntgabe des Steuerbescheids schriftlich oder zur Niederschrift beim Finanzamt einlegen. Als Bekanntgabe bezeichnet man dabei den Zeitpunkt, zu dem Ihnen der Steuerbescheid zugegangen ist.

Beweispflichtig für den Zeitpunkt des Zugangs ist in der Praxis in der Regel der Steuerzahler. Das Finanzamt beruft sich regelmäßig auf den so genannten allgemeinen Postlauf. Das ist die Zeit, die Briefe üblicherweise benötigen, um vom Absender zum Empfänger zu gelangen. Dabei wird im Allgemeinen von drei Tagen ausgegangen.

Beispiel: Der Brief des Finanzamts mit dem Steuerbescheid trägt den Poststempel 8. Oktober. Dann gilt der Bescheid am 11. Oktober als zugegangen. Das Fristende für die Einlegung des Einspruchs ist dann der 11. November. Fällt der letzte Tag der Einspruchsfrist auf einen Sonnabend, Sonntag oder Feiertag, so verlängert sich die Frist bis zum Ablauf des nächsten Werktags.

Es ist nicht unbedingt erforderlich, dass Sie Ihren Einspruch auch so bezeichnen. Aus Ihrem Schreiben muss sich allerdings eindeutig ergeben, dass Sie sich gegen den Steuerbescheid zur Wehr setzen wollen. Wie sonst im Leben gilt aber auch hier: Je konkreter Sie Ihr Anliegen formulieren, desto einfacher kann es auch bearbeitet werden. Den Einspruch müssen Sie bei dem Finanzamt einlegen, das den angegriffenen Steuerbescheid erlassen hat. Welches Finanzamt das ist, steht jeweils im Steuerbescheid selbst.

Eine Begründung für den Einspruch müssen Sie nicht gleich mitliefern. Sie können dies später nachholen oder aber auch ganz darauf verzichten. Letzteres ist allerdings wenig hilfreich. Nur wenn Sie dem Finanzamt schildern, warum Sie mit dem Steuerbescheid nicht einverstanden sind, wahren Sie Ihre Interessen optimal.

Auch dann, wenn Sie sich noch nicht abschließend entschieden haben, ob ein Einspruch gegen den Steuerbescheid wirklich sinnvoll ist, müssen Sie handeln. Legen Sie in diesem Fall vorsorglich zur Fristwahrung Einspruch ein. Sonst riskieren Sie, dass der Steuerbescheid bestandskräftig wird. Das bedeutet, dass der Steuerbescheid dann uneingeschränkt wirksam ist und Sie sich gegen ihn in der Regel nicht mehr wehren können.

Im Einspruchsverfahren kann das Finanzamt den gesamten Sachverhalt neu prüfen. Das kann dazu führen, dass das Finanzamt den angefochtenen Steuerbescheid möglicherweise zu Ihrem Nachteil ändern und beispielsweise auch solche Ausgaben nicht mehr anerkennen will, die der Sachbearbeiter zunächst »abgehakt« hatte.

In einem solchen Fall ist das Finanzamt allerdings verpflichtet, Sie auf die neue Situation hinzuweisen. Erst danach darf der Steuerbescheid zu Ihrem Nachteil abgeändert werden. Um dies zu verhindern, haben Sie dann immer noch die Möglichkeit, den Einspruch zurückzunehmen.

Dazu genügt ein einfaches Schreiben an das Finanzamt, in dem Sie lediglich mitteilen: »Ich nehme meinen Einspruch gegen den Steuerbescheid vom Soundsovielten zurück.«

! **Vorsicht:** Ist der Steuerbescheid unter dem Vorbehalt der Nachprüfung ergangen oder trägt er den so genannten Vorläufigkeitsvermerk, wirkt sich dies wie folgt für Sie aus: Solange der Vorbehalt beziehungsweise die Vorläufigkeit wirksam ist, kann der Steuerbescheid ohne weiteres aufgehoben oder geändert werden.

Das Einspruchsverfahren ist kostenfrei. Das gilt auch dann, wenn der Einspruch keinen Erfolg hat. Die Kosten für die Beauftragung eines Steuerberaters oder Rechtsanwalts müssen Sie immer selbst tragen. Das gilt insbesondere auch dann, wenn Ihr Einspruch Erfolg hat. Diese Kosten können Sie allerdings als Steuerberatungskosten von der Steuer absetzen.

Wie Sie eine Steuernachzahlung (vorerst) vermeiden

Der Hinweis im Steuerbescheid ist dezent, aber nicht zu übersehen: Steuernachzahlungen müssen innerhalb der im Steuerbescheid genannten Frist (meist binnen eines Monats) erfolgen. Das gilt selbst dann, wenn der Steuerbescheid unrichtig ist und später abgeändert wird. Erst später, nach einem erfolgreichen Abschluss des Einspruchsverfahrens, erstattet das Finanzamt die zu viel gezahlten Steuern.

Wenn Sie die Steuernachzahlung im Hinblick auf das laufende Einspruchsverfahren nach Möglichkeit vermeiden wollen, müssen Sie einen Antrag auf Aussetzung der Vollziehung stellen. Hat Ihr Antrag Erfolg, erreichen Sie damit, dass der Steuerbetrag so lange nicht bezahlt werden muss, wie das Einspruchsverfahren läuft.

Voraussetzung für die Aussetzung der Vollziehung ist, dass ernstliche Zweifel an der Rechtmäßigkeit des angefochtenen Steuerbescheids bestehen oder die Steuernachzahlung für Sie eine unbillige, nicht durch überwiegende öffentliche Interessen gerechtfertigte Härte zur Folge hätte.

Ernstliche Zweifel bestehen dann, wenn sich bei einer nur überschlägigen Prüfung ergibt, dass es gute Gründe gibt, die ebenso für als auch gegen die Rechtmäßigkeit des Steuerbescheids sprechen. Tief greifende Bedenken gegen die Rechtmäßigkeit des Steuerbescheids sind insbesondere dann gegeben, wenn die Streitfrage, auf die es im konkreten Fall ankommt, beim Bundesfinanzhof zur Entscheidung ansteht oder unter den Finanzgerichten uneinheitlich beurteilt wird.

Eine unbillige Härte wird angenommen, wenn Ihnen durch die Steuernachzahlung wirtschaftliche Nachteile drohen, die nicht oder nur schwer wieder gutzumachen sind oder wenn sogar Ihre wirtschaftliche Existenz gefährdet wäre.

! **Achtung:** Die Aussetzung der Vollziehung kostet Geld. Meistens werden so genannte Aussetzungszinsen in Höhe von 0,5 Prozent pro Monat festgesetzt. Die Zinsen fallen aber nur dann an, wenn der angefochtene Steuerbescheid zu Recht ergangen ist. Haben Sie dagegen mit Ihrem Einspruch Erfolg, dann müssen Sie später selbstverständlich auch keine Zinsen zahlen.

Wie Sie von den Prozessen anderer profitieren

Wenn vor dem Bundesfinanzhof oder auch dem Bundesverfassungsgericht ein Verfahren anhängig ist, bei dem es um die gleiche steuerliche Frage geht wie in Ihrem Einspruchsverfahren, konnten Sie bisher das »Ruhen des Verfahrens« beantragen. Ihr Vorteil: Sie können von den Prozessen anderer profitieren, ohne selbst Klage erheben zu müssen.

Was früher nur auf Antrag möglich war, erfolgt heute kraft Gesetzes. Bei anhängigen Musterverfahren wird das Einspruchsverfahren für ruhend erklärt. Dazu müssen Sie allerdings zwei Voraussetzungen erfüllen:

- Sie müssen überhaupt Einspruch gegen den Steuerbescheid eingelegt haben. Selbst wenn sonst der gleiche Sachverhalt im Rahmen eines Musterverfahrens entschieden wird, ist es nicht möglich, den Steuerbescheid in Ihrem Fall abzuändern.
- Sie müssen Ihren Einspruch damit begründen, dass zur Überprüfung einer bestimmten Steuervorschrift oder der mit Ihrem Fall zusammenhängenden Rechtsfrage ein Verfahren beim Bundesverfassungsgericht, beim europäischen Gerichtshof oder beim Bundesfinanzhof anhängig ist. Erforderlich ist weiter, dass Sie das Aktenzeichen des jeweiligen Musterverfahrens mit angeben.

Wenn nur noch die Klage bleibt

Wenn das Finanzamt Ihren Einspruch gegen den Steuerbescheid abschmettert, bleibt Ihnen nur noch die Möglichkeit, Klage zu erheben. Vor dem Finanzgericht müssen Sie sich weder durch einen Steuerberater noch durch einen Rechtsanwalt vertreten lassen. Die Praxis sieht jedoch anders aus: Das Steuerrecht ist inzwischen so kompliziert, dass Sie Ihre Interessen meist nur mithilfe eines Steuerberaters oder Rechtsanwalts durchsetzen können.

Auch für die Klage gilt wiederum die Monatsfrist. Das bedeutet, dass Sie innerhalb eines Monats nach Bekanntgabe der Einspruchsentscheidung Klage beim Finanzgericht erheben müssen. Welches das ist, ergibt sich aus der Rechtsbehelfsbelehrung. Sie ist in dem Schreiben enthalten, in dem das Finanzamt Ihnen mitteilt, dass Ihr Einspruch zurückgewiesen wird.

Praxis-Tipp: Oftmals ist es innerhalb der Klagefrist nicht möglich, die Sach- und Rechtslage abschließend zu klären. Es gibt aber eine Möglichkeit, fristwahrend Klage zu erheben, ohne dadurch Gerichtskosten auszulösen. Dazu gehen Sie beziehungsweise Ihr steuerlicher Berater am besten wie folgt vor: Sie teilen dem Gericht mit, dass die Klageschrift lediglich fristwahrend erfolgt und mit einem gesonderten Schreiben noch mitgeteilt wird, ob die Klage überhaupt aufrechterhalten oder nicht doch zurückgenommen werden soll. Dies verbinden Sie mit der Bitte, innerhalb von sechs Wochen nach Eingang der Klageschrift bei Gericht keine Anordnungen zu treffen.

Dieser Bitte kommen die Gerichte fast immer nach. Entscheiden Sie sich dann innerhalb der sechs Wochen, die Klage zurückzunehmen, kann dies geschehen, ohne dass bis dahin Gerichtskosten entstanden sind.

4. Wie Sie den besten Versicherungsschutz für Ihre Mietobjekte bekommen

Nicht nur wenn Sie eine neue Immobilie kaufen oder bauen, ist das Thema »Versicherungen« für Sie brandaktuell. Einige Gründe sprechen dafür, dass Sie die Versicherungen Ihrer Immobilie ständig im Auge behalten müssen:

- Die Versicherungsgesellschaft, die vor zehn oder 15 Jahren am günstigsten war, ist heute vielleicht ein teurer Ladenhüter – und dann ist es höchste Zeit für den Wechsel.
- Manche Versicherungen sind inzwischen überflüssig und müssen so schnell wie möglich gekündigt werden – zum Beispiel die Gewässerschaden-Haftpflichtversicherung, wenn Sie in der Zwischenzeit auf Gasheizung umgerüstet haben.
- An manche wichtige Versicherungen haben Sie vielleicht noch nicht gedacht – dann gilt es, einen günstigen Anbieter zu finden.

Als Eigentümer einer vermieteten Immobilie brauchen Sie nicht nur maßgeschneiderte Versicherungspolicen. Sie müssen auch darauf achten, dass Sie bei der richtigen Gesellschaft versichert sind, denn die Unterschiede bei den Beitragsprämien machen manchmal mehr als 100 Prozent aus.

Auch die Leistungen der Versicherungen sind nicht immer vergleichbar. Während die einen Anbieter komplette Versicherungspakete schnüren, erhalten Sie bei anderen Versicherern Extraleistungen oder höhere Deckungssummen nur gegen Aufschläge bei der Prämie.

Praxis-Tipp: Wenn Sie eine Eigentumswohnung besitzen, werden die Versicherungsangelegenheiten normalerweise vom Hausverwalter erledigt. Dennoch sollten Sie sich ab und zu bei den Eigentümerversammlungen erkundigen, ob Preis und Leistung des Versicherungsunternehmens regelmäßig auf den Prüfstand kommen.

Eine Gebäudeversicherung muss sein

Ein absolutes Muss für jeden Immobilieneigentümer ist die Wohngebäudeversicherung – ohne sie wäre keine Bank bereit, die Immobilie zu finanzieren. Hier sind normalerweise die folgenden Schäden abgesichert:

- **Feuer:** Nicht nur der Brandfall fällt unter die Feuerversicherung, sondern auch Blitzschlag, Explosion, Schäden durch Flugzeugabsturz sowie die durch Löschwasser, Ruß und Rauch entstandenen Beschädigungen.
- **Leitungswasser:** Wenn Wasser- oder Heizungsrohre leck werden, können teure Schäden an Einrichtung und Bausubstanz entstehen. Auch Schäden durch geplatzte Schläuche – wie etwa bei Geschirrspül- oder Waschmaschinen – sind dadurch abgedeckt.
- **Sturm und Hagel:** Darunter fallen Unwetterschäden – vom abgedeckten Dach über eingedrückte Fenster bis hin zu Beschädigungen durch umstürzende Bäume.

Achtung: Sturmschäden werden nur dann ersetzt, wenn der Sturm mindestens Windstärke acht erreicht hat. Bei manchen Billiganbietern gibt es sogar die Klausel, dass erst ab Windstärke zwölf bezahlt wird – doch die kommt in Deutschland so gut wie nie vor.

Komplettpakete sind nicht immer eine Alternative

Die Absicherung gegen Feuer-, Leitungswasser- und Sturmschäden erfolgt entweder getrennt für jede Gefahrengruppe oder im Komplettpaket. Absolut unverzichtbar ist für Sie die Feuerversicherung, während bei den beiden anderen Risikogruppen gilt:

- Eine Sturm- und Hagelversicherung sollten Sie dann abschließen, wenn sich Ihr Haus in einer windigen Region – etwa in Küstennähe – befindet.
- Die Leitungswasserversicherung ist dann sinnvoll, wenn sich im Haus umfangreiche Wasser- und Heizungsrohrsysteme befinden oder wenn sich Ihr Haus in einer sehr frostgefährdeten Bergregion befindet.

! **Achtung:** Die Versicherung bezahlt nicht in jedem Fall. Wenn eine so genannte »Obliegenheitsverletzung« vorliegt, müssen Sie für den Schaden selbst aufkommen. Das bedeutet im Klartext: Wenn Sie selbst die Immobilie bewohnen, müssen Sie Ihre Sorgfaltspflichten erfüllen – und dasselbe gilt für den Mieter Ihrer Wohnung. Eine Obliegenheitsverletzung liegt beispielsweise vor, wenn

- Geschirrspül- oder Waschmaschinen in Abwesenheit des Bewohners laufen und dabei ein Schlauch platzt oder
- ein Weihnachtsbaum mit brennenden Wachskerzen unbeaufsichtigt gelassen wird.

➡ **Praxis-Tipp:** Bei einer Obliegenheitsverletzung durch den Mieter muss dieser für den Schaden aufkommen. Hat er eine private Haftpflichtversicherung, springt sie in solchen Fällen ein – es sei denn, der Schaden wurde vorsätzlich herbeigeführt.

Die Tarife bei der Leitungswasser- und Sturmschadenversicherung sind im Bundesgebiet nicht einheitlich. Der Grund: Die Versicherungen unterscheiden zwischen mehr oder weniger gefährdeten Regionen, in denen unterschiedliche Beitragssätze gelten. So sind beispielsweise die Prämien für Leitungswasserversicherungen in den Bergregionen Bayerns teurer als im wärmeren Rheintal.

! **Achtung:** Achten Sie darauf, dass der Versicherer Ihnen ein Angebot vorlegt, das auch für Ihre Region gültig ist.

Bei der Feuerversicherung ist nicht unbedingt der billigste Anbieter am günstigsten. Der Grund: Außer der Grundabsicherung bieten manche

Gesellschaften zusätzliche kostenlose Versicherungsleistungen an, die für Sie unter Umständen nützlich sein können. Dazu zählen beispielsweise:

- Grundstücksbestandteile, die nicht zum Gebäude zählen – wie etwa Zäune, Carports oder Leuchten – werden mitversichert. Das kann bei aufwendigen Außenanlagen für Sie interessant sein.
- Überspannungsschäden, die durch einen Blitzschlag in die Stromleitung verursacht werden, sind mitversichert.
- Aufräumkosten für umgestürzte Bäume werden mitversichert – das ist dann sinnvoll, wenn sich auf Ihrem Grundstück einige ältere große Bäume befinden.

! **Wichtig:** Achten Sie beim Vergleich der Versicherungsleistungen darauf, dass die kostenlosen Zusatzleistungen denen der Konkurrenz entsprechen.

Wann sich eine Selbstbeteiligung lohnt – und wann nicht

Ebenfalls unterschiedlich wird bei den Versicherern die Höhe der Selbstbeteiligung gehandhabt. Manche Gesellschaften bieten einen Beitragsnachlass an, wenn der Eigentümer kleinere Schäden selbst bezahlt.

➡ **Praxis-Tipp:** Eine Selbstbeteiligung lohnt sich nur dann, wenn die Höhe des jährlichen Beitragsnachlasses mindestens zehn Prozent der Selbstbeteiligungssumme entspricht. Ansonsten können Sie darauf verzichten.

Nicht jedes Haus wird von Versicherungen mit demselben Risiko kalkuliert. So werden Fertighäuser bei der Feuerversicherung meist mit höheren Prämien belegt, und bei der Leitungswasserversicherung gibt es Aufschläge für Schwimmbäder oder Fußbodenheizungen. Neubauten sind hingegen wegen der niedrigeren Risiken bei Versicherungen begehrt – und dann gibt es Rabatt für den Eigentümer.

➡ **Praxis-Tipp:** Stellen Sie dem Versicherer für die Angebotserstellung eine Kopie Ihres aktuellen Versicherungsscheins zur Verfügung – damit können Sie sicher sein, dass in Bezug auf Immobilienwert und Risiko richtig kalkuliert wird.

Was eine Elementarschaden-Versicherung wert ist

Gegen Brand und Blitzschlag sind Sie versichert. Aber wer bezahlt, wenn Ihre Immobilie durch eine Überschwemmung oder eine Lawine beschädigt wird?

Die Werbesprüche der Versicherungen erwecken den Eindruck, dass Sie Ihre Immobilie gegen fast jedes Risiko versichern können – aber das ist nicht wahr. Sie können sich zwar gegen die Elementarschäden durch Überschwemmung, Erdbeben, Erdrutsch und Lawinen absichern. Aber: Voraussetzung bei den meisten Versicherungen ist, dass Sie in den vergangenen zehn Jahren keinen Schaden hatten.

Das bedeutet im Klartext: Da Erdbeben in Deutschland äußerst selten sind, geht es vor allem um Immobilien in hochwasser- und lawinengefährdeten Gebieten. Aber dort, wo es wirklich gefährlich ist, gab es auch wahrscheinlich Schäden innerhalb der letzten zehn Jahre.

! **Achtung:** Manche Versicherungen nehmen Gebäude, die sich an Gewässern befinden, erst gar nicht in die Elementarschadenversicherung auf. Andere Anbieter verlangen entweder Prämienaufschläge von bis zu 500 Prozent für die Nähe zum Gewässer, andere bestehen bei Schäden auf einer Selbstbeteiligung des Eigentümers von bis zu 5000 Euro.

Das bedeutet für Sie: Die Elementarschadenversicherung gibt es nur, wenn Sie sie nicht brauchen. Befindet sich Ihre Immobilie in einem hochwassergefährdeten Gebiet, haben Sie bei den meisten Versicherungen keine Chance, aufgenommen zu werden.

Wann eine Gewässerschaden-Haftpflichtversicherung sinnvoll ist

Moderne Öltanks sind ziemlich sicher: Doppelte Wände sorgen für zusätzlichen Auslaufschutz, und ein elektronisches Leckwarngerät schlägt Alarm, wenn eine der beiden Hüllen undicht wird. Dennoch: Läuft ein Öltank wirklich einmal aus, können die Schäden in die Millionen gehen. Das verseuchte Erdreich muss großflächig abgetragen werden, und eventuell kommen Regressforderungen wegen Grundwasserverschmutzung auf Sie zu.

➡ **Praxis-Tipp:** Eine Gewässerschaden-Haftpflichtversicherung ist billig – und wenn Sie sie wirklich einmal brauchen, verhindert sie den finanziellen Ruin.

Bei der Gewässerschaden-Haftpflichtversicherung wird die Prämie davon beeinflusst,

- ob es sich um einen unterirdischen oder einen oberirdischen Tank handelt und
- ob ein Ein- oder ein Mehrfamilienhaus von der Tankanlage versorgt wird.

Unterirdische Tanks sind in der Versicherung teurer – schließlich ist ihr Zustand schwieriger zu prüfen, und außerdem ist bekanntlich bei oberirdischen Tanks eine ausreichende Auffangwanne Pflicht.

Bei Mehrfamilienhäusern ist die Prämie von der Größe der Tankanlage abhängig – je mehr Fassungsvermögen, desto teurer der Versicherungsbeitrag.

➡ **Praxis-Tipp:** Achten Sie darauf, dass Ihr Heizöltank in regelmäßigen Abständen vom TÜV geprüft wird. Das kommt nicht nur Ihrer Sicherheit zugute, sondern ist auch Voraussetzung für die Versicherung.

Eine Gebäude-Haftpflichtversicherung ist unverzichtbar

Klar ist: Für die Schäden, die durch die Schuld des Mieters verursacht werden, muss dieser aufkommen – und deshalb ist es für Sie wichtig zu wissen, ob Ihre Mieter eine private Haftpflichtversicherung haben. Allerdings sind Sie als Eigentümer der vermieteten Immobilie nicht immer »aus dem Schneider«, wenn es um die Haftung im Schadensfall geht.

Beispiel: Im Keller Ihres Mehrfamilienhauses ist das Licht ausgefallen, und wegen Zeitmangels kommen Sie erst nach ein paar Tagen dazu, die Lampe auszuwechseln. In der Zwischenzeit ist jedoch einer Ihrer Mieter auf der dunklen Treppe gestürzt und hat sich Prellungen zugezogen, die vom Arzt behandelt werden müssen. Da Sie als Eigentümer für den ordnungsgemäßen Zustand der Gemeinschaftsräume zuständig sind, müssen Sie im Streitfall für die Behandlungskosten aufkommen.

! **Achtung:** Um in solchen Fällen – die nicht immer so glimpflich ausgehen – haftungsrechtlich aus dem Schneider zu sein, brauchen Sie eine Haus- und Grundbesitzer-Haftpflichtversicherung.

Auch wenn Sie Eigentümer eines Grundstücks sind und mit dem Bauen noch nicht begonnen haben, haften Sie für alle Schäden, die aufgrund der Verletzung Ihrer Eigentümerpflichten entstanden sind. Zu diesen Pflichten zählen etwa

- die ordnungsgemäße Absicherung von Baugruben und Rohbauten sowie
- die Streu- und Räumpflicht im Winter.

Wie teuer eine Haftpflichtversicherung für Haus- und Grundbesitzer ist, richtet sich danach, ob Sie Eigentümer eines bebauten oder unbebauten Grundstücks sind und wie viele Wohnungen sich in Ihrem Haus befinden.

➡ **Praxis-Tipp:** Achten Sie beim Abschluss der Versicherung auf eine ausreichende Höhe der Deckungssumme. Manche Anbieter übernehmen nur 500 000 Euro für Personenschäden oder 250 000 Euro für Sachschäden. Das kann unter Umständen zu wenig sein – die ideale Deckungssumme für Sach- und Personenschäden liegt bei zwei bis drei Millionen DM beziehungsweise der entsprechenden Deckungssumme in Euro.

Welche Versicherungen für Sie als Bauherr wichtig sind

Mit den bisher beschriebenen Versicherungen sind Sie als Immobilieneigentümer auf der sicheren Seite. Allerdings greifen die Versicherungsleistungen nicht immer auch dann, wenn Sie neu bauen oder einen größeren Umbau in Angriff nehmen. Dass das Thema »Bauen« von den Versicherungen zunächst einmal ausgeklammert wird, hat einen einfachen Grund: Beim Bauen ist die Gefahr größer, dass etwas passiert und jemand zu Schaden kommt.

! **Wichtig:** Bei der Haftpflichtversicherung für Haus- und Grundbesitzer sind normalerweise kleinere Bauvorhaben mitversichert, sofern die Bausumme nicht mehr als rund 25 000 Euro beträgt.

Das bedeutet für Sie: Wenn es um Renovierungsarbeiten im üblichen Rahmen geht, brauchen Sie nicht gleich eine zusätzliche Versicherung abschließen. Bei größeren Sanierungs- oder Bauvorhaben sollten Sie hingegen auf eine gesonderte Bauherren-Haftpflichtversicherung nicht verzichten.

Wenn es um die Bauwesenversicherung geht, scheiden sich die Geister. Mit dieser Police werden mutwillige Beschädigungen und Diebstahl beim Rohbau abgedeckt – aber ob Sie eine solche Absicherung wirklich brauchen, müssen Sie selbst entscheiden. Für sicherheitsorientierte Bauherren ist die Bauwesenversicherung sinnvoll – aber wer auf sie verzichtet, braucht keine gravierenden Absicherungslücken zu befürchten.

Wichtiger ist dagegen die Rohbauversicherung, mit der Schäden durch Feuer, Blitzschlag und Explosion abgedeckt sind. Meist ist die Rohbauversicherung schon in der Wohngebäudeversicherung kostenlos mit eingeschlossen.

➡ **Praxis-Tipp:** Fragen Sie vor dem Abschluss der Wohngebäudeversicherung, ob und über welchen Zeitraum Ihr Rohbau kostenlos mitversichert ist. Üblich ist, dass eine Bauzeit von zwölf Monaten ohne Zusatzbeitrag abgesichert wird.

So vermeiden Sie Verluste beim Wechsel Ihrer Versicherung

Nun haben Sie vielleicht festgestellt, dass Sie nicht in allen Bereichen optimal versichert sind. Dann ist es Zeit für den Wechsel des Versicherers – und dabei gehen Sie am besten in drei Schritten vor:

Prüfen Sie Ihre bestehenden Verträge

Machen Sie eine Bestandsaufnahme und halten Sie fest, welche Risiken in welcher Höhe abgesichert sind und wie hoch die dafür zu bezahlende Versicherungsprämie ist.

Hier können Sie auch gleich feststellen, wie die Kündigungsmodalitäten sind. Dabei kommt es darauf an, wann und mit welcher Laufzeit der Vertrag geschlossen wurde. Wichtig sind die folgenden Daten:

- Wurde die Versicherung vor dem 1. Januar 1991 geschlossen und beträgt die Vertragslaufzeit zehn Jahre, ohne dass auf dem Antragsformular eine Alternativlaufzeit angegeben wurde, dürfen Sie mit einer Frist von drei Monaten zum Ende des Versicherungsjahres kündigen.
- Wurde die Versicherung nach dem 24. Juni 1994 mit einer Laufzeit von zehn Jahren abgeschlossen, dürfen Sie zum Ablauf des fünften Versicherungsjahrs und ab dann jedes Jahr mit dreimonatiger Kündigungsfrist aussteigen.
- Wurde eine Haftpflichtversicherung vor dem 29. Juli 1994 abgeschlossen, dürfen Sie innerhalb eines Monats mit sofortiger Wirkung kündigen, wenn der Beitrag entweder innerhalb eines Jahres um mehr als zehn Prozent oder innerhalb von drei Jahren um mehr als 20 Prozent erhöht wurde. Wurde der Vertrag nach diesem Termin abgeschlossen, dürfen Sie immer dann kündigen, wenn mit einer Beitragserhöhung keine Leistungserhöhung verbunden ist.

Holen Sie Angebote ein

Nachdem Sie geprüft haben, wie Sie aus den bestehenden Verträgen herauskommen, können Sie jetzt Angebote einholen und vergleichen.

! **Wichtig:** Achten Sie darauf, dass der angebotene Versicherungsschutz auch wirklich Ihrem Bedarf entspricht.

Wechseln Sie die Versicherung

Wenn Sie den jeweils günstigsten Anbieter für Ihre Versicherung ausgewählt haben, können Sie die neuen Verträge schließen und die alten Policen fristgerecht kündigen.

➡ **Praxis-Tipp:** Kündigen Sie die Altverträge erst dann, wenn die Deckungszusage des neuen Versicherers vorliegt. Wenn Sie zu früh kündigen, laufen Sie Gefahr, dass der neue Versicherer Ihren Antrag aus irgendwelchen Gründen nicht annimmt und Sie plötzlich ohne Versicherungsschutz dastehen.

Register

Inhalt

C. Steuern & Versicherungen